人の顔した組織

あなたの会社は、
賢い人を集めた
愚かな組織？
凡人ばかりでも
優れた組織？

福澤英弘
Hidehiro Fukuzawa

東洋経済新報社

記憶の中の妻、（勝木）奈美子へ
いつも人としての上質さを示してくれた

はじめに

「いま、どういった会社で、どのような研修をやっているんですか?」

かつて一緒に研修の仕事をしていた元同僚から、こんな質問を受けたことがあります。

もう研修の仕事をしていない彼がなぜそんなことを聞いてきたのでしょうか。

当時、彼はファンドマネジャーに転職し、日本株の運用を担当していました。筆者が率いるチームに人材開発の仕事を依頼してきたいくつかのクライアントが、その後業績を伸ばしたことを知っていた彼は、現在のクライアントの中から、さらに成長しそうな企業を探し出そうという意図があったのです。当然のことながら、元同僚とはいえ守秘義務があるので答えませんでした。


研修を実施したから業績を伸ばしたというよりも、決して安くはないコストと手間や時間を費やして、我々のサービスを受け入れてくださるほど「人への投資」に積極的な企業は、高い成長力を備えているということだったのでしょう。そうした企業は、経営戦略と人材開発をリンクして考えていました。因果関係はなくとも相関関係はあったと思います。また、本気の研修はその企業の（表面上は見えづらい）経営課題とそれへの対応方針を如実に反映しています。研修内容を知ることが、その企業の成長力を推測する材料になりえたのです。

そうした「人」への問題意識の高いクライアントに鍛えられながら、一筋縄ではいかない人材開発のお手伝いを続けるうちに、「人」の能力開発ではなく、「組織」を強くすることが最終的な目的なのだと強く意識するようになりました。

研修とは、組織内のあらゆる階層の社員や役員に、直接かかわることができる仕事です。議論主体の研修を行なっていたので、参加している社員の能力や考え方、組織の性格が手に取るように把握できます。どれだけ多くの優秀な個を集め研修等で鍛えたとしても、必ずしも強い組織となるとは限りません。一方で、一般的にはさほど優秀な個を集めたわけではなくても、組織としては強くなり高い業績をあげる企業も数多くありました。そうなると疑問が湧いてきます。「人」すなわち「個」と、「組織」の関係です。

個人の能力の総和と組織の能力は、必ずしも一致しません。
もしそうだとしたら、個人を対象にした人材開発をしても、それが必ずしも組織の能力を高めることにつながらないとも考えられます。ではどうすればいいのでしょうか。個人に働きかけることはできますが、実体のない組織の能力を把握し、そして高めることなどできるのでしょうか。そもそも、個を起点に組織はどのようなメカニズムで、能力を発揮するのでしょうか。

　同じ業界の同じような世代の社員であっても、それぞれが企業ごとの特徴を体現していました。また、個人の成長スピードが相対的に速い企業もあれば、遅い企業もありました。入社時点での個人の資質はさほど差がないはずなのに、どうして組織の中で年月を過ごすうちに、それほど差がでてくるのでしょうか。そうして出来上がった組織固有の特性は、環境変化に対応できるのでしょうか。


　こうした疑問を抱きつつ、回答を摸索しながら人材や組織の能力開発に携わってきました。組織を考えるためには、構成する個人、すなわちヒトの本性にまで遡って理解する必要があります。

　さらに、それぞれの組織の特性は、事業特性、競争環境、歴史、構成員の特徴など、いろいろなコンテクストの中で出来上がってくるものです。つまり、ケースバイケース。一人ひとりの顔や性格が違っているように。だから、他社の事例をたくさん学んでも、必ずしも自組織に適用できるとは限りません。でも、何らかの普遍的な原理のようなものはあると思います。組織には組織の行動原理があり、それを構成するヒトにも固有の思考原理があります。本書では、組生きている存在としての組織やヒトの原理を探索していきます。

そうした、原理に基づくメカニズムを正しく理解した上で、それぞれの組織のコンテクストに合致するような組織運営をすることが、今求められていると思います。本書がその一助になれば幸いです。

目次

第4章 進化する組織が生き残る 111

第2部 組織が能力を発揮するサイクル

第5章 感知 160

第7章 展開 239

第8章 組織記憶

第9章 戦略的意図 318

第10章　日本企業の本性　340

第1部

組織を有機体として考える

第1章　なぜ組織を語ると空回りしてしまうのか

人によって組織の見え方は異なる

大学を卒業して社会人になるということは、それまでの経験や考えをいったんご破算にして、ゼロから新しい人間に生まれ変わるようなところがあります。そこで新鮮な目で会社を見たとき、最も驚くのは、組織というもののあり様ではないでしょうか。

そして、案外そこに組織の本質が表れているのかもしれません。

新人社員が思ったこと

１９８０年代後半、新卒で大手銀行に就職したＺさんは、配属された支店で、まずはすべてが慌ただしく緊張し続ける雰囲気に圧倒されました。行員同士、口角泡《こうかくあわ》を飛ばし議論したと思ったら一目散に駆けていく。

あるとき、新人研修の一環で、再建中の企業を訪問しました。そこでは支店内とまったく異なり、すべてがゆったりとして緩み切った空気が見えるようでした。また、社員同士はあまり話もせずに、黙々と自分の作業に没頭しているようで、その差にショックを受けました。同じ「会社」であっても、倒産するような企業に属する人々（すなわち組織）は、やはりそれにふさわしいものなのだと、肌で感じました。

一方の緊張感に満ちた支店ですが、行員のやっていることは、新人のＺさんには理解できないことが数多くありました。

たとえば、窓口業務を減らすために設置された「ＡＴＭ（現金自動預け払い機）の稼働率を上げる」という目標への対応。その目標達成のために、なんと行員自身が営業時間中にＡＴＭにお客さんと一緒に並んで、自分のキャッシュカードを使って、現金を引き出したり預けたりの作業を繰り返していました。黙々と出し入れする行員を見て、不思議でなりませんでした。なんで明らかにおかしいことを、文句もいわずやり続けるのか。

どちらも同じ立派な大人が働いている会社組織なのに、なぜこんなに差があるのか、人は組織によっていかようにもなってしまうのか、組織とは一体なんだろうか。いきなり、組織に関する疑問にかられました。

しかし、人間は慣れる生き物ですから、組織に入ってある程度の期間を過ごせば、やがてだんだん疑問は失われていきます。そうして組織に適応していく。しかし、どこかで我慢しています。だから、居酒屋に入れば多くのビジネスパーソンが、組織に対する不満をぶつけ合っています。ただ結局、不満はいくらでもいえるのですが、だったら組織をどうすればいいのか、噛み合った議論はなかなかできません。

「盲目の男たちと象」という詩

ジョン・ゴドフリー・サックスによる「盲目の男たちと象」という詩があります。こんな内容です。インドに6人の目の見えない男がいました。彼らは生まれてはじめて象を見に出かけました。といっても、目が見えないので、触ることしかできません。最初の男は脇腹にぶつかり、「象とは壁のようだ」といいました。2番目の男は、牙に触れ、「象は槍のようなものだ」といい、3番目の男は鼻に触れ「象とは蛇のようだ」といいました。4番目の男は膝のあたりに触れ「象とは、木のようだ」といい、5番目の男は耳に触れ「象は団扇《うちわ》のようだ」といい、最後の男は尻尾をつかみ「象とは縄のようだ」と叫びました。そして6人は、延々と大声で言い争い続けました、とさ。

居酒屋でくだを巻くビジネスパーソンの観点と視点

居酒屋でくだを巻く、ビジネスパーソンは、それぞれ自分の見方だけで組織について語っているのではないでしょうか。大学の同級生でそれぞれ別の業界に就職した２人が、久しぶりに会って飲んでいます。ひとりがいいました。

「もともとバラバラだった人たちが集まって組織をつくっているんだ。上がしっかり下にいうことをきかせて秩序を保たなければ、他社との厳しい競争には勝てないよ」

別のひとりは反論します。

「それじゃあ、下は上のいうことだけにしたがっていればいいっていうのか？　なんで上が正しいっていえるんだ。現場のほうがお客にも近いんだし、正解をもっていることが多いんじゃないか。上は下が気持ちよく働けるように助けるだけでいいんだ」

反論の反論。

「そんなんで競争に勝てるんだったら、誰も苦労しないよ」

最初のひとりは、組織図やレポートラインをイメージして組織を語っているのに対し、別のひとりは自由に動き回る個人の集まりとして組織を語っています。こうして、議論は延々とすれ違い続ける……。

どちらも間違っていません。「盲目の男たちと象」のように。どちらも正しいのですが、通して見ているレンズ、すなわち観点が異なるのです。あえていえば前者は「人は放っておけば何をしでかすかわからない」というレンズ、後者は「人は放っておけば勝手に正しいことをする」というレンズを通して見ています。

また、組織における自分の立場をどこに置くか、すなわち見る視点をどこに置くか、たとえば管理者か顧客と日々接する担当者かで、見える組織は似て非なるものになるのかもしれません。ピラミッドを真上から見れば正方形ですが、真横から見れば三角形に見えるのと同じです。**観点は「どんなレンズを通しているか」、視点は「どの立ち位置から見ているか」**、組織の見方にはこれが絡まってきます。そして、**観点と視点は人それぞれ**です。

だから、組織を正面から語るのはとても難しいのです。組織について、あらゆる事例から学ぶことはできますが、自分にとって的外れの要素も当然たくさんあります。盛り込まれたたくさんの要素から、自分にとって意味のあるものを選びとれるのは自分だけです。

このように極めて多義的な組織を書籍の中で語ろうとすると、組織の一側面、あるいは、一部分に絞らざるをえません。語り口は、ざっくり２つの切り口にです。

ひとつは、放っておけばバラバラになる組織に統制を利かせるための方法論。たとえば、いわゆる人事制度や組織構造といった**ハードのアプローチ**に関するもの。

もうひとつは、組織を構成する個の生産性を高めるための、モチベーションとかリーダーシップとかコミュニケーションや育成、といった**ソフトのアプローチ**に関するもの。世の流れは、重心はハードからソフトに少しずつ移行しています。

しかし、それらが扱っているのは、「盲目の男たちと象」でいうところの鼻や耳なのかもしれません。象はどのように生まれて成長するのか、毎日どのように生活しているのか、環境が大きく変わったときにどう対応して生き延びるのか、といった生態を知るべきではないでしょうか。

その問題を考えるのが、本書のテーマです。本書では、組織を解剖学ではなく生態学や生理学の観点で捉え、生きているシステムとしての動態的側面を扱っていきます。そのようにして、生きた組織の実体に迫り、それに基づいて組織能力を高める方法を検討していきたいと思います。

合理的システム観 VS オープンシステム観

さて、システムとして生きている組織を扱うためには、まず組織観を定めておきたいと思います。さもなければ、先に述べたように議論のすれ違いが起きてしまうからです。あるテレビ番組で採り上げられた中小企業の例を紹介します。

東大阪の中小企業が採用したベトナム人実習生

東大阪市にある中小企業経営者３代目Ｍさんは、父親から会社を継いだものの社員の確保に苦労していた。小さな町工場に来てくれる若者なんて、今時《いまどき》いない。

知り合いの経営者から技能実習制度を活用して、ベトナムから若者を採用できることを聞いた。日本人の半分以下の給料で、真面目にどんな仕事にも取り組んでくれるらしい。Ｍさんは早速制度を活用し、20代前半のベトナム人男性３人を採用した。

たしかに彼らは、日本人の若者が嫌がる単純作業を黙々とこなしてくれる。経営者としては安い労働力を確保でき、また彼らは日本でお金を稼ぎ、いずれ母国で家でも建てるのだろうと考えると、素晴らしい制度だとＭさんは思ったものだ。

しかし、半年が経過したある日、３人は突然Ｍさんに食ってかかった。リーダー格の青年は、カタコトの日本語でこう訴えた。

「この会社潰れる。ぼくたちはバカじゃない」。Ｍさんは、最初何を訴えているのか理解できなかった。単純作業を繰り返すだけでベトナムの水準であれば決して少なくない給与を得られて、彼らは満足していると思っていたからだ。しかし、うすうす彼らの不満を感じとっていた経理担当を務めるＭさんの妻は、涙が止まらなかったという。

やっとMさんは気づく。自分はなんてひどい仕打ちをしてきたんだ、と。3人は日本で技術を身につけて、母国の発展に役立とうと一大決心して日本に来たのだ。なのに、自分は、彼らを安い労働力としか考えていなかった。人とは思っていなかったのかもしれないと。

それからMさんは、3人に難しい作業も教え任せるようにしていった。妻は週に3回、彼らのために賄《まかな》いを始め、皆で一緒に昼食をとるようにした。彼らに喜んでもらえるように、ベトナム料理も勉強した。職場の雰囲気はよくなり、彼らの習熟度もどんどん上がっていく。やがて彼らは実習期間を終え、ベトナムに帰っていった。

Mさんは、その後もベトナムから実習生を招き続けている。仕事を拡大していったMさんは、昨年ベトナムに工場を設立した。現地で中心となっているのは、あの「この会社潰れる」といった1期生たちだ。

（参考：NHK「サラメシ」2017年6月20日放送）

ここには、組織に対する2つの見方が如実に表れています。

当初、M社長はベトナム人実習生を、まるで機械のように扱っていました。彼らはお金を稼ぐためにこの工場で働いている。ベトナムで働くよりも、日本のほうが稼ぎはいいはず。自分は、安い労働力が必要で彼らを雇っている。お互いの利害は一致している。機械は、同じ単純作業を繰り返すほうが効率的です。繰り返すことで、機械の歩留まりが上がるように、人間も習熟しミスも減り生産性も上がるはず。そう考えて、よかれと思って彼らに単純作業だけをさせたのでしょう。M社長が必要としたのは、安くて壊れない機械だったのだと思います。それは理にかなっています。組織を、合理的に作動するシステムと見なしているからです。それを、**合理的システム観**といいます。

「合理的システム観」について解説しておきます。トップから指示された作業を、機械のように正確かつ効率的にこなす個からなる集団、「**機械的組織**」と考えます。個は人間というよりもツールと見なされ、しかも大事なのはツールそのものではなくメカニズムです。

管理者は不確実性を低減し効率を最大化させるために、作業を（科学的に分析した上で）標準化し、未熟練な作業員でも確実に実行できるように管理します。そのため、できるだけ不確定要素を入れ込まないように、組織は閉鎖的にします。ここでは個は、あくまで受け身で予測可能な存在。また、個は自分の報酬を最大化するために、指示にできるだけ忠実に動作しようとします。

この組織に対する見方に親和性の高い人間観は、「**利己的な経済人**」です。自分の利益を最大化することが行動基準。そう、経済学が前提とする人間観である「**ホモ・エコノミクス**」でもあります。経営者は組織運営をある程度事前に、合理性に基づいて設計・計画できると考え、事前合理性を前提とします。

このような組織で最も重要なのは、科学的管理法（テーラーイズム）の徹底です。東大阪のM社長は、ベトナム人実習生に対して当初この組織観でのぞんだのでしょう。

しかし、彼らは機械ではなく人間でした。人間は、さまざまな情報を外部から取り入れて学び、成長していきます。また人と人との間の関係性を重視し、それが感情にも影響を与え気持ち次第で働きも変わってきます。実習生は我慢を重ねた末に、そのことをM社長に訴えたのです。「この会社潰れる。ぼくたちはバカじゃない」。この言葉は痛烈です。彼らは、人を機械としてしか扱えない会社など潰れるに決まっていると見透かしていました。「バカじゃない」とは、人間ではなく機械として扱っていることへの批判でしょう。

そしてやっと、彼らは人間であると気づいたM社長は、合理的システム観から、ヒトからなる内にも外にも開かれたシステムと見なすように切り替えました。それを、**オープンシステム観**といいます。

オープンシステム観では、情報の流れとプロセスに焦点を当てます。そして、組織を構成する感情も意志ももつ生命体としての人間そのものに注目します。そして、その人間は外に開かれ他者や環境との相互依存関係によって成り立つ存在だと認識します。指示を発するトップや中央の存在は、それほど重要ではありません。人の自発性を重視するため、経営者は組織運営を事前合理性に基づいて設計することは難しくなります。したがって、事後的に解釈して学習する、事後合理性を前提とします。人は本質的には利他性をもつと見なします。

図表1-1　2つの組織観

	合理的システム観	オープンシステム観
メタファー	機械	有機（体）
目的	不確実性の低減	不確実性への適応
アクション	行動の標準化	外部環境との情報循環 相互依存
境界	Close（閉鎖的）	Open（開放的）
個	予測可能 “ツール”	予測不能 “人間”
親和性高い人間観	利己的な“経済人”	“利他的”

M社長の妻が手づくりで昼食を用意し、一緒に食べるということに象徴される関係性こそが重要だったのです。このようなオープンシステム観に転換したことで、その後事業を拡大し、ベトナムへの進出まで成し遂げることができたのだと思います（図表1-1）。

すでにお気づきの通り、合理的システム観の有効性が高いのは、環境の不確実性が低く、やるべきことが予測でき、また創造性よりも効率性や確実性が重要な状況においてです。わかりやすいのは、高度成長期の製造業です。現在、そういう恵まれた環境にある日本企業はあまり多くはないでしょう。オープンシステム観は、その裏返しです。

したがって、これ以降は合理的システム観と比較しながら、オープンシステム観を前提として論を進めたいと思います。そして、組織を構成する存在を表す言葉（用語）は以下のように使い分けます。それぞれでニュアンスの違いがありますので、ここでその違いを押さえておくと、本書の内容に対する理解が深まります。

用語の使い分け

●個（individual）
集団や組織に対する言葉。これ以上分割できない最小単位のニュアンス
●ヒト（human being）
ヒト科の動物、ホモ・サピエンス。他の動物と区別された存在。進化を経て今に至った高等生物のニュアンス。生物の側面を強調
●人間（human）
人間性をもつ存在、他者と関係を結ぶ存在
●人（person）
無色透明であまり意味を付加しない、存在としての人
●社員（staff member）
会社という共同体のメンバーのニュアンス

有機的組織の定義と特性

合理的システム観を体現するのが機械的組織だとすれば、オープンシステム観を体現するのは、生命体になぞらえられる有機的組織といえるでしょう。ここで、生命体の特徴をもつ存在としての有機的組織を定義しておきます。ノーベル生理学・医学賞を受賞したポール・ナースは、生命体の定義として３つあげています。

①自然淘汰（自然選択と同じ意味です）によって進化する能力がある

②「境界」をもつ物理的な存在であること。生命体は周りの環境から切り離されながらも、その環境とコミュニケーションをとっている

③化学的、物理的、情報的な機械であるということ。自らの代謝を構築し、その代謝を利用して自らを維持し、成長し、再生する機械。このような機械は、情報を操ることによって、協調的に制御される

（参考：ポール・ナース『ＷＨＡＴ ＩＳ ＬＩＦＥ？　生命とは何か』ダイヤモンド社）

つまり生命体とは、内外で情報やエネルギーを出入りさせて維持、成長し、そうした活動は自発的な協調により成り立つ存在といえるでしょう（ナースのいう「機械」は、機械的組織の機械とは異なる意味です）。オープンシステム観に基づく、有機的組織の定義としてもそのまま使えそうです。また、経営学者のトム・バーンズとジョージ・Ｍ・ストーカーは、主に組織構造の観点から、機械的組織と有機的組織を対比して分析しました。それによると、有機的組織の主な特徴は、「知識のあるものが権限をもち、固定的な役割ではなく柔軟にネットワーク型でつながり、ヨコの関係がより重要性を発揮する」（出所：金井壽宏『経営組織』日経文庫、１６７ページ）としています。

これらを踏まえて、本書における有機的組織を定義します。

組織内部、および内外で情報をやりとりしながら、組織目的達成に向けて推進すると同時に、自らも成長する。構成員は相互依存関係で結ばれ、柔軟なネットワークを形成している。

次に、以上の定義を踏まえて、有機的組織の特徴を整理しておきます。

ひとつめの特徴は、**相互依存関係**です。身体を例にして、相互依存関係の説明をしておきましょう。

女丁持

山形県庄内地方には、終戦頃まで「女丁持《おんなちょうもち》」という職業がありました。舟着き場に着いた舟から、米俵を1俵（60キロ）ずつ背負って、倉庫に運び込むのが女丁持の仕事でした。１人で5俵（３００キロ）背負った人もいたといわれ、日本一力持ちの女性と新聞に紹介されたこともあったそうです。当時の写真を掲載できないのが残念ですが、庄内米歴史資料館には、５俵の米俵を担いだ女性の人形モデルが展示されています。

（参考：酒田市立資料館 第２１６回企画展「かっこいい酒田の女たち」http://www.city.sakata.lg.jp/bunka/bunkazai/bunkazaishisetsu/siryoukan/kikakuten201-files/0216.pdf）

あまり参考にならないかもしれませんが、２０２1年時点での女子重量挙げ75kg超級クリーン&ジャーク世界記録は１９３キログラムです。女丁持が激しいウェイトトレーニングなどで筋肉を鍛えて、重量挙げ選手のような身体をつくりあげたというわけではなさそうです。「筋肉を鍛えて筋力を増やせば重い荷物も持てる」という発想そのものが間違っています。女丁持が5俵もの米俵を担げるのは、身体を効果的に使っているからだと考えられます。各部の筋肉と骨を統合的に使うこと（いわゆる身体技法）で、はかりしれないパワーを生み出しているのです。つまり、構成する部分同士の相互依存関係によって力を生み出す。こうした部分同士の相互依存関係を統合して高い能力を発揮することが、生命体の特徴です。

人と人とのレベルでも同じように、相互依存関係によって統合的に力を発揮する能力を、誰もが生まれながらにしてもっています。こんな事例でもそれがわかります。

クリエイティブ集団「チームラボ」の展示会

クリエイティブ集団「チームラボ」が、ニューヨークで開催した展示会場で起きたことです。人が静止すると映像の花が咲き、走り回ると散る作品を展示しましたが、人が殺到し花が全部散ってしまいました。すると、その場にいた人々が「人が居過ぎるんじゃないか」「じゃあ、私は次の部屋に移る」などと対話を始め、混雑が解消され、再び花が咲き出したそうです。同じ空間にいる他人同士が、自発的に調整して全体の効用を最大化しました。同じ空間にいる他者との関係性が、ポジティブに変化することを視覚化することがこの作品の意図でした。

（参考：猪子寿之、宇野常寛『人類を前に進めたい　チームラボと境界のない世界』ＰＬＡＮＥＴＳ／第二次惑星開発委員会）

こういうことは、身近にいくらでもあると思います。誰の指示もなく自然に調整できるのは、ヒトの本性に相互依存関係を結ぶ能力が組み込まれているからだと思います。

こうした部分同士の相互依存関係は、私たちの身体のもっと深い部分でも成立しています。

身体とはタテ方向とヨコ方向の相互依存関係によって出来上がっています。

まず、タテ方向。神経細胞（ニューロン）がたくさん集まり脳となり、さらに脳と脊髄から中枢神経系が形成されます。それに抹消神経系を加えて神経系を形成し、それにより神経が全身に行き渡ります。神経系以外の他の系（消化器系や循環器系など）も同じ構造です。このように、抽象化して表現すれば、小さい要素が集まってさらに大きな要素をつくり、それが何層にも重なっているというタテ方向の関係がまずあります。

そしてさらに、それぞれのレイヤーで、ニューロン同士の関係や神経系と消化器系の関係（心配しすぎると胃が痛くなるように）といったヨコ方向の関係もあります。これらタテとヨコが絶妙に調整されて身体を形づくり、私たちの生命が維持されています。このタテヨコの絶妙の調整は、お互い同士の情報発信とそれへの反応の繰り返しにより成り立っており、それが相互依存関係といえるでしょう。単なる独立した部品やツールの集合体ではないことはご理解いただけると思います。こうした相互依存関係が、有機的組織に織り込まれています。

私たちは、どうしても会社組織というと、タテ型のツリー構造を連想してしまいます。本当は、それはあるひとつの側面にすぎません。具体的な事例で説明しましょう。

「ほぼ日」の組織図

糸井重里社長率いる企業「ほぼ日」は、公式のツリー状の組織図とは別に人の内臓にたとえた組織図もあるそうです（資料1）。糸井社長はこういっています。

……実体は人体模型図のような形で動いていています。

内臓は、それぞれの臓器がお互いに信号を出し合い、信号を受け取り合うことで全体が動いているそうです。ぼくは内臓のように、それぞれのチームがそれぞれ自律的に動いて関係し合う仕組みが、うちに合っていると思ったんです。（中略）「片方の肺を取ったけれど、それで別の臓器が鍛えられました」ということだってあるはずです。そういう補い合いも含めて、組織を人体にたとえると、みんながわかりやすくなると思ったんです。

（出所：川島蓉子、糸井重里『すいません、ほぼ日の経営。』日経BP社、173ページ）

ヨコ方向の相互依存関係が、組織の基本にあることがよくわかります。また、便宜上（上場企業ですし）タテ方向、つまり上下関係はありますが、実体はタテ方向も相互依存関係で成り立っています。

ピラミッド型の組織にいる人は、上から下へ命令が伝達されると思い込んでいます。（中略）うちは上も下もないから、みんなの本気度が問われる一方で、「ぼくなんかが言ってもダメだと思うんだけど」といった発言をする人はあまりいません。（中略）ただ、大

資料1　「ほぼ日」の組織図

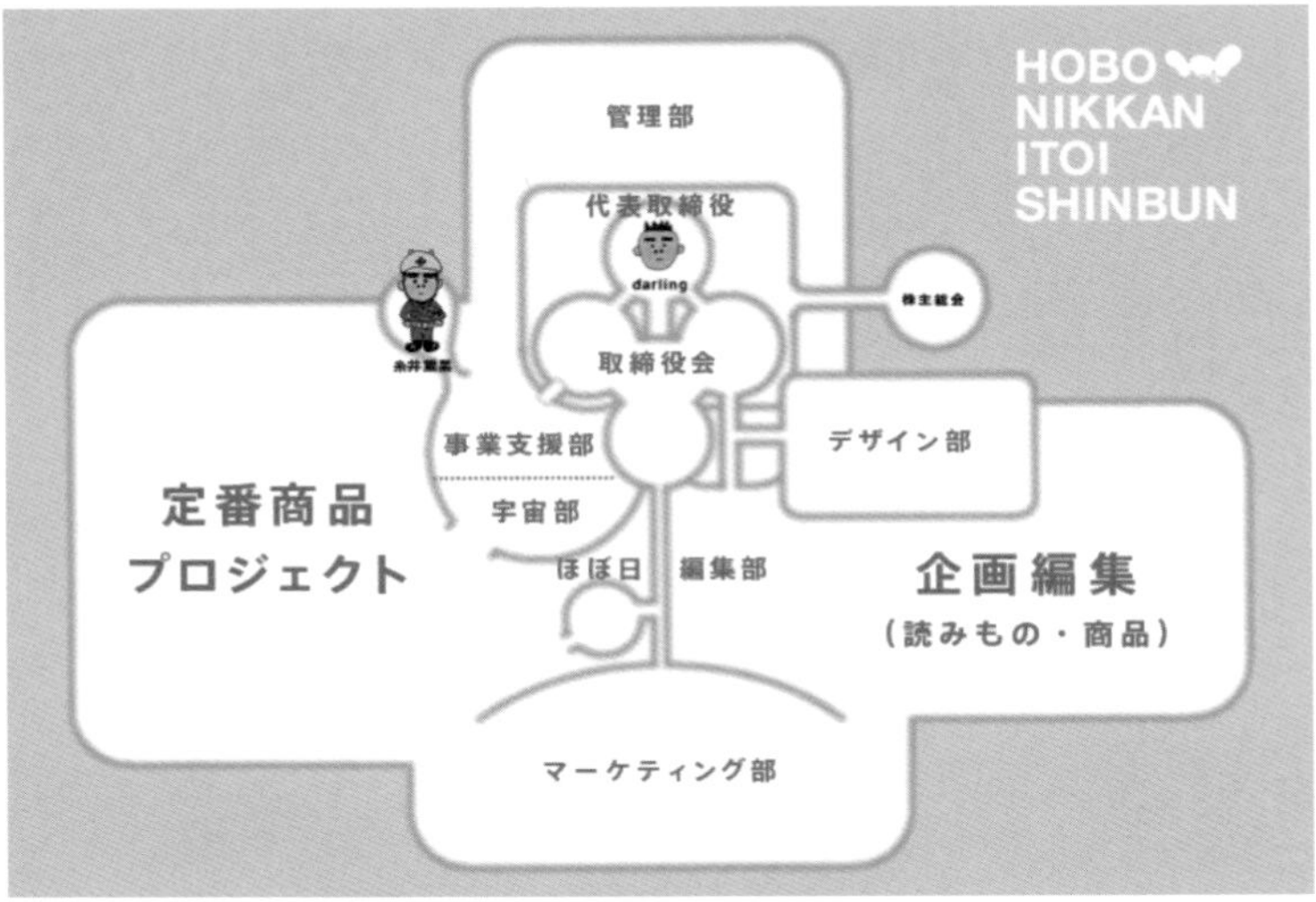

出所：ほぼ日刊イトイ新聞「Unusual　2011-07-20　②船のかたち。内臓のかたち。」
https://www.1101.com/hubspot/2011-07-20.html

切なのは、それが図だけではなくて、空気や環境といった「場」になっているということです。

（出所：前掲書、176ページ）

上下で頻繁に情報がいきかえば、どちらも本気で取り組まざるを得ません。それが生存をかけた生命体で起きていることです。それと同じことを、ほぼ日の組織でも実践しているのにすぎません。

このように、ほぼ日は有機的組織であるということを、人体模型図のような組織図を使って宣言し周知しているわけです。営業部門だとか開発部門という公式組織図上の集団単位（＝臓器）の境界や、役職や上下関係はあまり意味をもたず、会社組織（＝人体）全体の中で、タテヨコの相互依存関係が成り立っています。そして、組織を「場」と捉えています。「場」については、第4章で考えていきます。

有機的組織の2つめの特徴は、常に情報を外部から取り入れ、それらをリアルタイムで処理して反応するシステムであるという点です。女丁持も米俵を持ち上げる際には、リアルタイムで米俵から肩に食い込んでくる重さや足から伝わってくる地面の傾きや柔らかさなど、たくさんの外部情報を取り入れ、それを身体内部からの情報と総合して身体を操作しているはずです。それと同様、有機的組織もオープンシステムとして、常に出入りする情報を処理しています。

このように、組織を構成するあらゆる個が、相互依存的に連携し秩序を保ちつつ内外からの情報処理を行なうことで、個の能力の総和を超える組織能力を発揮するのが有機的組織です。現代人は、女丁持がもっていたような身体技法を忘れ、まるで機械性能をパワーアップするかの如く筋肉を増強して重い荷物を担ごうとしているようにも思えます。現代の多くの組織も同じかもしれません。能力の高い（と思われる）個を高給で集めて、組織能力を高めようとしてはいないでしょうか。

賢い人が集まった愚かな組織は、世の中にたくさん存在します（事例は差し控えます）。心臓を2つもっていても、健康な身体にはなりません。何度も繰り返しますが、大事なのは相互依存関係です。では、どういう人を集めるか。それについて糸井社長はこう考えています。

（「力がある」ことは）まったく気にしません。どうして「力がある」ことに頼らないかというと、一つは長続きしないから、もう一つは仲間の支持が得られないからです。漫才コンビがひとりだけで飛び抜けたことをやろうとしても無理ですよね、コンビですから。組織になると、それがますます難しくなると思っています。（中略）「どこか旅行に行こう、遊びに行こう」というときに、「あいつも呼ぼうよ」と呼ばれる人がいますよね。その「あいつ」が、うちがほしい人です。そういった人が、うちに入ってから「術」を覚えていけばいい。

（出所：前掲書、114ページ）

ほぼ日は特殊な組織だから、ウチとは違うと考えていませんか。これから考えていきますが、不確実性が高まる環境において生き残るのは、あらゆる関係性づくりに長けた企業だと思います。ほぼ日は、その先端を走っているのかもしれません。

ここで確認しておきますが、現在において、すべての状況でオープンシステム観が好ましいわけではありません。ひとつの組織においても、状況によって2つの組織観が入れ替わることもあり得ます。たとえば企業再生の局面において、バランスシート改善を目指しコストカットを徹底せざるを得ないような時期には、合理的システム観が前面に出てくるでしょう。やがて体質改善が進み、売上増を目指す段階になり社員全員の活力が必要になれば、オープンシステム観に基づく運営が有効になるでしょう。

また、安全性重視か創造性重視かといった事業特性によっても好ましい組織観は異なります。安全性重視であれば合理的システム観を、創造性重視であればオープンシステム観を基本とすべきです。鉄道事業は明らかに安全性重視なので、合理的システム観が主流だったはずです。しかし、近頃、鉄道事業者も駅ナカに代表されるような流通業やサービス業などに多角化しており、その売上比率も高まっています（２０２１年３月期、ＪＲ東日本は単体実績ですら19・４％にまで高まっています）。こうなると合理的システム観とオープンシステム観のバランスをどうとるか、とても悩ましい状況だと考えられます。

「変異→選択→遺伝」の進化のメカニズムを組織に適用

組織を生命体と見ることで、生命体がもつメカニズムをこれからの組織能力の検討にも応用できると考えられます。たとえば、進化論（ダーウィンの自然選択説）のメカニズムです。

進化論とは、個体はさまざまな突然変異を起こすが、その中で最も環境に適合する個体が生き残り、それが遺伝していくことで進化していくという考え方です。生命の定義の第一に自然選択を通じて進化する能力をあげたポール・ナースは、自然選択による進化が起きる条件として以下をあげています。

①繁殖する能力があること
②遺伝システムを備えていること。遺伝によって、その生命体の特徴を決める情報がコピーされ、生殖によって受け継がれてゆく（遺伝）
③その遺伝システムが「変異」を示し、その変異が生殖過程で受け継がれていくこと（変異）
④自然淘汰が効果的に機能するには、生物は死ななければならない。なぜなら、競争上の強みのある遺伝的変異をもっている可能性がある次の世代が、古い世代に取ってかわることができるからだ（選択）

（参考：ポール・ナース『WHAT IS LIFE? 生命とは何か』ダイヤモンド社）

「変異→選択→遺伝」のメカニズムは、生物が長い時間をかけて環境に適応するために、身体的特徴（形質）を変化させるシステムだと捉えることができます。しかし、進化メカニズムは、文化による進化にも適用されてきたのだと考える科学者もいます。ヒトは過酷な環境（た

図表1-2　2種類の進化

時間軸	対象	変異 ➡	選択 ➡	遺伝	
長	個体	遺伝子	適者生存	形質　：	**遺伝的進化**
短	集団	知恵	学習	文化　：	**文化的進化**

とえば極寒の地）のもとで生き残っていくために、さまざまな知恵を何十、何百世代にわたり継承し少しずつ進化させています。**膨大な偶然発見した生きる知恵（変異）が、学習によって次世代に引き継がれ（選択）、文化となって遺伝**しているのです。そうした**文化的進化も、変異→選択→遺伝（保持）で説明できる**と考えられています（参考：デイヴィッド・スローン・ウィルソン『社会はどう進化するのか』亜紀書房）。

後で説明しますが、およそ10万年前から始まる人類の歴史自体が、学習による世代間の情報伝達によって可能になった、進化のプロセスと見ることもできます。ただし、文化的進化には、ある程度の規模の集団を形成し、その中での協調が求められます。過疎の村では、固有の文化を維持するのが困難であることと同じです。つまり、文化的進化は個体ではなく集団レベルを対象とします（図表1-2）。

集団の（文化的）進化メカニズムを、企業における組織能力の進化を検討する上でも活かすことができるでしょう。

人類の進化からヒトの思考と行動を読み解く

本章の最後に、人類の文化的進化について説明しておきましょう。なぜヒトはそうした思考や行動をとるのかについての起源を知っておくことは、組織を構成するヒト本来の性質を理解するのに役立ちます。

食事を分かち合うことの価値

約100万年前、サバンナで助け合いながら集団で暮らす人類にとって、大きな出来事がありました。火を手なずけることに成功したのです。サバンナでは落雷が頻発します。落雷で火のついた枝を持ち帰り、燃え続けるように管理したと考えられます。火は動物を捕獲するのにも、その肉を調理するのにも使えました。焼いて調理した肉や野菜を食べられるようになったことは、人類にとって大きな恩恵でした。栄養やエネルギー面だけでなく、火を中心にして食事を分かち合うことは、集団の社会的な絆を強くすることに大いに貢献したことでしょう（M社長もそれに早く気づくべきでした）。

また、火を守るために同じ場所にとどまることが増えたと考えられます。そうすると、分業も発達したでしょう。火を守る役、狩猟に行く役、子供を守る役など。今でも食事をともにすることには、特別な意味があります。

なぜヒトの脳は大きくなったのか

時代は一気に下って約20万年前、新人ホモ・サピエンスが登場。そして約７万年、ホモ・サピエンスは大きな変革を遂げました。言語をもったのです。面白いのは、言語をもったために情報処理量が増大しその結果脳が大きくなったのではなく、先に脳が大型化しその後に言語をもったことです。

では、なぜ脳が大きくなったのか。霊長類ではそれぞれ種がつくる集団が大きくなればなるほど、脳に占める新皮質の比率が増え、脳容量も大きくなると考えられています（これを社会脳仮説といいます）。日常的に接する仲間の数が増えるほど集団内の個体間の関係が複雑になり、それを処理するために脳が大きくなる必要があったのでしょう。

我々現代人が、職場で関わる人が増えれば増えるほど人間関係で悩まされ、気苦労が増えるのと同じかもしれません。では、脳はどの程度の規模の集団にまで適応しているのでしょう。

コンサルやベンチャー企業の壁「社員１５０人」

コンサルティング会社などのプロフェッショナルファームは、社員数が１５０人を超えると分裂などが起こりうまくいかなくなるといわれてきました。また、ベンチャー企業も社員150人くらいまでなら創業者の力だけで引っ張ってこられますが、それを超えたあたりから経営をシステマチックなものに変えることが必要だと、多くの経験者は語っています。なぜ150人が限界なのでしょうか。

現代人とほぼ同じ大きさの脳をもっていた弱いホモ・サピエンスは、敵からの攻撃を防ぐためと食料を効率よく見つけるため、比較的大きな集団で守り合って生活する必要がありました。その集団の規模が約150人なのです。

イギリスの人類学者ロビン・ダンバーは、人類の歴史上のさまざまな集団を調べ、最も密に協調し合える集団の上限は約150人であることを発見しました。この数を超えると結束や効率性が低下し始めるといいます。ちなみに、現代に暮らす狩猟採集民の村の平均的人数もやはり150人程度だそうです。この人数には「ダンバー数」という呼び名がついており、集団の基本単位と考えることもできます。

ところで、言語を獲得したもうひとつの要因は、声帯の変化にありました。直立二足歩行するようになった人類は、体幹部を直立させた際、声帯の位置が四足歩行のときのままだと下顎が開かなくなってしまいます。そこで、人類は声帯を下降させることでその問題を解決しました。声帯が下降すると、共鳴部が長くなり声が低音化します。低音が出せるということは、倍音の高音も出せることになり、音域が拡大。音域の拡大は音声言語の種類を増やし、高いコミュニケーション能力へとつながりました。そうして、緊密な個体間関係を結べるようになったのです。

噂話と共同幻想が組織の進化を促した？

居酒屋で酔っぱらいながら上司や部下の噂話で盛り上がる現代のサラリーマンの姿は、いつの時代も見られます。また井戸端会議にも代表されるように、男女問わず私たちは噂話をしています。なぜ私たちはそれほどまでに、噂話がやめられないのでしょうか。

実は人類進化のターニングポイントである言語能力の獲得は、そうした噂話をするためだったと考えられています。生存率を高める150人程度の集団で生活するためには、家族以外の誰が味方になり、誰が敵になり得るかといった情報が非常に貴重になります。誰が信頼できるかの情報が得られれば、比較的大きな集団に属しても安心できるわけです。こうして、情報収集の上で緊密な個体間関係を結び、協力し合うことで生き延びてきました。

また、私たちは噂話と同様に、視線によっても他者とコミュニケーションをとっています。「目は口ほどに物を言う」といいますが、相手の眼の動きや変化を捉えることで感情や思考を推し量っています。それもやはり、ホモ・サピエンスから延々と続く性質です。他人のことを気にする人類は、言語だけでなく白目もつくり出したと考えられています。人類は、眼裂《がんれつ》を横に広げて黒目の左右に白目が見えるようになりました。これは人類固有の特徴です。

ところで、ベンチャー企業などが成長し、ダンバー数（150人）を超えるような規模になる際には組織としての脱皮が必要になります。ひとつはハード面の整備。それまで、なんとなく接ぎ木のようにして出来上がっていた社内のルールを、より精緻化することが必要になります。いろいろな社員が増えてくるので、評価や報酬、役割定義といった人事制度をより性悪説に基づいたものにつくり替えたり、部門の業績をよりくわしく把握するために部門会計システムを導入したり、さまざまなルールによる統制を強化します。

しかし、それでは社員の気持ちはだんだん離れてしまいます。

「自由に楽しく仕事していたのに、なんだかルールに縛られて何のためにこの会社で働いているのかわからない。チームの仲間と仕事すること自体は面白いんだけど」という声が聞かれるようになります。

そこでソフト面の脱皮も必要になります。それまで創業時のエネルギーが社内に伝わって、社員もそれを肌で感じ同じ方向を向いていたのが、新しい社員も増えてそうもいかなくなってくる。それに加えての統制強化。そこで、あらためて会社の意味を確認し明文化が必要になります。

たとえば、幹部が合宿して企業ビジョンや「我が社のバリュー」をつくったり、それをリトリートなどで全社員に理解してもらうイベントを開いたり、バラバラになりがちな気持ちをつなぐ「何か」を創出する必要に迫られます。つくるのは概念であり、いわば「幻想」なのですが、幻想だけに社員が共感さえできればどれだけ社員が増えても接着剤となり得ます。この段階の経営者には、そうした幻想をつくり共感を得る能力が求められます。

人類も同じでした。目に見えないものを表現し共有するために、言語が使われるようになりました。神話や信仰、掟といった抽象概念を人類は獲得し集団内で共有するようになって、はじめてダンバー数の150人を超える集団を形成することができるようになったのです。150人を超えてしまうと、人が多過ぎて噂話だけでは信頼できるかどうかわからなくなります。しかし他人であっても、同じ信仰をもつ仲間であると認識できれば協力することもできます。ある概念を共有することで、相互依存関係を結べるようになったため、一気に集団は拡大していきました。複数の集団を重複構造で束ねる「組織」もこうして発生しました。

このように人類は、遺伝的進化のみならず文化的進化をも遂げてきました。最も重要なのは、人類は集団なくして生き残ることはできないということです。それゆえ、集団内での関係性がとても大切になります。関係性を良好に保つために、言語を使って噂話をしたり、視線を使って意図を読み取ったり発したりして、コミュニケーションをとるようになります。

そして、さらにより強くなるために集団の規模を大きくしようとしました。そこで使ったのが言語による共同幻想です。モノではなく、概念で多くの人々をつなぐ技術を進化させました。それが現在の組織の起源なのです。

本書における人の集合体に関する用語の定義

組織とは目の見えない人たちにとっての象のような存在だと述べましたが、組織に関する用語も使う人によっていろいろな意味で使われます。

たとえば、人気ラーメン屋さんの入り口に行列する人たちは、組織でしょうか。それとも集団でしょうか。まさかチームではないですね。曖昧《あいまい》になりがちな用語について、定義をしておきます（図表1－3）。

複数の人々が集まってなんらかの集まりをつくっていたとします。そこに10人がいたとしたら、その10人とそれ以外の人々の間に、目に見えない境界が引かれていることになります。その境界はなんでもいい。人気ラーメン屋さんの入り口に行列をなす人々でいえば、境界はこれからそのラーメン屋さんで食べたい人と、そうではない人という区別です。その10人はそれぞれまったく他人で、話もしないとします。つまり相互関係はありません。行列する理由はラー

図表1-3　人々の集まりの分類

烏合の衆（集合）		**広義の組織**
境界はあるが協働はない	⟷	意識的な協働のシステム
集団（アソシエーション）		**共同体（コミュニティ）**
共通の目的、 関心で意図的に結びつく	⟷	一定地域間での 自然発生的結びつき
グループ		**チーム**
分業による効率追求	⟷	相互依存による シナジー効果追求
基本単位		**狭義の組織**
● グループとチーム ● 顔が見え感情による結びつきも可能	⟷	● 基本単位の複数連結体（タテ・ヨコ） ● 概念による結びつき

メン屋さんに入りたいからと同じかもしれませんが、目的を「共有」しているわけではありません。人々が集まって、共有する目的に向かってなんらかの調整をするわけではありません。その10人に求心力は存在せず、わかりやすくいえば烏合の衆です。烏合の衆（仮に**集合**と呼んでおきます）に対立する概念が、共通の目的のもとで相互に協働する**広義の組織**です。

共通の目的をもつ広義の組織も、その目的で2つに区別できます。ひとつは、なんらかの共通の目的や関心という求心力で意図的に結びついた**集団**です。企業がその代表でしょうが、災害地に集まった期間限定のボランティアなどもそうです。こういった求心力のもとで相互関係を築いて活動する人々の集まりを集団と呼ぶことにします。目的達成のための機能体の面が強調されるでしょう（社会学ではコミュニティの対立概念として「アソシエーション」ともいいます）。

一方、ある特定の目的というよりも生きていくためにお互いに助け合う（相互扶助）ための集まりもあります。これを**共同体**（**コミュニティ**）と呼びます。すぐに思いつくのは、血縁や地縁で結ばれたコミュニティでしょう。今でも地方では、葬儀や結婚といった重要なイベントは近隣の住民同士が協力して行なうところは珍しくありません。血縁はいうまでもなく、親族による集まりであり、その基本単位が家族です。地縁も血縁も、自分たちの意志でつくったというよりも、選択の余地がほとんどない生来の集まりです。

また、生来ではなく人為的に相互扶助を目的につくられた集団もあります。農業従事者の相互扶助を目的とした農業協同組合（ＪＡ）や労働組合などの**組合**です。また、日本には無尽という金融の一形態もかつてありました。参加者は掛金を毎回拠出し、一定の条件でその中から必要とする者がお金を受け取る仕組みです。参加者同士の、金銭的相互扶助の仕組みといえます。こういった属するメンバー同士の相互扶助のための集団は、自分の意志で参加が決められるのでアソシエーションに分類されますが、コミュニティの性格がとても強い中間的な存在です。

日本企業は利益獲得という共通目的実現のための機能集団なのか、それとも相互扶助を目的とした共同体なのか、はたまた労働組合のような中間的存在なのか、これから考えていきましょう。

共通目的を達成するために集まった集団では、集団に属するメンバーが役割を分担し分業することで、ひとりでは達成できなかったことを可能にします。たとえば営業部門内でも、顧客担当、営業支援担当、受発注担当など、さまざまな役割があります。単純化すれば、一人ひとりの小さな力の合計が集団の大きな力となるわけです。ここでのキーワードは役割分担、分業です。しかし、**一人ひとりの力の総和を超える力を発揮する集団**もあります。それが**チーム**です。

多様な人々が刺激を与え合い相互依存することでシナジー効果が生まれます。1＋1が2以上の力を発揮する有機体もチームといえそうです。相乗効果を最大化するために、メンバーの頻繁な入れ替えを前提とすることが多く、また密接な相互依存関係を結ぶために、少人数となることも特徴です。単純合計の集団を、チームに対して**グループ**と呼ぶことにします。

これらチームとグループは、組織を構成する基本単位と見なすことができます（もちろん最小単位は個ですが）。基本単位は、個同士の関係が密接で顔が見える集団です。これは後で述べますが、非常に重要な単位です。

基本単位も、小集団と集団のレイヤーに分けることもできます。常に顔を接して気持ちの交

図表1-4　重複構造

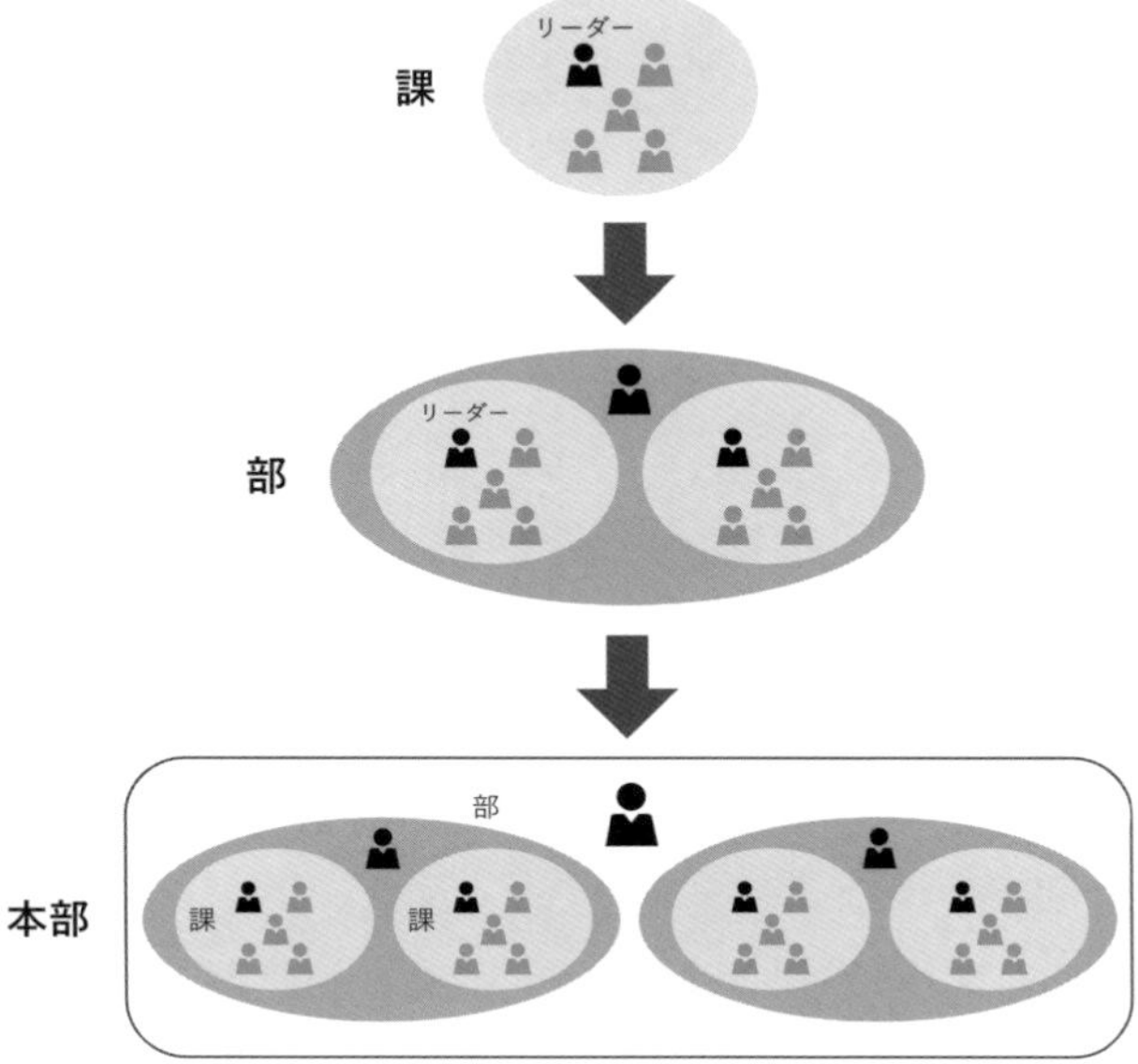

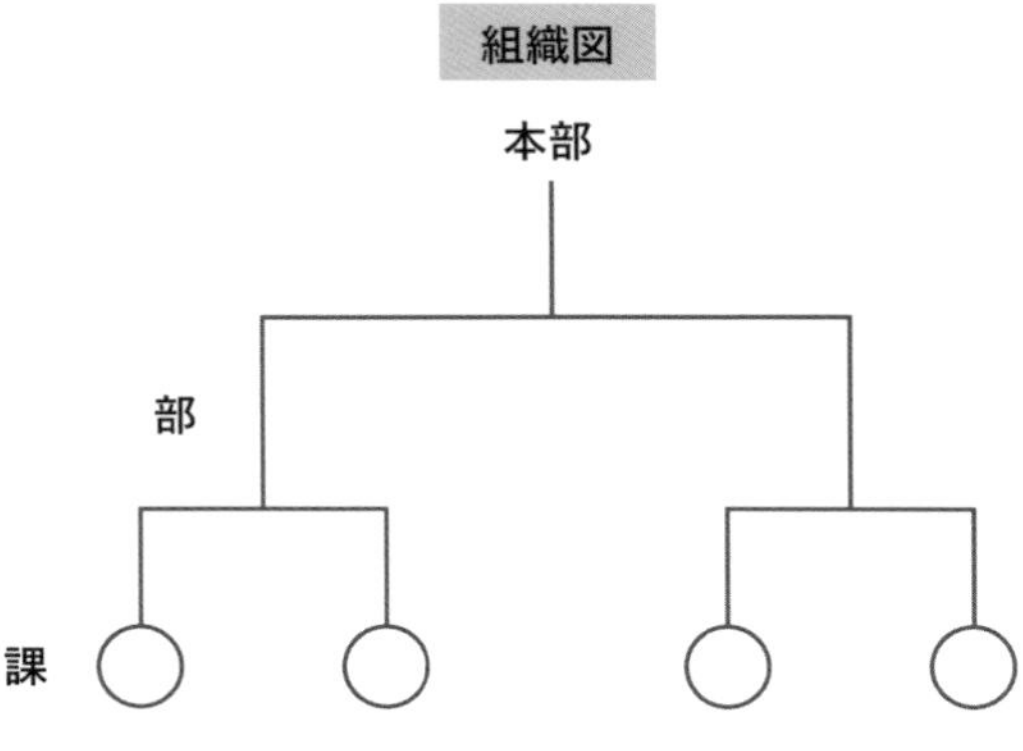

流が絶えない小集団と、先に説明したダンバー数の考え方に沿った「集団」です。あまり厳密に切り分けることは意味がありませんが、区別の考え方は理解しておきましょう。

この基本単位がタテとヨコに複数重複し、連結した構造をもつのが**狭義の組織**です（図表１−４）。

本書では、組織という用語をこの重複構造体の意味で使うことが多くなるでしょう。複数の集団が連結してさらに大きな集団を形成する理由は、ひとつには集団に属す個の数が増えてくると、それをまとめるリーダーがひとりでは見切れなくなるため、適度な大きさで分離させる必要が出てくるからです。

Span of control（統制範囲の原則）は５〜６人程度といわれます。それを超えると集団を２つに分け、その両方をまとめるリーダーを設置することになります。個人の観点からすれば、階層を超えた２つの集団に属することになり、階層が増えればさらに自分が属する集団の数が増えていきます。こうした集団は重複構造となり、組織図で表現すれば多階層のピラミッド構造となります。課を包含する部があり、部を包含する本部があり、本部を包含する会社があるように、ほとんどの企業はこのような重複構造の集団です。各階層の集団ごとにリーダーがおり、公式にはリーダーを結節点に集団同士は連結します。ただし、リーダーの個人能力だけで、連結を維持できるとは思えません。

人数も比較的多くなる重複構造を機能させるには、いくつかの要件があります。（組織図で見

図表1‐5　重複構造を機能させる要件

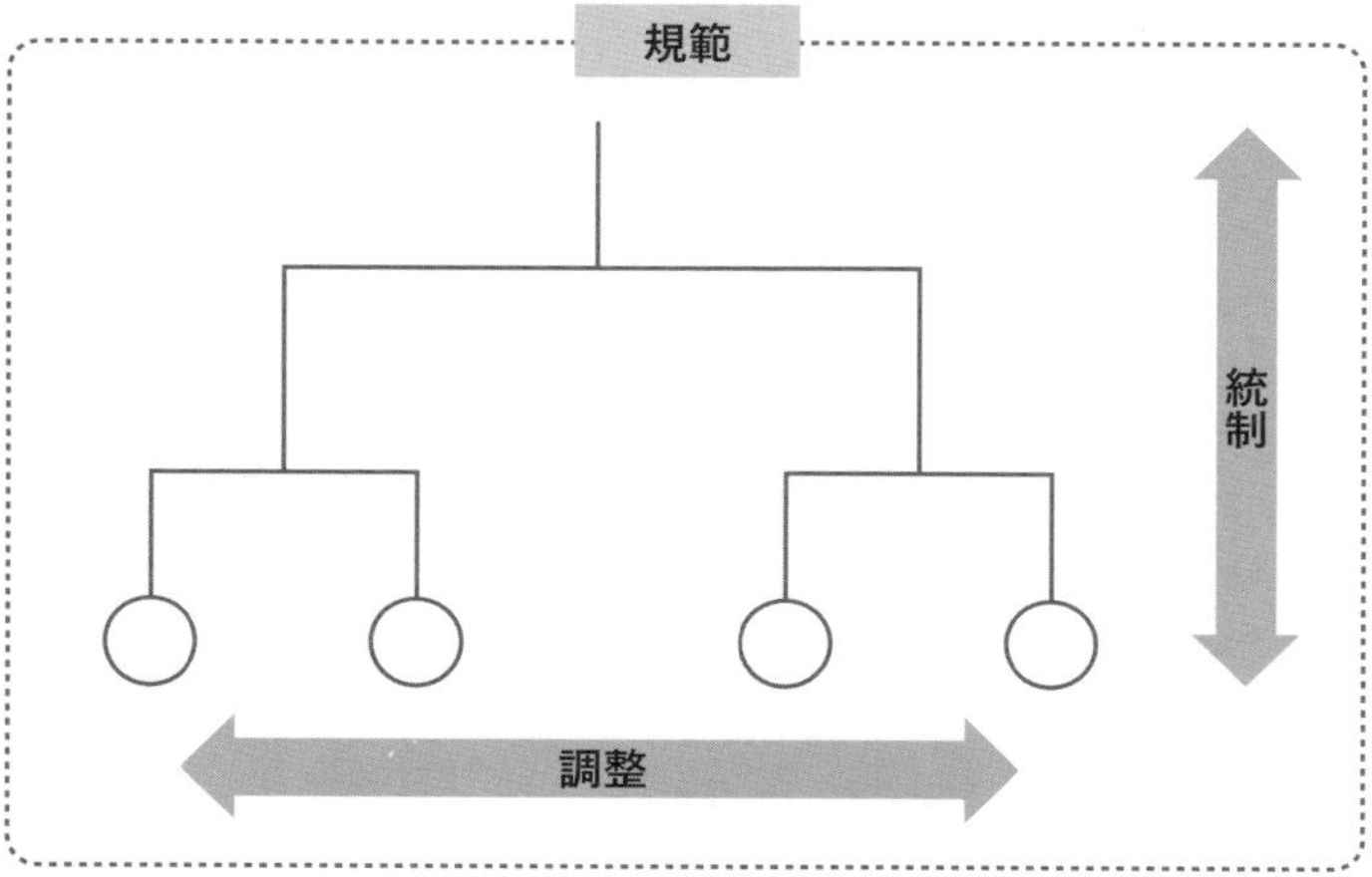

たときの）タテ方向の統制とヨコ方向の調整、そしてそれらを統合する規範です（図表1‐5）。

それらを機能させるには、公式、非公式にかかわらず、参加者が合意したプロセスをもつ必要があります。これらは重複構造をもつ組織以外の集団であっても必要となることが多いですが、特に重複構造をもつ組織では必要条件です。こう考えてみると、重複構造をもつ集団を形成し維持することは、それほど簡単なことではありません。

ちなみに霊長類の中で重複構造社会を形成するのは、ヒト以外にはマントヒヒとゲラダヒヒだけだそうです。

個は集団に属し、また集団はそれらが連結した組織に属す。本書では、タテ方向のレイヤーを個と集団（小集団も含む）と組織の３階層と見なします。

個は人間の感情や知覚、認知能力を発揮します。集団は後にくわしく見ていきますが、顔と顔とを合わせ心を通わせることができる**場**です。

それらを連結した組織は、仕組みや規範、そして共同幻想のような概念で求心力を保ち、大きな成果を獲得できる規模を実現します。

次の章では、個と集団の関係はどうあるべきなのかを考えていきます。

第2章 組織内でなぜ、個の能力は発揮されないのか

個と集団の３つの関係性

社長は「クリエイティブに！」と言うけれど……

社長は毎週のように「もっとクリエイティブに！　常に変化を！」と社内にメッセージを発信している。でも、それを本気で受け止めている社員はいない。

課長に仕事の進め方を変える提案をしても、「リスクはないのか?」と聞いてくる。「変えることで、前よりよくなると証明できるのか?」とも。この前なんか、「もし変えて失敗したら、俺が責任をとらされるんだぞ」なんて。他課員も、しらけた目で僕を見る。どんなに頑張って仕事をしても、結局人事評価をするのは課長だ。社長が見てくれるはずもない。課長は結果よりも姿勢を重視する。どれだけ自己犠牲を強いて、仕事に己を捧げるかが大事なんだ。だから、他の課員は課長が出社する前には必ず出社し、帰りは課長が帰らなければ絶対帰らない。忍耐力を鍛える修行をしているみたいだ。

こんな経験はないでしょうか。一社員にとっては、会社全体よりも、顔の見える集団（職場）のほうが大事だからかもしれません。それはなぜでしょうか。

欧米企業であれば、社長の方針は絶対であり、それに同意しない課長の指示にしたがう必要はないと考えるか、少なくとも社長の方針だとして課長に反論はしそうです。

個と集団の関係は、一筋縄にはいきません。さまざまな要素が絡みあって出来上がっていきます。まさに、コンテクストに依存するのです。あえて、3つの関係に整理してみました。図表2-1を見てください。

①は「自律した個の能力の集合体」という関係です。必要なのは能力を発揮する個であり、

図表2-1　個と集団の関係

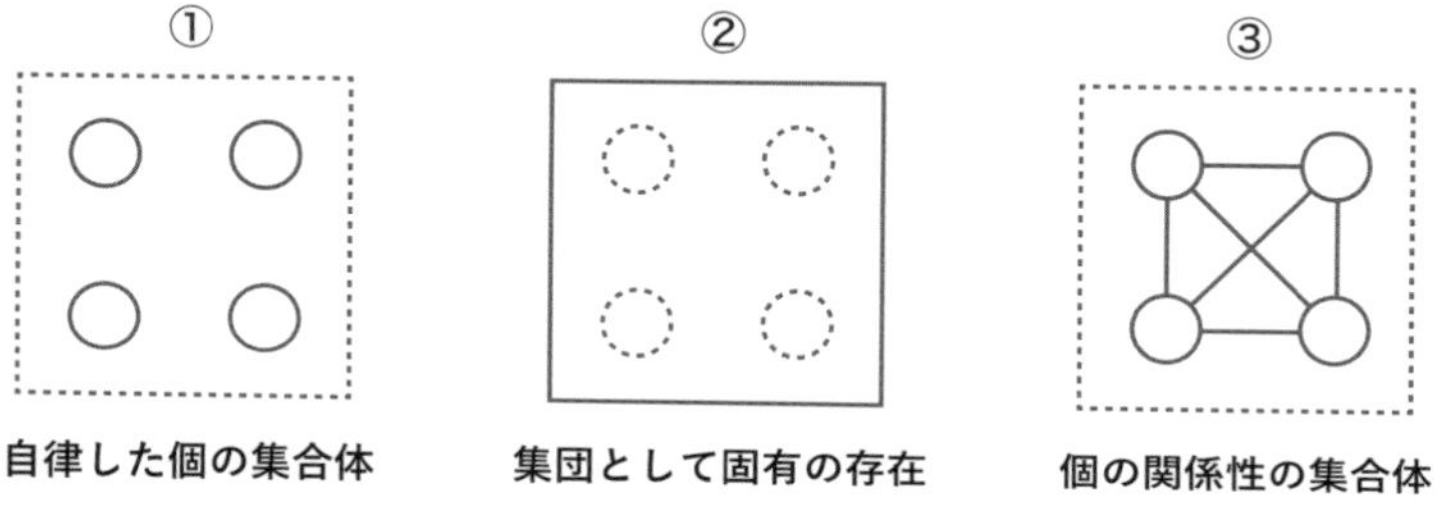

そうした個が便宜上集まっているのが集団です。弁護士事務所や税理士事務所はその典型例です。集団に属してはいても、個の力だけでも生きていけます。

②は「集団として固有の存在」です。一人ひとりの個は、集団内の特定の役割を担う存在です。役割分担によってひとりでは達成できない成果を実現する集団です。個の成果の合計が集団の成果となり、重点が置かれるのは集団です。個は取り換え可能と考えられます。機械的組織では、このように取り換え可能なできるだけ標準化された個を想定しています。たとえば、営業担当者が交代しても、取引先との関係に変化はありません（あってはなりません）。日本で語られるジョブ型雇用とは、このタイプの関係を目指しているようです。

③は「個の関係性の集合体」が集団という関係です。個それぞれの固有の能力よりも、個と個の関係性から生まれる成果を重視します。集団とは、こうした関係性が生まれやすくするための「場」や「器」だと位置づけられます。

多くのチーム的な働きをする集団はこのタイプです。近年は専門家集団といえる病院組織でも、医師、看護師、技師、薬剤師、ケアマネジャーなど、さまざまな専門知識をもった医療専門職が協力して治療に当たっています。そうした専門職同士の関係性の中からアイデアも生まれ、各人の能力の総和を超える能力が発揮されます。

このような個と集団の関係性を規定する重要な要素は自己観です。自己観という考え方には、「自己」についての考え方は意識に上らず、文化によって規定されるとの理論がベースにあります。人の主体は、関わる社会的、集合的場によってつくり上げられると考えます。よく西洋文化と東洋文化の違いが引き合いに出されますが、他にもさまざまな文化による規定を受けるでしょう。

ここでは、文化心理学者の北山忍による2つの自己観を紹介します。ひとつは「相互独立的自己観」です。自己を他者から独立した主体と見ます。自己を、能力などの内的属性によって意味づける傾向があります。もうひとつは「相互協調的自己観」です。他者との相互関係の中に自己を見ます。自己は、他者との関係性の中で意味づけられます。図表2-1の①は相互独立的自己観が、③は相互協調的自己観が反映されていると考えられます。

自分が属する集団では、どちらの自己観が期待されているのか、個と集団の関係はどうあるのか、を理解しておくことは重要でしょう。

集団の中で空回りする人がいます。章はじめの事例で、もし「僕」が課長に正論を述べて反論したらどうなっていたでしょう。自分のもつ高い能力を発揮しようと勇んで仕事をしてもあまり評価されないのは、その集団が期待しているのは、個としての能力ではなく、関係性の中で集団全体の成果をあげるような個だからなのかもしれません。そうした状況を空回りといいます。他の課員はそのことを理解しているので、しらけた目で「僕」を見ているわけです。ただし、これは集団のリーダーの考え方にもよるので注意が必要です。

リーダーが変われば、期待される自己観も変わることはよくあります。それを見極める能力も必要です。

職場という小集団を重視する日本の社会構造

では先に述べた自己観の比較も踏まえて、あらためてなぜ日本企業では社長の全体方針より課のような小集団を重視するのかを考えてみましょう。その違いは、日本の社会構造にあると考えられます。

社会人類学者の中根千枝は、**社会学的単位は欧米人では「個人」だが、日本人は「小集団(primary group)」**だと指摘しています。小集団とは、５～７人程度で、以下の特徴をもちます。

●仕事の遂行においていつもともにいる
●場の共有を媒介とする
●共感をもって常に反応でき、心理的安定を与えてくれる

（参考：中根千枝『タテ社会の力学』講談社学術文庫）

小集団が社会学的単位ということは、タテマエとしては企業に属していても、気持ちは「課」のような小集団にあるということです。

……日本では、この大集団参加は常に小集団単位の参加であって個人参加ではないということである。いいかえれば、小集団の凝集性というか枠が強く、大集団に合流しても決してその枠がなくならないということである。

（出所：前掲書、32ページ）

つまり社会構造によって、企業単位（大集団＝組織）よりも小集団のほうが優位となることが規定されているというのです。大企業で研修を行なうと、初日の朝、メンバー同士で名刺交換を始めることがよくあります。まさしく、小集団の代表として大集団に参加しているようで

す。

日本企業において、最も代表的な小集団は「職場」だと考えられます。職場という言葉も多義的ではありますが、一般には常に顔を合わせ言葉を交わす「課」ないし「部」ではないでしょうか。より密着度の強い「場」。そこでの人間的接触がもたらすのは、機能よりも情。誰かが病気で入院したら、他のメンバーで仕事を補います。お互い様。共同体的な色合いが濃いでしょう。また、効率を追求する機能集団（グループ）というよりもチームの面が強い。個と集団の関係は、③の個の関係性の集合体の傾向が強いと思います。

職場という小集団において、顔を合わせることの価値について考えてみましょう。ヒトは進化の過程で、他者の表情を読む能力を発達させてきました。表情を読むことは、気持ちを通い合わせ共感を生むための最初のステップです。心理的安定も得られるでしょう。こうした共感により感情は伝染していきます。感情が伝染すれば、同調行動もとりやすくなります。それゆえ日々顔を合わせる小集団は、特別な価値をもちます。

しかし、なんらかの理由で他者からの心理的影響に圧迫を感ずる人は、小集団には抵抗をもつかもしれません（たとえば、相互独立的自己観をもち自己を守り抜きたい人）。そういう場合には、本来もっている能力を集団内で発揮できないという事態も起こりえます。

ちなみに、もう一段階上の階層である「部門」や「本部」は、人間的接触は薄れ、より合理性に基づく機能体の面が強まります。最上位階層である「会社」は、人間的接触ではなく、ビジョンや経営理念、あるいは会社の名声といった「概念」によって求心力をもつ組織です。

なぜ、職場を大切にするようになったのか？

では、なぜ日本人は小集団を最重要と考える社会構造をつくり上げたのでしょうか。そこには、精神構造の影響も考えられそうです。

イギリスのカルバン派と仏教の易行化

日本人の精神構造を考える上で仏教の影響を欠かすことはできません。経済学者の寺西重郎が、イギリスと日本の宗教が経済に及ぼした影響に関する論考の中で、個と集団との関わりへの宗教の影響について日英を比較して分析しています。

16世紀以降隆盛を誇ったイギリスのカルバン派プロテスタントは、禁欲的労働と私有財産の運用を促しています。それに経験主義的哲学の伝統も加わり、他者に距離を置き個人の独立を重視する個人主義が広がりました。そこでは個人と神との対話を重視します。相互独立的自己観の形成です。冒頭の事例について、もし「僕」がこうした個であれば、より上の階層の社長

図表2−2　日本人の精神構造

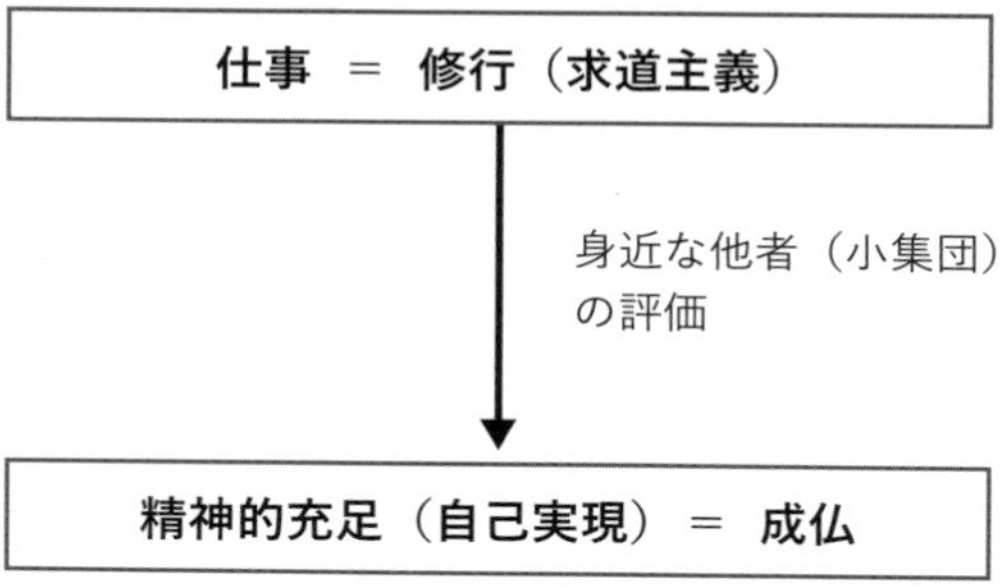

の方針を守るために、課長に反論するのも当然でしょう。

一方、日本では鎌倉時代（13世紀）に仏教の易行化《いぎょうか》が広まりました。易行化とは、僧侶のような厳しい修行をしなくても、仏教の教えにかなう世俗内職業生活を送ることが、いわば修行になるとの考え方です。それを求道主義といいます（スポーツ選手、たとえばプロ野球選手が「野球道を究める」、などと発言したりするのもその名残でしょう）。しかし、本当に正しく修行ができているかの評価がなければ、精神的な充足が得られません。それで、身近で顔を合わせる他者に評価してもらうことを求めるようになったのです。評価してもらえれば「成仏」できました（また、日本人の勤勉さは、仕事を修行と見なすところにあるようです）。私たちはこうした精神構造が組み込まれた社会構造を形づくり、顔の見える小集団をより重視することになったようです（図表2−2）。

（参考：寺西重郎『経済行動と宗教』勁草書房）

このような日本の社会構造や精神構造が、冒頭の事例のような、必ずしも**個が集団内で能力を発揮できない状況をつくり、それが会社組織全体に温存されている**のではないでしょうか。全社方針より身近な職場の反応（内輪の論理）を優先したり、仕事を修行と見なして結果より姿勢を重視したり、それらが目には見えない規範となっていれば変えることは容易ではありません。

一方で、近年は個と集団の関係性も変わりつつあります。①の自律した個の集合体の傾向の企業も現れてきています。しかし、それが本当に好ましい変化なのかは、簡単に結論を出すことはできません。これまで述べてきたように、オープンシステム観に基づく有機的組織がこれからのモデルになるとしたら、日本に多い③の個の関係性に基づく集団が最も有効とも考えられるからです。そのために、個と集団の関係性について、さらに深く考えていく必要があるでしょう。

ホモ・エコノミクスという概念はいかに形成されたか

冒頭の事例で、仮にどれだけ言い続けても変化しない組織に業を煮やした社長が、強権発動して人事評価項目に「チャレンジ」とか「創造性」を加えたとしましょう。つまり、それらにインセンティブを与えて、社員の行動を誘導しようとの考えです。成果主義も同じようにインセンティブを使って、行動を誘導するという発想です。企業の常套手段ともいえますが、これは効果を発揮するのでしょうか。

効果を発揮するかどうかは、社員がインセンティブをどれだけ望むか次第でしょう。もちろんそれが効く場合もありますが、そうでもないことも多いと私たちはバブル崩壊後に実感してきました。成長を止めた日本企業を再成長させるために、成果主義やインセンティブスキーム、ストックオプションなど、あらゆる手法が導入されましたが、それらの効果はどうだったのでしょうか。

先ほどの自己観にも関わりますが、人間をどのような存在だと認識するかは、個と集団の関係を考える上で極めて重要です。**インセンティブは、人間を「ホモ・エコノミクス（経済人）」だと認識すれば有効**です。状況によっては、その人間観を活用できる場面もあるかもしれません。そこで、ホモ・エコノミクスの起源を簡単に振り返っておきましょう。

アダム・スミスの「神の見えざる手」（『国富論』1776年）が源流のひとつです。それは、それぞれの個人が私的な利益を追求しても、「神の見えざる手」が働いて、おのずから調和が生まれ、社会全体の幸福の実現につながるという考えです。こうした考え方に、当時ニュートンらの活躍で進展著しかった物理学を転用し、数字で経済活動を表現しようとしました。そうして、経済学者レオン・ワルラスが、個人の嗜好や能力、社会環境などを単純化して数字で表現すべく、「自己の経済的利益を最大化することのみを行動基準とする」人間像をつくり上げたのです。この人間観が、ホモ・エコノミクスと呼ばれ流布されました。

そして、20世紀後半になってそれを強化したのが、ノーベル経済学賞を受賞したミルトン・フリードマンです。新自由主義の理論的後ろ盾だった彼は、1970年にこう言ってのけます。「企業の唯一の社会的責任は、利益を最大化することだけである」

この考え方は、その後の企業行動に大きな影響を与えます。利益至上主義を実現するには、人間もホモ・エコノミクスであることが望ましいのは必然です。規制を撤廃し一人ひとりが自由に貪欲に利益追求すれば、結果的によい社会がつくられるとの信念は、今でも多くの人々に信じられています。しかし、こうして振り返ってみると、ホモ・エコノミクスの人間観は案外新しいもので、しかもそれぞれの時代のご都合主義で広まってきたとも思えてしまいます。

利他性と共感

次に、有機的組織と親和性の高い、相互協調的自己観について考えてみます。相互協調するためには、経済人のような利己性ではなく、利他性が必要になります。自分を抑えてでも、他者のためになるように行動しなければ協調はできません。次の実験を見てください。

10ドルもらったら、そのうちいくらを他人にわたすのか

お互いに知り合いではない学生を2つの集団に分けます。Aグループの学生たちに10ドルを渡して、好きな金額を懐に入れ、残りを封筒に入れるように指示します。その封筒には、Bグループの誰かに対応した番号が振られています。皆封筒を箱に入れた後、Bグループの学生は自分に対応した封筒を取り出し、封を開けます。誰が誰に渡したかはわかりません。こういう設定で、Aグループの学生たちは、いくらを封筒に入れたでしょう。利己的なホモ・エコノミクスであればゼロのはず。そうしたホモ・エコノミクスの比率は28％で、平均金額は総額のおよそ25％でした。利己的な個人は、案外少ないことがわかります。

さらに別のバージョンの実験をします。

今度は、Bグループの学生たちが封を開ける姿を、Aグループの学生が見られるようにしました。誰が誰の封筒を開けるのかは今回もわかりませんし、お互い二度と会うことはないだろうということも同じです。口もききません。結果はどう変わったでしょうか。ホモ・エコノミクスの比率は、28％から11％に低下しました。平均金額も25％から35％に上昇しました。

さらに別のバージョンの実験です。今度は、Bグループの学生たちの個人情報（専攻、趣味など）をAグループの学生たちに伝えました。すると、なんとホモ・エコノミクスはいなくなりました。

（参考：ヨハイ・ベンクラー『協力がつくる社会』NTT出版）

これらの実験からわかることは、ヒトはそもそもそれほど利己的ではないということがまずひとつ。もうひとつは、ヒトは他者の人間的な面を知れば知るほど、共感や同情の感情が芽生え利他的になっていくということです。顔の見える小集団内の他者との間に、利他的で協調的な関係を築くことは、ヒトとして自然な振る舞いだといえるでしょう。それがデフォルトなのです。新入社員や中途入社してくる社員の趣味やプロフィールなどを社内報に載せて、配属部門だけでなく全社に紹介することがあります。これも、新しいメンバーの人間的な面を知ることで、小集団の外であっても利他的な関係をお互いに築きやすくするためだと解釈できます。

もし小集団内が利他的になっていないとしたら、協調を妨げる力が外から働いているのかもしれません。利己主義を促すような内部で競わせる評価制度や、お互いの人間的側面を見えにくくするような職場環境などが考えられます。リモートワークも、そうしたリスクがあることを踏まえて実施すべきでしょう。

「信頼には信頼を返す」というメカニズム

では、次に利他性をもつ個と個が、どのようにして信頼関係を結べるかを見てみましょう。信頼関係があってはじめて、個と個の間で相互協調や相互依存ができます。

「信頼するから信頼されるのか、信頼されるから信頼するのか」、鶏と卵の関係でどちらが正しいということではありません。ただひとついえるのは、「信頼には信頼を返す」という原則が成り立たなければ、信頼関係は結べないということです。それは成り立つのか、もし成り立つのならば、なぜヒトはそうするのか？　心理学者ポール・J・ザックはそれを以下のような実験で分析しました。

見ず知らずの人に1万円送金する理由

Aさんが自分の口座からお金を引き出し、見ず知らずのBさんに送金します。Aさんは、Bさんも同じ実験に参加していることだけは知っています。他の情報はありません。では、なぜAさんは見ず知らずのBさんに自分のおカネを与えるのでしょう。それは、送金額が3倍になってBさんに届くという仕掛けがあるからです。Aさんが1万円を送金すれば、Bさんに3万円が届く。もちろんBさんに返礼の義務はありません。ホモ・エコノミクスであれば、返礼などしません。

しかし、Aさんは、Bさんは受け取った3万円のうち1万円以上は戻してくれると期待しているはずです。そうでなければ、1万円を送金しません。つまりBさんを信頼しているのです。それはBさんも感じとるはずです。そしてBさんはどう考えるでしょうか。たとえば、もしBさんが2万円を返礼すれば、AさんもBさんも1万円儲かることになります。

結果は、被験者の95%がいくらかのおカネを返礼しました。これは先に見たように、ヒトは利他性をもつので想定内です。ところが面白いことに、返礼した金額は人によって異なりますが、その返礼金額を予測できる材料が見つかったのです。オキシトシンという神経物質です。

Aさんからのお金を受け取ったBさんの脳では、神経物質であるオキシトシンが分泌されました。そして、そのオキシトシンの量で、BさんがAさんに返礼する金額が予測できたのです。信頼がオキシトシンを合成し、さらに信頼を引き出したのです（図表2-3）。

（参考：ポール・J・ザック『経済は「競争」では繁栄しない』ダイヤモンド社）

ヒトは信頼されたと感じると、脳内でオキシトシンという神経物質を合成します。オキシトシンが合成されると、ヒトは受けた信頼に応えようとします。さらに、相手から大きな信頼を

図表2−3　信頼は信頼を生む

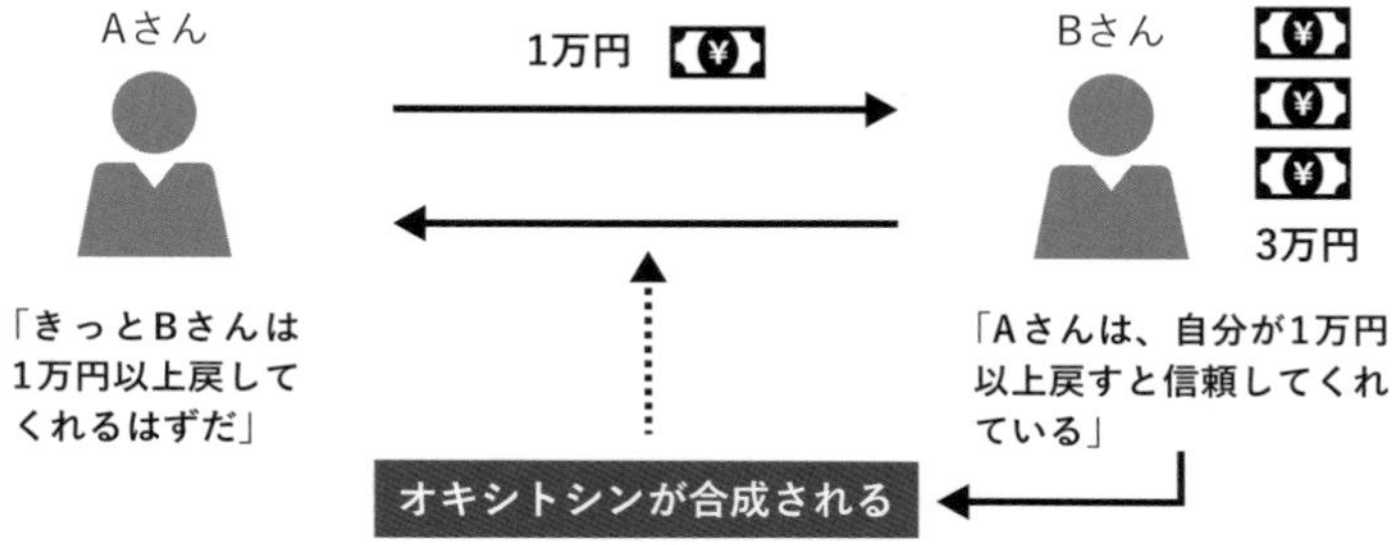
Aさん
1万円
Bさん
3万円
「きっとBさんは
1万円以上戻して
くれるはずだ」
「Aさんは、自分が1万円
以上戻すと信頼してくれ
ている」
オキシトシンが合成される

もらったと感じれば感じるほど、それに合わせてオキシトシンが増量し、こちらから大きな信頼を返します。

このようにヒトは信頼には信頼を返すメカニズムを備えており、こうして信頼でヒトはつながることができるのです。信頼に基づく仲間が増えていけば、集団の生存確率が高まります。これもヒトの生存戦略のひとつです。進化の過程でオキシトシンという神経物質を生み出して、信頼に基づく集団形成を可能にしたのです。すべての人は信頼のメカニズムを備えていることを前提にした、組織づくりを心がけるべきです。猜疑心は、そのメカニズムを破壊すると心得ておきましょう。

あなたは利他的？　利己的？
どっちが得？

ヒトは利他性をもち、また信頼で結ばれるためのメカニズムをもつことがわかりました。しかし、全員が常に利他性をもつとは限りません。集団の中には、利己的な人もいるでしょう。

もし集団内で、利己的個人と利他的個人が併存していたとしたら、利他的個人は駆逐されてしまうかもしれません。「腐ったリンゴは隣のリンゴも腐らす（The rotten apple injures its neighbor.）」という英語のことわざのように。

人類は、集団をつくり助け合うことで生き残ってきました。それは、利己的個人と利他的個人が併存していても、協調して集団を成り立たせるメカニズムがあったことを意味します。それにもかかわらず、企業においては、内部がバラバラな組織や他部門との協調を拒みサイロ化する組織もあります。組織も、生き延びてきた人類の協調のメカニズムから学べることがありそうです。協調のメカニズムは、第1章で触れた文化的進化と関係があります。あるシンプルな会社組織の例を使って説明しましょう。

利己的な営業課、利他的な開発課はなぜ協調できるのか

この企業は経営会議（機関）の下で製品別の事業部制をとっています。AとBの2つの事業部があり、毎年予算獲得競争を繰り広げています。また両事業部とも開発課と営業課からなり、開発課が開発・生産する製品を営業課が販売します。基本的には、上の階層が下の階層に圧力をかけてしたがわせます。

どちらの事業部でも開発課と営業課は常に建設的に争っています。両課の主張は大抵一致せず、トレードオフです。A事業部の営業課は利己的かつ高圧的な風土で、開発課は利他的で穏健な風土だとしましょう。このままであれば、声の大きい営業課が「開発課がいい製品をつくらないから売れない」と主張し、責任を開発課に押しつけて販売努力を惜しむかもしれません。そうなれば、ライバルのB事業部（そこは全体が利他的な風土で、課同士が協調していい製品を出してきます）との競争に負けて、経営会議から次年度予算を削減されてしまいます。そこで、A事業部長は営業課と開発課に圧力をかけて、協調させることでしょう。

しかし、なんらかの事情で、その企業（＝経営会議）が他社との競争への関心を減らしたとします。たとえば、経営陣が他社との競争よりも、社内の派閥抗争に血眼になっているような場合です。そうなると、経営会議からA事業部への圧力が弱まります。すると事業部間での競争圧力が減少するので、B事業部と無理して競うことをやめてしまいます。そうなると、A事業部内で協調していい製品をつくろうとの意欲も低下します。その結果、営業課はもともとそうだったように利己的に振る舞うようになり、営業課の利己的な主張が通ってしまう。さらに営業課の中でも、課のことよりも自分の利益を追求し、サボる社員が増えてくるかもしれません。こうなると、いずれA事業部は淘汰されて消滅するでしょう。

前半では、A事業部は内部に抱える利己性よりも利他性が選択され、協調が成し遂げられました。ところが後半では、利己性が勝ってしまいました。その結果、淘汰されることになる。その差は、より上の階層のもつ圧力（「選択圧力」といいます）の強さにかかっています。後半では、最上層の圧力が相対的に下位層よりも弱くなってしまったのが、淘汰につながった原因です。一般に、集団内には利己性と利他性が併存しています。そして、集団内の競争では利己性のほうが有利です。A事業部内では、営業課の力のほうが強いように。しかし、レベルを一段階上げて、集団間の競争の視点に立てば利他的な集団が有利です。後半では、もともと利他的だったB事業部が生き残ったように。

これが、ダーウィンの自然選択論を拡大した、「**マルチレベル選択**」という考え方です。より上の層の選択圧力が強ければ、利他的な集団が選択されます。もし、そうでなければ利己性によって集団は淘汰されてしまう。人類は常に、上の層からの選択圧力が強かったので協調してきたのです（図表2-4）。

文化的進化メカニズムにおいて「選択」されるには、やはり利他性が必要であることがわかります（端的にいえば、宇宙人が攻めてくれば世界はひとつにまとまるということです）。

よく部門の壁が高くサイロ化しているとか、役所は省益しか考えないといったりしますが、より上の階層の選択圧力が弱くなっているからなのかもしれません。ヒトは利己的な面と利他的な面の両方をもっています。どちらが前面に出るかは、選択圧力次第です。

日本企業でガバナンスが常に問題視されるのは、既述のように小集団の力が強いからです。

図表2-4　マルチレベル選択＝協調のメカニズム

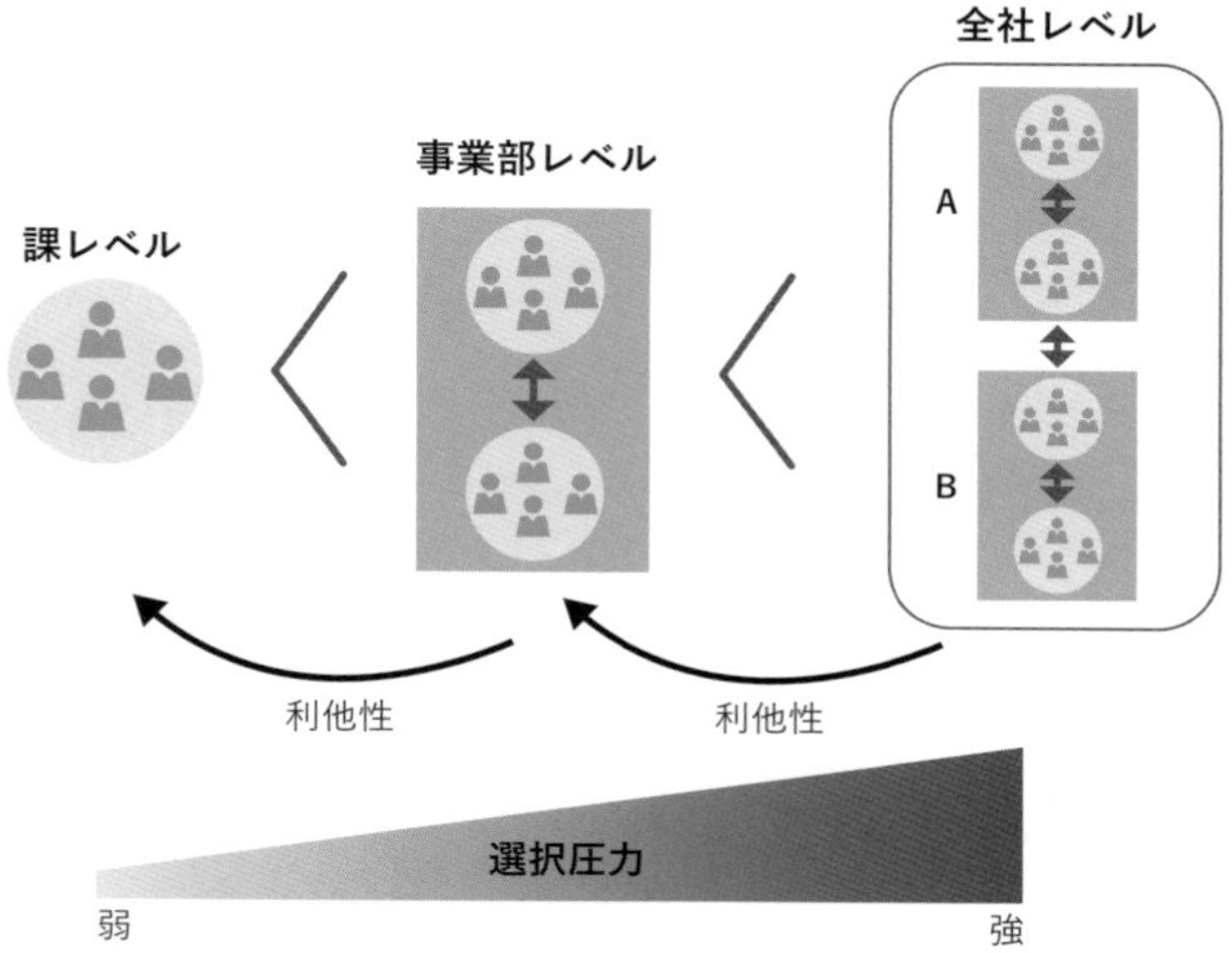

経営層もひとつの小集団を形成しています。そのままでは、後半のA事業部のように淘汰されてしまいかねません。だから、より上の階層からの選択圧力が不可欠です。かつては銀行がその役割を果たしていましたが、現在は違います。本来それは株主と、その代理人である取締役会の役目です。

ただ、上の階層からの選択圧力が強ければ、それでいいというわけでもありません。組織の自律性と上の階層からの選択圧力、このバランスが重要になります。しかし、ひとついえるのは、利他的個からなる集団のほうが生き残る可能性が高いということです。

ここまでの流れをまとめておきます。

特に日本人は、概念で結びつく組織よりも、顔の見える小集団を重視してきました。それは、相互協調的自己観に基づいて、個自体よりも個と個の関係性を重視した集団を形づくっているからだと考えられます。本来ヒトは利他性と信頼のメカニズムをもっており、それが集団形成を促しました。また、利己性を抑制することで集団同士の協調も可能にしました。

相手の意図を推し量ることの罠

以降では、さらに集団内で個と個がつながるために、知っておくべきヒトの本性を見ていきます。まずは、人はつながるために他者の意図をどう読み取ろうとするのかです。

残業しない人、残業がなくならない職場

人は、他者が何を考えているか（意図）をすごく気にします。それを想像するのが噂話でしょう。意図を探ることとは、因果関係を見つけることです。ヒトはなんであれ、常に因果関係を探そうとします。理由がわからないと、とても不快ですから。自分が暮らすこの世界がどのように動いているのかを、常に理解していないと不安なのです。特にそれが他者の行動であれば、なおさらその行動を理解して納得したいと考えます。たとえば、次のような状況をどう感

じますか。

あなたが課長を務める課に今年異動してきたAさん。Aさんは、残業をほとんどしない。周囲の社員が定時すぎて残っていても、お構いなしに帰っていく。あなたは、だんだんAさんは仕事に対する熱意がないのではないかと思うようになる。それだけにとどまらず、Aさんは前にいた部署に比べて、今の課はつまらない仕事をしているのだと思っているのではないか、と疑うようにもなる。そうして、やる気のないAさんに大事な仕事を任すことはできないと感じ出す。規則に反しているわけでもないため口に出したことはないが、多分他のメンバーも同じようにAさんのことを見ているだろうと感じる。そうして、ますますAさんに距離を置くようになっていく。

こういったことは、それほど珍しいことではないでしょう。「あなた」は、Aさんの「残業をしない」という行動の理由を、無意識に「熱意がない」とか「つまらない仕事だと思っている」といったように、Aさんの個人的な内的要因にあると判断しています。しかし、これは正しくないかもしれません。なぜなら、内的要因ではなく外的要因の可能性も大いにあり得るからです。たとえば、同居する母親の介護のため、必ず毎日定時に帰宅しなければならないかもしれません。あるいは、前の部署では残業する社員は能力が低いと見なされていたため、残業せずに家に仕事を持ち帰っているのかもしれません。いろいろな可能性がある中で、真っ先に「あなた」が考えたのは、相手の内面から発する理由（内的要因）です。

ヒトは、取り巻く状況にその原因を求めるのではなく、相手の意図（気持ちや心）といった内面に原因を求める癖があります。これは日本だけでなく世界各国で多数の実験によって証明されている、**「基本的な帰属エラー」**と呼ばれているものです。

次に、逆に残業がなくならないBさんを見てみましょう。

Bさんはこう考えます。「もし私が定時に帰れば、課長は仕事に対する意欲が低いから私は早く帰るのだと考えるに違いない。意欲がないから定時に帰るのではないが、そうは考えないだろう。だったら、意欲がないと思われたくないからまだ会社にいよう。先輩たちも遅くまで仕事を頑張っているのだし」

先輩たちもBさんと同じことを考えているのかもしれません。また、上司も同じ考えで帰らないのかもしれません。つまり、誰も早く帰ることと意欲がないことは同じではないとわかっていながら、結果として全員が他の人はそうは考えていないに違いないと想像し、誰も早く帰らない。

この場合も、早く帰らないという相手の行動から「相手の意図」を推し量る「基本的な帰属エラー」が起きているといえます。また、自分の意図（意欲はあるが早く帰りたい）とは異なる他者の意図（意欲がないから早く帰る）を、勝手に推し量って集団内の多くがそうと思い込んでしまうことを、「**多元的無知**」といいます。日本では「空気」といいますね。こうして誰もがしたくない残業を止められない。

なお、「基本的な帰属エラー」はヒトが共通にもつ癖ですが、残業という場面においてこのように作用するのは、非常に日本的な現象だと思います。

第1章で見たように、常に集団の中で信頼できる相手を探し続ける宿命をもったヒトは、生命維持のため他者の心に敏感になるようにプログラムされています。だから、他者が何を考えているのか、どう思っているのかという他者の「心」を常に探ろうとします。しかし、他者の心を把握することはできません。そのため他者の行動から心を推測し、その仮説に基づいて自らの行動を決定します。こういった推論の枠組みを「**心の理論**」といいます。

ヒトは心を推し量る癖があるとしても、なぜ外的要因よりも内的要因（意図や心）を過大に重視してしまうのでしょう。集団において、最も重要なのは内的要因に基づく他者との関係性です。他者の行動の原因は常に内的要因にあると考え、それに備えていれば、集団内の関係性で内的要因によって不都合な状況に追い込まれそうになっても、いち早く察知し手が打てます。もしなんらかの他者の動きを察知したとして、それが外的要因（気候のせい、景気のせいなど）

だと判断してしまえば、手を打つのが遅れるかもしれません。仮に内的要因との予想が外れ本当は外的要因だったとしても、内的要因だと判断したことによるダメージは相対的には大きくはないでしょう。そのような非対称性があるがゆえに、リスク回避のため内的要因を過大評価する「基本的な帰属エラー」という癖がヒトに備わったのかもしれません。

ヒトはそもそも他者とつながりたいのであり、そのために他者の意図を推し量る。しかし、その際に外的要因よりも内的要因を理由として類推しがちなために、それがかえってつながりの障害にもなり得る。それは覚えておきましょう。

ヒトは無意識にメッセージを発している

ヒトは他者の意図に目を向けると同時に、他者に対して無意識にメッセージを発しています。それが無意識に、集団の相互関係に大きな影響を与えます。次に、それを見てみましょう。

銀行の支店長が交代すると、何が変わるのか

組織とは面白いもので、トップが替わるとガラッと雰囲気が変わることがあります。たとえ

ば、銀行の支店長。今はそれほどではないでしょうが、かつては支店長といえば一国一城の主。物理的にも本店などから独立しているので、よりその傾向が強い。その支店長の影響は、支店の隅々にまで及びます。支店長が交代しても支店の運営方針とか仕事の手順といった言語化できるものは、本店から通達されてくるのでほとんど変わりません。それでも、雰囲気（としか言いようがない）は大きく変わります。それは、なぜなのでしょう。

ヒトは社会的相互作用として、外部（他者）に対して情報を出力する際に３つのチャンネルをもっています。ひとつはいうまでもなく言語。２つめは、自律神経やホルモンの働きで身体の変化として無意識に現れる情動。情動とは、意図せず緊張して顔が赤くなったり、呼吸が速まったりしてしまう身体の反応です。３つめは無意識に発してしまう「**正直シグナル**」です。話し手の態度あるいは意図が、韻律と身ぶりの大きさや頻度の変化のような無意識の行動に表れる、これが正直シグナルです。

情動も正直シグナルも無意識に現れる行動ですが、情動はヒトの生存維持に直接関わる反応であるのに対して、正直シグナルはヒトが集団として生活するための調整機能として発達したものと考えられます。ＭＩＴメディアラボのアレックス・ペントランド教授は、主な正直シグナルとして４点をあげ、計測しています。

●影響力

社会的相互作用の中で、各自が別の人に与える影響の大きさ。一方が相手の発話のパターンを自分の発話のパターンにどれだけ合わせるかで測定する。人間の注意メカニズムの機能による。アメリカの大統領選挙の候補者たちの討論会で、話すときの声の高さ（声の基本的音質）に関して、最も他者に影響力を与えている候補者が当選する確率が高いという。有権者はこの優位性のシグナルに反応するようだ。

●ミミクリ

会話の間、他のヒトの行動を反射的になぞること。ミミクリの結果、無意識のうちに交互に微笑んだり、相槌を打ったりうなずいたり、お互いに真似をし合う。共感を示す無意識のシグナル。

●活動レベル

関心をもったときや興奮したときに活動レベルが上がる。自律神経系が興奮状態になり、運動活動レベルが上がる。口数が増え早口になり、動き回ったりする。関心を示すシグナル。

●一貫性

多くの考えや感情が同時に頭の中で渦巻いていると、いっていることばかりか動きさえぎこちなくなり、アクセントやペースにむらが出る。強調やタイミングの一貫性は精神が集中しているシグナルで、逆にそれが変動していると他人に影響されやすいというシグナルになり得る。

心が集中して滑らかに機能していることを示すシグナル。

（参考：アレックス・ペントランド『正直シグナル』みすず書房）

支店長はそれぞれ異なる正直シグナルを発しています。その支店のある行員が、こう語ったとします。

「今度の支店長とは、なぜか話しやすい。他の支店行員もそういっている。そのうち、だんだん支店の雰囲気が明るくなってきて、行員同士もざっくばらんに話がしやすくなってきた。やがて支店の業績も上向いてきた。なぜ、支店長と話しやすくなったのかよくよく考えてみたら、こちらが話しているときに支店長はいいタイミングで相槌を打ったり、こちらが嬉しい話をするときには嬉しそうな表情を返してくれたりしてくれることに気づいた」

正直シグナルのうちの「ミミクリ」を、新しい支店長は無意識に行なっていたのです。ヒトはミラーニューロンの働きにより、読み取った他人の行動を直接脳内のさまざまな部位に伝達し、自分たちの行動全般を他の人々の行動に合わせることができます。支店長のミミクリによって受けた共感の感情が、また支店内の他の人にも伝播していったのでしょう。

このケースはよい影響の伝播でしたが、もちろん悪い影響も伝播します。集団内では常に、たくさんのこうした相互作用が繰り広げられています。リーダーは、自分が発する正直シグナルはもちろんですが、メンバーの正直シグナルにも敏感になる必要があります。それを読み取って、先手を打って対応することができるからです。このように集団内の相互作用を把握すれば、時にコントロールすることもできるかもしれません。

第3章 いかに関係性が価値を生み出すか

カネか？　ヒトか？——資本の源泉

……ヒトが経済活動のもっとも本源的かつ稀少な資源であることを強調し、その資源の提供者たちのネットワークのあり方に、企業システムの編成のあり方の基本を求めようとする考え方である。（中略）ヒトのつながり方を「カネを生み出す活動」の中心にすえる……。

この文章を読んでどう思われますか。これまで、人と人の関係性の重要性を述べてきました。その延長線上の話だと思われたかもしれません。これは、もともと１９８７年に刊行された伊丹敬之一橋大学名誉教授著『人本主義企業』（ちくま学芸文庫、43ページ）から引用したものです。当時、日本的経営が世界で脚光を浴びていました。日本的経営は、欧米で理解されている資本主義とは少し異なっており、それが破竹の勢いの日本企業の競争力を支えているのではと考えられていたのです。『人本主義企業』は、その秘密を解き明かそうとしたものです。

従来の資本主義は、カネを経済活動の最も本源的かつ稀少な資源と考え、その提供者を中心に企業システムがつくられるものと考えます。企業の所有者である株主が資金を拠出し、経営者に委託して建物や設備を購入、雇い入れた社員にそれらを運営させ生産、販売し資金を回収。余剰資金を追加投資に当て、さらに生産販売を拡大していくというサイクルです。

関わる人の役割と責任が明確に分離され、機能的であることが重視されます。外に「開く」ことは機能を不安定にさせます。いわば、少ないキャッシュを投入して、たくさんのキャッシュを創出するマシーンです。経営者も労働者も取引先も地域住民も、すべてそのための道具でした。戦後しばらくまでは、これが市場経済を機能させる唯一の資本主義システムだと信じられてきました。そこに一石を投じたのが、関係性を重視する日本企業の挑戦でした。

従来のカネを根源的な資本の源泉とする考え方に対して、人および人と人の関係性（ネットワーク）を根源的価値の源泉と日本企業は考えている、と主張したのです。それを、「人本主義」と称していますが、「ネットワーク本主義」と呼ぶのがふさわしいと思います。現在であれば、「ソーシャル・キャピタリズム」と呼ばれていたかもしれません。

人本主義の特徴は、以下3点に要約できます。

①企業の概念（企業は誰のものか）
②シェアリングの概念（誰が何を分担し、どんな分配を受けるか）
③市場の概念（企業同士はどうつながり合うか）

簡単に説明していきましょう。

①企業の概念

いうまでもなく資本主義企業の所有者は株主です（株主主権）。人本主義では企業にコミットし、経営者も含むそこで働き生活している人たち全体を所有者と考えます（従業員主権）。企業の本質をカネと捉えるか、人の関係性と捉えるかの違いだと思われます。

②シェアリングの概念

資本主義企業は、権限も剰余価値も情報も高位にあるものが一元的に手に入れます（だからアメリカ企業のＣＥＯ報酬は破格）。能力をもち情報をもった個が決定権限を独占し、カネの分配も集中して行なうのが基本です。しかし、日本企業では特定の個に情報、付加価値、意思決定権限が集中し過ぎないようにしています（たとえば、実質的権限は課長がもっていても、給料は部長より少ない）。それによって、働く人々の間の公平感を維持しているようです。社員全員がなんらかの形で報われることによって、「自分の会社」だという意識が芽生え、良好な関係性を築くことができます。その結果、参加者全員の力を結集することができるのです。

③市場の概念

資本主義企業では、競争（自由）市場が当たり前。品質と価格から最も好ましい取引先を選びます。しかし日本企業では、組織的市場の概念によることが一般的です。単純な短期的経済性で判断するのではなく、長期的関係性を重視します。取引先も同じ仲間として遇し、共通の目的を達成するように協力し合います。その結果、同じ相手と長期的かつ継続的な取引関係が結ばれることになります。それぞれが短期的に自己の利益最大化を目指すのではなく、長期的に共同利益の最大化を目指すのです。こういった関係を制度化したものが「系列」です。

もちろん、系列の弊害もあります。系列内部の利益最大化を目指すあまりに、顧客の利益を毀損させてしまうこともあり得ます。そうした行動は、長期的には系列を劣化させるでしょう。有名な日産のゴーン改革では、系列の関係にメスを入れました。しかし、系列を重視しているトヨタは、依然好調を維持しています。系列の有効性については、簡単に答えを出すことはできません。

このような人本主義的システムは、普遍性をもつのでしょうか。まず、なぜ日本でそれが生まれたのかを考えてみましょう。日本の文化にその根源があると考えるむきもあるかもしれませんが、そうともいえません。戦前日本の大企業では、今より資本主義が徹底されていたといいます。経営者と社員との間の給与格差も、現在よりはるかに大きいものでした。伊丹名誉教授によると、昭和20年代から30年代はじめにかけて、人本主義システムが自然発生的に生まれてきたとのことです。その背景にあるのは、

- 当時の日本の混乱と危機的状況
- 復興のエネルギーとゼロからの市場急拡大
- 財閥解体による新しい企業群の登場
- パージによる戦前期経営者の退場と若い経営者の登場
- 戦後民主主義思想の急速な浸透
- 労働運動の激化

といった当時の特殊事情だったと考えられます。

とはいえ、このような環境変化に対応するに当たって、日本特有の文化的背景、たとえば集団主義、単一社会、凝集力の強さ、などがフィットしたものと考えられます。したがって、人本主義が普遍性をもつのかどうかは、容易には論じがたいと考えますが、１９５０年代から１９８０年代の時期において、大きな成果をあげていたことは事実です。人本主義から空間的、時間的に普遍性をもつ要素を抽出する作業は必要でしょう。

フリードマンは嘆いている？

関係性とは、人と人のつながりのことです。「つながり」には、３つの種類があります。ひとつめは、**市場における自由なつながり**です。従来型の資本主義では、「つながり」は突き詰めれば、「神の手」すなわち市場メカニズムにより成し遂げられるとの考えでした。独立した個の利己性に基づきます。２つめは、**ルールによるつながり**。官僚組織のような機械的組織では、上意下達の指示のもと、部分と部分がルールにしたがってつながっています。合理性と利己性に基づきます。３つめは、これまで強調してきた**相互依存関係によるつながり**です。

図表3-1　3種類のつながり

	市場における自由なつながり	ルールによるつながり	相互依存関係によるつながり
メタファー	市場	機械	有機体
原理	利己性	利己性	利他性
情報の流れ	オープン	クローズ／上から下	オープン／双方向
個	独立した自由な存在	分離された存在	相互依存な存在
親和的経済体制	株主資本主義	資本主義／共産主義	人本主義

有機的組織がその代表でした。ヒトが本来もつ利他性に基づきます（図表3−1）。

会社組織を考える上で、ひとつめの市場におけるつながりの限界が見えてきています。たとえば、経済学者の岩井克人は、市場メカニズムを基盤にした株主資本主義を否定しています。

しかし株主資本主権論は、会社が法人であることを無視した誤謬である。（中略）いつでも株を売りさばける株主と違い、経営者は会社に対して忠実義務を負っている。（中略）株主資本主権論が誤謬であるならば、会社は株主の道具でなくなる。それは人的組織としての自律性をもち、その目的の中に従業員や他の関係者の利害も含みうる。

（出所：「経済教室　時代の節目に考える①　日本の資本主義再興の時」『日本経済新聞』朝刊、2018年1月4日）

他にも、会社と市場の関係を見直すべきだとの意見も増えています。２００８年のリーマンショック以来、資本主義の限界が叫ばれ、新しいシステムを模索する動きが世界中で起きています。

２０１９年８月、米経済団体ビジネス・ラウンドテーブル（ＢＲＴ）が、ステークホルダー資本主義を目指すべきだと発表しました。「顧客、従業員、サプライヤー、地域社会、株主といったすべてのステークホルダーの利益のために会社を導くことにコミットする」という文言から始まる発表文には、それぞれのステークホルダーに対する宣言が記載され、米大手の経営者ら約１８０人以上が署名。それまでの株主資本主義からの大転換です。

草葉の陰で、フリードマンが嘆いていることでしょう。ＢＲＴのあらゆるステークホルダーとの関係性を重視するという姿勢は、企業も３つめの相互依存関係に基づくつながりを重視する方向に傾いていることを示しています。市場でのつながりやルールによるつながりに対して、相互依存関係によるつながりが、より多くの価値を生み出すとの考え方が徐々に広がりつつあります。本章では、有機的組織を前提にして、関係性やつながりがどのように価値を生み出すのかを考えていきます（本書では、つながりと関係性はほぼ同じ意味で使いますが、「つながり」が連結に注目するのに対して、「関係性」は連結の強さなど質的側面に注目していることにご留意ください）。

デジタル経済での正社員の役割

以上のような、相互依存関係に基づくつながりが重要になってきた動きの背景にあるのが、デジタル経済化です。

インターネットが一般化した90年代後半から、仕事の進め方から組織の運営、マネジメントスタイルなど、あらゆるものが変化しました。それ以前から「経済のソフト化」「知識経済化」などといわれてきましたが、ネットに基盤を置くデジタル化の勢いは止まりません。経営の対象がモノからデジタルに主体が移ることで、情報の扱い方に対する重要性が大きく高まってきています。企業内外での情報の流れを適切に設計し、処理することが競争優位性に直結するようになりました。つまり、企業は巨大な情報処理システムとなったわけです。単純な情報処理は今後ますますＡＩに置き換わっていくと考えられます。

そうなると、組織の中で人の仕事として残るのは、ヒューマンタッチに価値のある仕事や創造性を必要とする仕事でしょう。大企業のオフィスではすでにそうなりつつあります。まだＡＩに置き換わるのではなくても、非正規労働者やアウトソーサーにどんどん置き換わっています。その結果「正社員」がする仕事は、情報を生み出し、あるいは獲得し、それを意味づけ、つなげ編集し、顧客が好む形にして発信することになっています。そしてフィードバックを受け、さらに情報の質を上げていく。

このような情報を扱う仕事には、人と人との関係性が非常に重要になります。情報を入手するのも、相談に乗ってくれるのも知恵を授けてくれるのも、すべて他者との関係性の中から始まります。デジタル化は、関係性の重要性を飛躍的に高めたのです。

副業が有効？　組織の記憶メモリーを増設する

関係性を考える上で、境界について確認しておきます。企業組織には歴然とした境界があります。会社のルールは、境界内だけで通用します。それを外に適用しようとすると問題が生じます。これまでは、境界内の資源をいかに活用して、外にいる競合に勝つかを考えてきました。ところが、近年では組織の境界が曖昧になりつつあります。たとえば、かつては境界内では正社員だけが働くのが当然でしたが、今では非正規社員が4割近くを占めています。また、社員の社外での活動を積極的に促す傾向も見られます。

近年日本でも副業を解禁する企業が増えてきています。それは、企業という公式組織の境界を超えて働くことを推奨することを意味します。その理由のひとつに、社員が社外にネットワークを広げることで、いわば組織の記憶メモリーに外部メモリーを追加することにあると考えられます。当然、情報流出や本業が疎かになるなどのデメリットも想定されますが、それを超えるメリットが期待できると、企業は合理的に判断していると考えられます。

２０１６年に副業解禁したロート製薬は、その狙いを「会社の枠を超えて培った技能や人脈を持ち帰ってもらい、ロート自身のダイバーシティ（多様性）を深める」ことにあるといいます。会社組織の記憶容量には、限界があります。そこで、必要なときに必要な知識や情報を、外部からネットワークを通じて取り入れようとする動きだと考えられます。脳の神経細胞（ニューロン）が身体の外にも伸びているイメージです。外部につながるネットワークの存在が、記憶メモリーの増設という形で価値を生み出します。

「誰が何を知っているかを知っている」ことが価値を生む

組織の内部や外部に広がるネットワークも、必要な情報を探し出せなければ価値を生むことはできません。

デジタル経済化が進む環境において、もしあなたが高い成果を出そうと考えたら何をするべきでしょうか。それは、先にも述べたように組織の中と外に好ましい関係性のネットワークを築くことです。そして、特に重要なのは、聞くべき人を知っていることです。提案を通すために最初に根回しすべき人、トラブルが発生したときに解決する力のある人、など。

そしてもっと重要なのは、これらの人を知っているだけでなく、自分のためにひと肌脱いでくれる関係を築けていること。いくら広いネットワークをもっていたとしても、価値のある情報や知識を引っ張り出せなければ宝の持ち腐れです。それらをサーチする最も効率的な方法は、知っている人に聞くことです。つまり、「誰が何を知っているかを知っている」ことが価値を生みます。こうした組織におけるＷｈｏ ｋｎｏｗｓ Ｗｈａｔの知識を組織に集め記憶することを、社会心理学者ダニエル・ウェグナーは「トランザクティブ・メモリー・システム」と名づけ、重視するよう指摘しています。ウェグナーは「組織内の知の分布」についてのメタ知としていますが、組織外のネットワークにも通用します。

このようなネットワークを築き、聞くべき人を知るためには、他者とネット経由ではなく対面してコミュニケーションをたくさんとる必要があります。情報量も共感度も圧倒的に対面のほうが大きいからです。コロナ禍はリモートワークを急速に普及させました。しかし、対面の価値を再発見する機会にもなりました。

富国生命保険米山好映社長はこう語ります。

「感染を防ぐ対策を前提に対面営業にこだわります。人間のコミュニケーションの一番基本的なところで対面が必要だと確信しているからです」

「ワクチン接種で先行するアメリカではシリコンバレーのＩＴ企業やウォール街の金融機関が従業員をリアルな職場に戻そうとしています。人のリアルな交流を通じてこそ、新たな付加価値が生まれると考えているからでしょう」

（出所：「ニュースぷらす　私のリーダー論　富国生命保険米山好映社長（下）」『日本経済新聞』夕刊、２０２１年７月１日）

隠れた専門家――見えない関係性が価値を生み出す

ネットワークは目に見えず、しかも自律的につながりが増えていくので、それがどれだけ価値を生み出しているのか気づかないことがあります。ネットワークが価値を生み出す、ひとつの事例をあげましょう。

ＭＩＴのある研究チームが、チームではなく個人で仕事を進めることが中心の、あるアメリカのシステム開発会社の調査を行ないました。その会社ではスキルの高いエンジニアが伸び悩み、一方で経験の乏しい社員が高い成績をあげていました。会社はその理由がわからず、調査をＭＩＴに依頼したのです。ＭＩＴチームは、エンジニア全員に特殊なセンサーのついたバッジをつけてもらい、４週間にわたって彼らの行動記録をとりました。

この会社では、エンジニアは先着順にタスクが割り振られます。タスクによって難易度の違いはありますが、エンジニアには１日に完了したタスクの数でボーナスが決められます。会社からすれば、タスクに取り組んでいない時間はすべてムダだと考えているわけです。基本的に個人作業なので、エンジニア同士が交流する必要はありません。

４週間分のデータを収集、その後の分析の結果、予想外の事実が判明しました。仕事の成果と最も関係が深いのは、エンジニア同士の会話の相手だったのです。エンジニアのソーシャル・ネットワークがどれくらい密かが、生産性に大きな影響を及ぼしていました。エンジニアが活発に会話しあうような集団と会話すればするほど、そのエンジニアの生産性は高まりました。コミュニケーションの経路をたどると、最終的に必ず４人の人物のうちのひとりに行きあたりました。そうした人物と交流したエンジニアは、タスクの完了時間が66％も短くなっていました。その４人は皆似たような経歴をもっており、肩書も同じでした。履歴書だけで見れば、他のエンジニアとの差はありません。成績も飛び抜けていいわけではありません。しかし、彼らは隠れた専門家だったのです。

４人の隠れた専門家は、大部分の時間を他のエンジニアとの会話に費やしていました。どのような会話をしていたかまでは把握できませんでしたが、タスク数でボーナスが決まるインセンティブ制度のもとでは、世間話をしていたはずはないでしょう。専門知識を共有し、アドバイスなどもしていたと推測されます。専門家自身の業績が平凡なものだったことも納得できました。同僚の手助けに膨大な時間を使っていたからです。関係性がアドバイスという形の知識移転によって、組織の価値を生み出していたのです。

（参考：ベン・ウェイバー『職場の人間科学』早川書房）

この調査からわかったことは、独立して業務を行なうエンジニアであっても、非公式なアドバイスや学習が業績に絶大な影響を及ぼすことです。そして、最も価値のある専門家とは、知識豊富なだけでなく、その知識を進んで同僚と共有できる専門家だということです。さらに、別に専門家や知識の源泉を見つけてきて広めるのが得意な人もおり、こうした「メタ専門家」つまり、専門家探しの専門家が、組織の全体の機能に欠かせないことです。「トランザクティブ・メモリー・システム」も機能していたようです。

この会社では、専門家やメタ専門家を中心にして自然発生的にできたネットワークが、競争力の源泉となっていました。会社としてはそのことを正しく認識し、その機能を妨げるような行動をとらないように注意すべきです。もし、4人の専門家のうちの誰かを、実績が伸びないからと異動させたりすれば、覿面《てきめん》に会社の業績に悪い影響を与えることになるでしょう。公式の人事制度のもとでは、こうした間違いを犯しやすいのです。

ネットワークに近道をつくる2つの方法

つながりが多くの価値を生み出すには、いち早く必要な人に到達することが望ましいでしょう。進歩が著しいネットワーク論を使って、その方法を考えてみましょう。

知らない誰かであっても、平均6人を順々に介していけば必ずその人に到達できるという話を聞いたことがあるかもしれません。「スモールワールド」とか「六次の隔たり」と呼ばれます。何人を介するかの数を距離と呼びます。距離が短ければ短いほど、迅速に必要な情報も入手できるので組織としては好ましい。一般に、「風通しのいい組織」といわれますが、風通しがいいとは、組織内のどの2人も遠過ぎない距離でつながっている、つまり組織内で意思疎通が図りやすいことを意味します。では、どうすれば組織内の距離を短くできるのでしょう。

ひとつは近道。近道があると、それがバイパスになって距離が短くなります。近道はクラスターが存在することによってできます。クラスターとは、大きなネットワークの中にある、小さなネットワークのことです（図表3−2）。

会社という大きなネットワークの中に部署や入社同期、大学の同窓、出身地などさまざまな

図表3–2　社会的ネットワーク

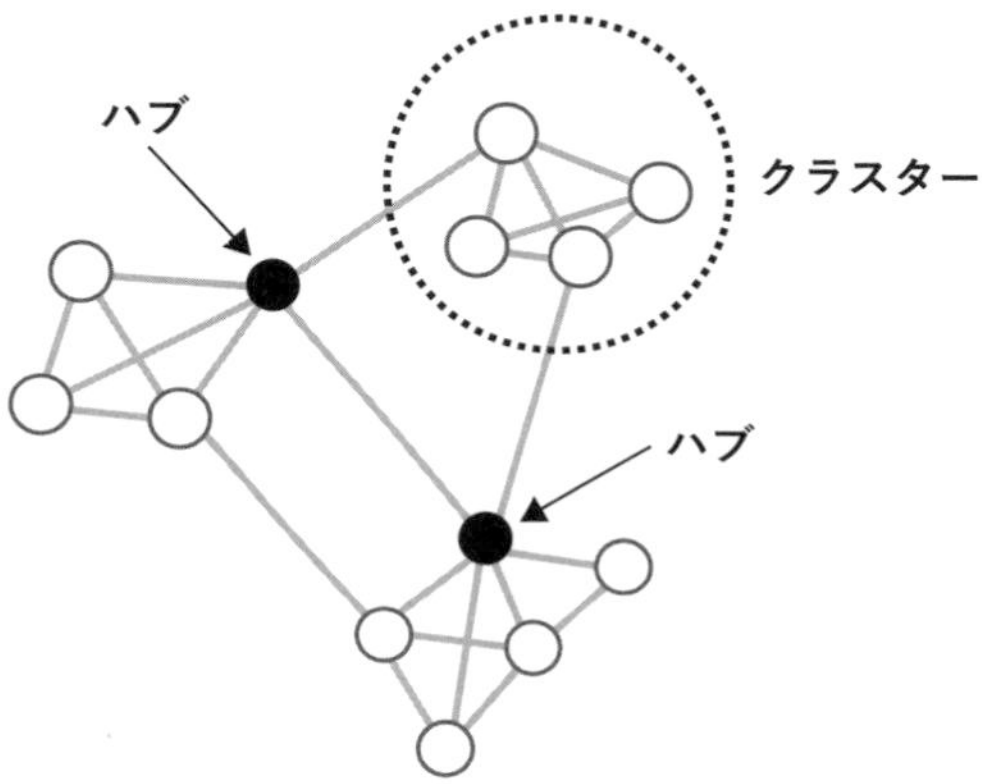

クラスターが存在します。社内である専門家を探しているとしましょう。同じ部署の同僚に聞いても、知り合いにはいないという。たまたま別の同僚が、「そういえば、同期のAが大学でそういう研究をしていたと聞いたことがある。Aに聞けば専門家を知っているかもしれない」といいました。その伝手をたどったところ、自分―同じ部署の同僚―同僚の同期A―Aの知人、という流れで専門家に到達できました。部署や同期というクラスターのおかげで近道が見つかったわけです。つまり、クラスターがたくさんあるほど、近道ができる可能性が高まります。

ただ、クラスターの中だけでかたまってしまっては、全体の距離は短くはなりません。クラスターも外に開いていなければなりません。まとまりつつ開くという、バランスが欠かせないのです。

ネットワーク内の距離を短くするための方法の2つめは、ハブになる存在をつくるということです。筆者は長らく研修のお手伝いをしています。クライアントの要望を聞き、研修を設計するのですが、その際どのような講師に依頼するかが非常に重要です。筆者が直接知る範囲（二次の隔たり）に適した講師がいれば簡単なのですが、いつもそうとはいきません。

そういう場合には、2つの方法をとります。ニーズにはフィットしそうもないものの、近い領域にいる人にまずコンタクトをとり相談します。クラスターに、当たりをつけるわけです。2つめは、講師ネットワークでハブ的な存在の方に相談します。ハブの先には多くの講師がつながっているので、一気に可能性は広がります。

ただ、どちらの場合も大切なのは、筆者と相談相手のつながりの強さです。クライアントのニーズは、非常に複雑なことが多く、なかなか文字でその内容を伝えることは難しいのです。しかし、それがうまく伝わらなければ、ネットワークの先の適切な講師を見つけることはできません。そのためには、つながりの質的な強さが重要なのです。一般にネットワークを流れるのは形式知ですが、この場合は暗黙知が伝わるくらいの関係性が必要になります。実はこれは、クライアントとの関係においても同様です。はじめてお会いする相手の要望を真に理解することは、それほど簡単ではありません。相手も同じでしょう。何度もやりとりするうちに、お互いの関係性が出来上がってきます。そうなってくれれば、情報のやりとりは迅速かつ確実になります。先に人本主義で説明した、関係性を重視した市場の概念に相当します。強いつながりは、このように大きな価値を生み出します。

一方、弱いつながりが、価値を生むこともあります。それについては、第5章で説明します。

肥満のリスクが3倍に――ネットワークの影響力

ネットワークを流れるのは情報だけではありません。感情をも運び、影響を伝播させる機能ももちます。ヒトは自分と似ている人々とつながりたがる傾向があります（**ホモフィリー**）。さらに、相互に影響し合い真似し合う生き物でもあります。したがって、そうした関係性からの影響力は絶大です。ネットワークの使い方によっては、影響力が大きな価値を生み出します。影響力について、くわしく見ていきましょう。

興味深いことに、影響は直接つながっている人からだけでなく、その先の人からも受けます。具体的には三次の隔たり（友人の友人の友人）までからは影響を受けます。これは、本人が気づかないうちに影響されているかもしれないということを意味します（図表3-3）。

これらを、肥満に関する調査から検証したのが、ニコラス・A・クリスタキスとジェイムズ・H・ファウラーです。1971年から現在まで続く疫学調査のデータ、約1万2000人分を使って捕捉調査を実施しました。ありがたいことに、各調査参加者の友人、親戚、同僚、

図表3-3　三次の隔たり以内から影響される

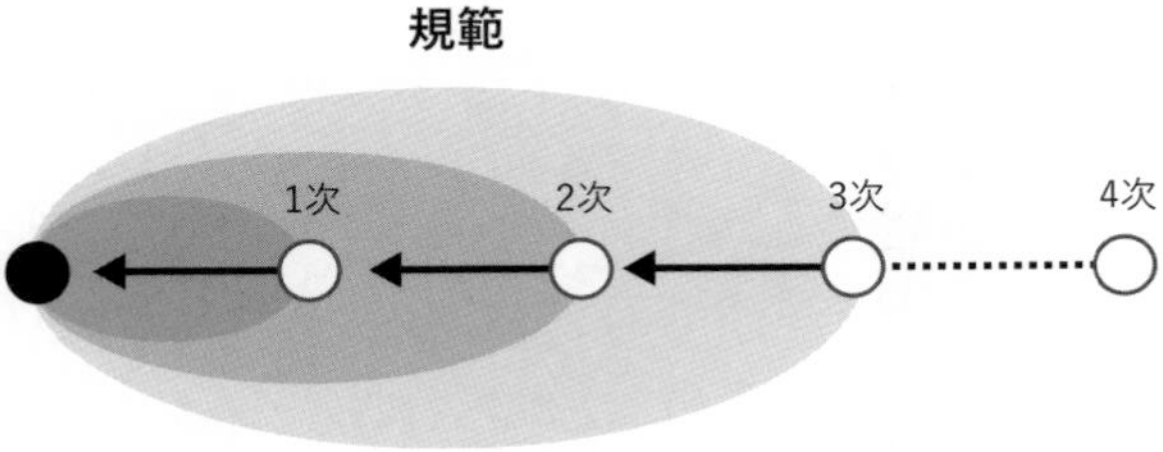

隣人に関する情報も含まれていたので、ネットワーク図を描くことができました。精緻な分析の結果、以下のことがわかりました。

- 肥満者同士、非肥満者同士によるクラスターが実際に起きている
- 「三次の影響のルール」というべき規則性がある。肥満者の、友人の友人の友人も肥満者である可能性は単なる偶然よりも高かった。非肥満者も同様だった。三次の隔たりを超えると、こうした影響は見られなかった
- 互いに相手は友人だと認め合う関係の他者が肥満になると、自分が肥満になるリスクは３倍近くになる

（参考：ニコラス・A・クリスタキス、ジェイムズ・H・ファウラー『つながり』講談社）

三次の隔たり内であれば、同じネットワークにいる限り見ず知らずの他人からの影響を受けて行動が変わる（肥満にな

る）可能性があります。また、他者とのつながりの深さによって、その影響力に違いが出ることもわかりました。クリスタキスとファウラーは、こうしたことが起きる理由として2つをあげています。ひとつは、行動がネットワークを通じて模倣されることです。友人の友人が、肥満を気にせずたくさん食べることに抵抗がなくなれば、その行動を真似る行為が自分にまで及ぶと考えます。もうひとつは、三次の隔たり内のネットワークにニッチ（かたまり）が生じ、その中で関係する人々が何か（この場合は肥満の基準値。「この程度なら肥満ではないだろう」）について認識を共有しながら、お互いに影響されてその認識がさらに強化されるという可能性をあげています。かつて、日本人がアメリカに留学するとほとんど例外なく、体重が増えて帰ってくるということがありました（今は知りませんが）。単に食事の違いだけでなく、アメリカで新たなネットワークに属し、知らず知らずのうちにその規範にしたがっていたのかもしれません。

「みんな」は誰なのか？

ただ、この理由ではなぜ、影響されるのは四次ではなく三次までなのかがはっきりしません。筆者の仮説を述べておきます。三次の隔たりである「友人の友人の友人」、仮にTさんと呼びます。あなたにとって接点のない遠い存在です。しかし、まったく別のルートで、Tさんが発した発言や行動が届くこともあり得ます。

図表3−4　別ルートの効果

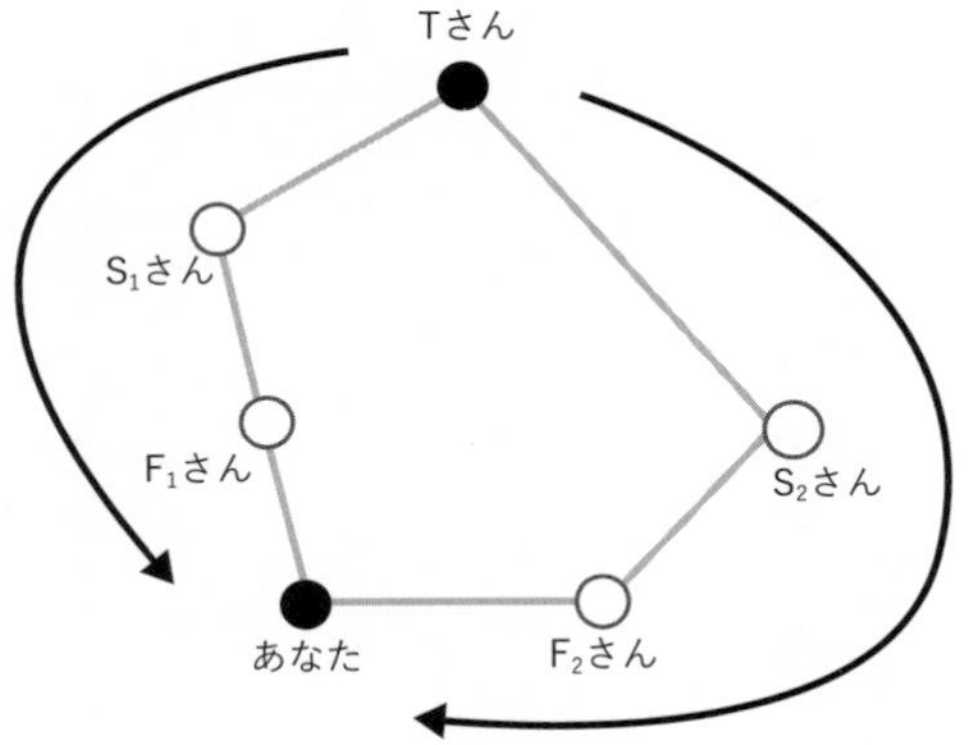

たとえば、あなたはコロナ禍の緊急事態宣言の下で、緊急の用事以外は外出していませんが、いい加減疲れてきました。そんなとき、友人F_1さんから「友人S_1さんから聞いたのだが、S_1さんの知り合いは毎週のように友だちを招いてホームパーティーをしているらしい」と聞きました。それはまずいだろうと思ったのですが、直後にまったく別の友人F_2さん（F_1さんとは接点なし）から、ほぼ同じ内容の話を聞きました。実際は２つの話はTさんという一人の人物に行き着くわけですが、それには気づきません。それであなたは、「みんなそれほど厳格に自粛してはいないんだ。ちょっと自分は神経質すぎたのかも。少しは友人と会ったりしたほうが、精神衛生上もいいのだろう」と考えるようになりました（図表3−4）。

　こうして三次の隔たりの影響が完成し、あなたの規範は変化します。四次の隔たりだと、なかなか別ルートでは届かないのかもしれませんし、二次の隔たりだと同じ情報源だと気づきそうです。評判や規範は、こうしたメカニズムで出来上がるのかもしれません。

会社内でも、「この前の失敗で、みんな部長はもうすぐ交代させられるといっているよ」などと、噂話が広がることがあります。「みんな」とは誰なのかは明示されません。実は「みんな」とはごく少数だったのにもかかわらず、三次の隔たりの影響で「みんな」だと信じてしまい、そしてそれが本当になってしまうこともあり得ます（予言の自己成就）。

こうした分析から、ネットワークには単なるつながりだけでなく、それ自体の特性や機能が備わっていることがわかります。個人の行動を理解しようと思っても、個だけに焦点を当てても不十分です。その個がどんなネットワークに属しているかに焦点を当てたほうが有効かもしれません。ネットワーク自体が、ある性格やアイデンティティを備えて、個はあくまでもそれに従属しているだけの存在かもしれないからです。本人は意識していないでしょうが。ここでも、自律した個という幻想の曖昧性が垣間見えます。

ＳＮＳの浸透にともない、閉鎖的空間内でのコミュニケーションを繰り返すことによって、特定の信念が増幅または強化されてしまう**エコーチェンバー現象**が問題になっています。自分が属しているネットワーク上のクラスターから影響を受けていることを、なかなか本人は気づきません。筆者の80歳代後半の父から、「なぜ、スマホのヤフーニュースは、韓国への悪口のようなニュースばかりを流すのか？」と問われ驚いたことがあります。ＳＮＳに限らず、「会社の常識、社会の非常識」という言葉もあります。オープンなネットワークを意識したいものです。

阿吽の呼吸は生産性を、風通しや新しいつながりは創造性を高める

現代において、創造性は大きな価値の源泉です。ネットワークと創造性の関係についても明らかになっています。

ノースウェスタン大学のロジャー・ギメラらは、ブロードウェイと科学研究の２事例でチームメンバーと成果の関係について研究しました。どちらも、プロジェクト（舞台、研究活動）ごとにメンバーを入れ替えてアウトプットを制作します。どちらも、ひとつのプロジェクトが終われば解散し、また新しいプロジェクトが立ち上がれば新たにメンバーを集め活動する。どちらも創造性が成功の鍵です。データを集めて、どのようなチームをつくれば高い成果をあげることができるかのモデルをつくりました。

まずわかったのは、創造性は風通しがよくなければ生まれないということです。つまり、異

業種への近道をたくさんもっているチームのほうが、成果は高くなりました。

さらにわかったのは、以前同じチームに属していた人とプロジェクトを続け過ぎると、生産性が下がりやすいこと。変化の少ない作業であれば、阿吽の呼吸でわかり合えるメンバーのほうが生産性は上がるでしょう。しかし、舞台や研究活動のような創造的活動であれば、常に外との新しいつながりと多様性を求めて、外への近道を探索し続けなければならないのです。

（参考：増田直紀『私たちはどうつながっているのか』中公新書）

日本企業への示唆

以上のネットワーク論のレンズを通して、日本の組織を評価してみましょう。

日本企業には、組織内にクラスターがたくさんあったように思います。部署内のつながり以外にも、入社同期、大学同窓、出身県、趣味のサークル、社員寮、など数多くのクラスターがありました。それらに加え、頻繁な人事ローテーションの結果として、過去同じ部署だった仲間、同じ地域に勤務していた仲間も多い。組織の壁が高いという問題は、ずっと以前から指摘されてきました。公式組織で見れば、たしかにそうでしょう。しかし、網の目のように組織内に張り巡らされたネットワークが、非公式な情報の流れをつくり出し、強固なソーシャル・キャピタルを形成していたのかもしれません。良品計画の松井忠三元会長は、かつて西友富士見ヶ丘店勤務時代、狂乱物価（１９７３年）による品不足でピンチのとき、同期に大いに助けてもらったといいます。


　こんなとき、もつべきものは同期だった。関東のほぼ全店に同期がいて、電話でお互いの在庫状況を話し合い、融通してもらうこともあった。

（出所：「私の履歴書」『日本経済新聞』朝刊、２０１８年2月14日）


　また、バブル期までは社内をふらふら歩き周っている「総務のおじさん」や、社員のことならプライベートのことまで何でも知っている人事担当者などのハブが、大企業には必ず何人かいたものです。ハブによって支えられた社内の強固なネットワークは、社員の会社に対するロイヤリティを高めていたと考えられます。

　しかし、バブル崩壊後の効率経営のもとでは、彼ら彼女らの存在は非生産的だとして徐々に認められなくなっていきました。もし近年、組織の壁が高いことがサイロ化などといわれ、これまで以上に問題視されているのだとしたら、組織内の非公式ネットワークが弱体化していることや、ハブがいられなくなったことと関係があるかもしれません。

　ここまで述べてきたように、デジタル経済が進展すればするほど関係性の重要性は増すでしょう。過去に優れた関係性を企業の内外に築いて成功を収めてきたのは、かつての日本企業でした。日本企業は機能集団であると同時に共同体でもあると、山本七平は述べました。共同体とは、相互扶助によって構成員の生存を長期的に守ることが目的です。

共同体としての会社は、社員に安心感を与えるため、相互依存関係を結んできました。ただし、排他性など共同体の弊害も看過できないものがあることも事実です。ネットワークが取引先を除いて、広く外には開かれていなかったことは認めざるを得ません（筆者が社会人になった1980年代後半くらいまで、住宅も観光地の宿泊施設も運動場や娯楽イベントまでもが社内で完結できました）。内部に偏ったネットワークは、内部の規範を強化するエコーチェンバー効果を促進していたのかもしれません。好ましい規範であればいいのですが、「内輪の論理」であれば弊害は大きいでしょう（かつて、社内の公式な序列が、社宅内の配偶者間の序列をも決めていました）。

バブル期頃までは、経営環境も安定しており、それほど創造性や「外の声」は必要とされなかったためか、「内向き」はさほど問題にはなりませんでした。しかし現在はまったく違います。中にも外にもオープンに開かれたネットワークを構築していかねばなりません。

第4章

進化する組織が生き残る

議論、対話に組織のエッセンスが表れる

実体のない組織を見ることはできません。見られるのは、組織を構成する個が取り結ぶ関係性の表れだけです。関係性を氷山だとすれば、海上に姿を現すのは人々が議論や対話をする場面です。そこに、組織のエッセンスが表れます。普段自分が属する組織の中でそういう場に参加していても、その実感はあまりないことでしょう。比較対象が乏しいからです。

幸い筆者は数多くのインタラクティブな研修場面に立ち会っているので、客観的にその会社の社員同士の議論や対話を観察することができます。

お堅い銀行でも、組織が違えば……

幸運なことに、ほとんどの都市銀行（現在のメガバンク）の若手向けの研修を手伝ったことがあります。そこでは、相互関係の様子が如実に表れます。上下2、3年くらいの近い年次の行員が受講者のことが多かったのですが、こんなことがありました。

グループ作業をする際に、自然に役割分担ができます。ホワイトボードの前に立って板書する役、議論をリードする役、アイデアを出す役など。X銀行では、どのグループも一番若い行員がホワイトボードの前に立ってひたすら書記を務めます。立っているのは、その書記役だけ。議論をリードするのは、大抵最も年次の上の行員です。彼が座ってしゃべり続け、時々その同期が話に加わる。それより若い行員は滅多に発言しません。また、リーダー役が年次の若い行員に意見を求めることもあまりありません。秩序だっており、大抵議論は短時間で終わります。

Y銀行では、まったく風景が変わります。全員がホワイトボードの前に立ち、特にリーダー役はいなくても、皆がどんどん発言していきます。書記は特には決まっていませんが、発言が多い行員が自発的に板書することが多い。一見すると無秩序ですが、皆が同じ目的に向かっている一体感と緩やかな秩序ができており、議論は自然に収斂していきます。時間切れになることもまあありますが、大抵はラストスパートでまとめ上げてしまいます。

さて、どちらのアウトプットのレベルが高いと思われますか？　そう、いうまでもなくY銀行です。

ほとんどの都市銀行は、このどちらかに分類できました。X銀行は上意下達が徹底しており、一年でも上の先輩には反論しがたい雰囲気がありました。一方のY銀行では、年次に関係なくいい発言をする行員を尊重する雰囲気がありました。同じ銀行業界にいても、明らかに関係性が異なりました。その後、都市銀行の合併が進んで、現在のメガバンク体制となったわけですが、幸か不幸かX銀行とY銀行が合併することはありませんでした。あえていえば、X銀行は機械的組織で、Y銀行は有機的組織に近いのかもしれません。しかし、同じ業界で規模も同程度なのに、なぜここまで関係性に違いがあるのか不思議でした。

関係性は、過去の歴史の積み重ねで出来上がっています。社会人類学者の中根千枝によると、関係性は組織を構成する要素の中で最も変わりにくい部分とのことです。そして以下のように、関係性により織り上がった社会構造は、ヒトの反応を決める基盤になると、指摘しています。


（社会構造は、）社会が内的な変化、そして（あるいは）外的な刺激を受けた場合、それに対応する仕方のありうべき範囲を設定する要のようなものであり、それは変化現象に対して理論的な説明、来たるべき変化現象に対する一定の予測を行う基盤ともなりうるのである。

（出所：中根千枝『タテ社会の人間関係』講談社現代新書、22ページ）

私たちは、相手が年長者とわかればほぼ間違いなく敬語を使います。それは日本の長い歴史の中で蓄積された「年長者を敬う」という記憶が無意識に発動して、敬語という形で関係性を規定し、行動もおのずとある範囲内に収まります。社会がどれだけ変わろうとも、そうしたヒトの性質は変わりません。組織の記憶から導かれた関係性が、ある種の規範を規定するということです。

こうした規範が組織ルーティンとなります。藤本隆宏東大教授は、組織ルーティンを「従業員の行動を律する常軌的な規範や慣行」と定義し、こうした組織ルーティン体系を全体として「組織能力」と呼んでいます（出所：藤本隆宏『能力構築競争』中公新書、28ページ）。

そして、組織能力により企業競争力が規定されて成果に結びつきます。成果からのなんらかの学びを概念化して組織に記憶します。概念化とは、組織の活動経験を回顧し、なんらかの「学び」に圧縮することです。ヒトの脳でも同じことがなされます（後述）。このサイクルを回していくことで、組織は維持、成長していきます（図表４−１）。

外資系投資銀行やコンサルティングファームといった、内部競争の厳しい極めてプロフェッ

図表4−1　強固な関係性

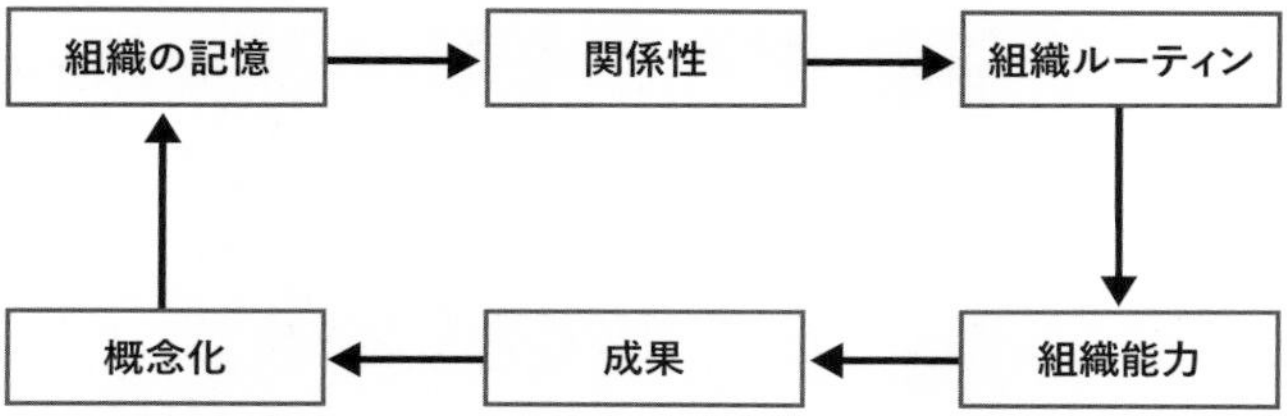

ショナルな企業においても、実は新卒採用で入社した社員が生き残り、トップに登り詰めることも珍しくありません。もちろん、中途で優秀な社員が数多く入社するのですが、組織の関係性の取り方や組織ルーティンを内面化するのは容易ではありません。以前勤めていた会社のそれらが、どうしても影響するからです。記憶に根差す関係性を変えるのが難しいのは、個人も組織も同じです。その点、新卒入社社員は、いわばまっさらな状態から染めあげられるので、組織ルーティンも案外簡単に内面化できるのです。逆にいえばこの2つの業界は、それだけ過去からの蓄積である記憶を大切にしているのです。

　このように強固な組織能力ですが、問題があります。もし、関係性が極めて変わりにくいのであれば、環境変化に対して組織は極めて脆弱だということです。組織能力が環境に適合できなければ、成果を出すことができなくなってしまいます。変化のスピードが速まり、不確実性も高まる中、経営学者は組織能力に関する解釈を少しずつ変化させてきました。

組織能力の正体

最初に組織能力が注目されたのは、ゲイリー・ハメル＆Ｃ・Ｋ・プラハラードによる書籍『コア・コンピタンス経営』（原書は１９９４年、元となった論文は１９９０年に発表）によってだと思われます。彼らは、コア・コンピタンスを「企業が顧客に特定の利益をもたらすことを可能にする一連のスキルや技術」と定義しました。その上で、企業は競争優位性を確立するには、他社が真似できないコア・コンピタンスを構築する必要があると主張しました。例として、ソニーの小型化技術やＮＥＣのデジタル技術などをあげています。バリュー・チェーン上の特定の機能（開発や生産など）において、組織が保有する固有の技術やスキルに注目していることに特徴があります。プロ野球チームにたとえるなら、選手の重要なスキルに注目し、「次シーズンに向けてリリーフエースを補強しよう」、というイメージです。

これに対して、90年代はじめ頃から多くの研究者から「ケイパビリティ」の概念が提示されました。ケイパビリティは、バリュー・チェーン全体を包括する能力だと主張。つまり、特定の技術やスキルといった「経営資源（能力）の組み合わせ」そのものよりも、それらを学習、開発、調整する組織メンバーの総合的な能力（＝ケイパビリティ）こそが競争優位の源泉として重要だとしたのです。スキルの上のスキル、すなわちメタスキルへの着目です。選手よりもコーチや監督がチームの強さを決めるとの考え方といえるでしょう。

さらに、2000年前後からカリフォルニア大学バークレー校のデビッド・J・ティース教授により「ダイナミック・ケイパビリティ」という考え方が提示されました。「企業内部のケイパビリティを、外部環境にいかに適応させるか。そのためにどのように従来のケイパビリティを変更、学習するのか」に注目しています。さらに、「内部資源を環境変化にあわせて変形するだけでなく、これを他の経営資源とコーディネイトさせることで、競争優位性が生まれる」と主張しました。ダイナミック（動態的）とは、環境は常に変化するため、それに対応すべくケイパビリティを変更、学習し続けられる能力であることを意味します。

ダイナミック・ケイパビリティという概念を理解しやすくするために、メジャーリーグ球団のたとえで、実話に基づく映画「マネーボール」を使って説明してみます。

2000年代初頭、アメリカのメジャーリーグでは財力の差による戦力の差が顕著となっていました。財政難のアスレチックスを救うべく、GM（ゼネラル・マネジャー）のビーンは新しい理論に基づいた選手構成で、負け続きの球団を勝利に導いていくというストーリーです。ビーンは、イェール大学卒のインテリであるピーターを補佐に迎えます。彼は、各種統計データから選手を客観的に評価するセイバーメトリクスを用いて、他人とは違う尺度で選手を評価していました。たとえば、打者は打率ではなく四死球を加えた出塁率と、塁打数を打数で割った長打率を重視するというように。ビーンは、こうしたピーターの提案にしたがい、他のスカウトには評価されていない年俸の安い埋もれた選手を次々と発掘していきます。当初、監督は猛反対でしたが、勝ちを続けるうちに納得していきます。そして、資金豊富な競合チームを次々と破り、プレーオフにまで勝ち進みます。

選手の年俸高騰化が進むという環境変化の中で、実績豊富な選手という要素には着目せず、チームが勝つためのメカニズムを、統計手法を駆使し徹底的に分析し、それにしたがったチームづくりを決行し成功した事例です。大きな抵抗にも負けず、ダイナミックにそれまでの球団のケイパビリティを組み替えられたのは、ビーンが選手でも監督でもなくＧＭだったからです。こうしたビーンの手腕を発揮させたのが、ダイナミック・ケイパビリティという組織能力だといえるのではないでしょうか。個人の手腕ではなく、組織としてビーンのようなＧＭを登場させることが組織能力です。ビーンにこれだけの変革を任せた球団組織が、ダイナミック・ケイパビリティを保有していたといえるのでしょう。

このように、組織能力は、

●他社が真似できない技術やスキル（コア・コンピタンス）
●それらをつくり上げる組織メンバーの総合的な能力（ケイパビリティ）
●さらに、上記能力を環境変化に適応してダイナミックに組み替える能力（ダイナミック・ケイパビリティ）

という3段階のレイヤーで解釈されています。環境の不確実性が増すごとに、より後者の組織能力が求められると考えられます。

そうだとすれば、ますます不確実性が高まる中、ダイナミック・ケイパビリティに着目すべきでしょう。現在の組織能力（ケイパビリティ）を組み替えるメタ組織能力が、ダイナミック・ケイパビリティです。ダイナミック・ケイパビリティは、第1章で説明した「文化的進化」とほぼ同じことを主張しています。「変化しにくい性質をもつシステムが、それでもたまに変化する」ことを説明するのが進化論でした。進化論のメカニズムにかなう組織能力、すなわち進化能力を獲得することが必要なのです。

図表４−２　組織の進化能力

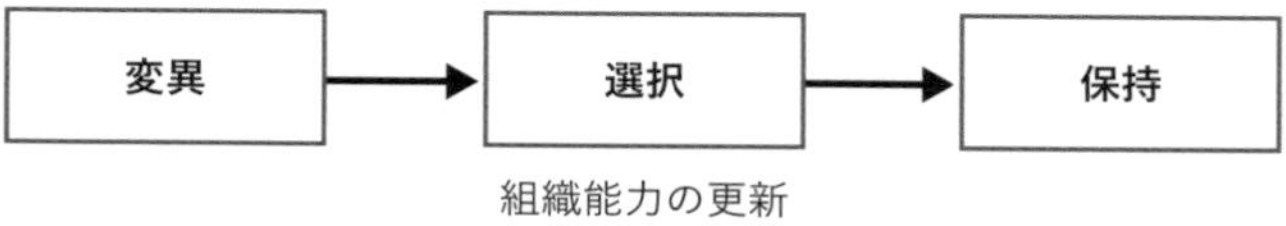

ここで、組織の進化能力を、以下のように定義しておきたいと思います（図表４−２）。

環境の中から変異あるいは変異の種を見つけ、同一性を維持しつつ、それを使って既存の組織能力を更新することで、環境に適合するメカニズムを備えていること。

以降ではこの定義にしたがって、進化能力を備えていると考えられる組織の事例を概観していきます。その中から、進化能力を獲得する方法を検討していきたいと思います。

組織が進化するプロセスとして、２つのアプローチが考えられます。ひとつは、意図的に変異をつくり上げるメカニズムを装備するパターン。もうひとつは生物の進化のように、偶然の変異が選択され保持されるメカニズムを内在化するパターンです。

まず、意図的に変異をつくり上げるパターンの３事例を見ましょう。

意図した変異①

ダイソンの果てしないチャレンジ

イギリスの家電メーカーのダイソン社は、１９９３年にジェームズ・ダイソンによって設立されました。掃除機、扇風機、ロボット掃除機、ヘアドライヤーと、成熟し大きな技術革新は起きないと考えられていた分野に絞って次々に参入し、いずれも成功を収めてきました。そのダイソンが、２０１７年、電気自動車（ＥＶ）事業への参入を表明しました。これまでの家電とはまったく毛色の異なる事業分野です。しかもこれまで得意としてきた成熟分野ではなく、これからの成長分野です。既存自動車メーカーも必死で製品開発に取り組んでいる、まさにレッド・オーシャンです。

ダイソン氏はこう語っていました。

技術の変化はかつてなく激しくなりました。昨日の成功体験が明日も役立つとは限らない時代です。過去の経験は価値になるどころか、むしろ障害となる可能性もある。ダイソンもこれまでの成功体験は捨て、未来に向けて変わり続ける必要があります。我々が新卒の学生を積極的に採用するのは、彼らが社会人として成功体験を積んでいないからです。

こうした人材の重要性は、今後さらに高まっていくでしょう。（中略）私は元来、技術による既存業界の破壊が好きなのです。それ自体は不安定ですが、その先には常に新しい機会が広がっているのですから。

（出所：「特集　ダイソンが見たＥＶ大競争」『日経ビジネス』２０１８年1月15日号）

こうしたダイソン氏の考え方を実行できるように、以下の施策を打ち出しました。

①スローガン「他者が無視する課題を解く」の浸透
②開発手法／プロセスの共通言語化
③間違った思考を否定せず、数多くの失敗から学ぶことを奨励
④固定観念を打破し、根源的価値から考え直す習慣
⑤社外との共同研究の奨励
⑥新卒社員の採用にこだわり、採用と育成に創業者兼チーフエンジニアであるダイソン氏が自らコミット
⑦ダイソン工科大学設立（２０１７年）

ところが、２０１９年10月、ＥＶの開発断念を発表しました。そして、ダイソン氏はその翌

年、EV事業推進のため日産から招聘したローランド氏にCEO職を譲ります。ローランド新CEOはこう述べています。

今回はEV開発を中止しましたが、特許をとった技術の中にはダイソンしかできない優れたものがあり、違うところに展開するシナリオもありました。（中略）ただ、そこで育ったテクノロジー、イノベーション、エンジニアが他の事業に移っています。EV開発プロジェクトを通じて得たものが、会社全体にすごくいい効果をもたらしています。事業的に成り立たないという状況から、成果を横展開してプラスに変えられたのは、ダイソンの良さだと思います。

（出所：「編集長インタビュー」『日経ビジネス』2021年7月5日号）

ダイソンの日本法人の受付には、ホンダのスーパーカブとソニーのウォークマンが並んでいるそうです。先にあげた、①～⑦の施策は進化メカニズムのレシピであるかのようです。進化にはたくさんの変異が必要であり、たくさんの変異を生み出すには失敗を恐れない組織風土が不可欠です。EV開発は断念しましたが、次なる変異の種は播かれたことでしょう。トップの強いリーダーシップで、常に変異を追い求める組織がダイソンです。

意図した変異②

良品計画のＭＵＪＩグラム

次は、進化のプロセスの一部を、マニュアルの形式で組織ルーティンに組み込んだ事例です。

１９９４年、良品計画は、店舗ごとのばらつきの大きさや属人化し過ぎた店舗運営を見直すため、標準化するマニュアルを作成することになりました。しかし、「マニュアル通りに動くロボットになれというのか」と現場の抵抗は強いものがありました。そこで、マニュアル作成のための委員会をつくり、参加者を広く募ることにしました。こうして、ボトムアップによるマニュアル「ＭＵＪＩグラム（ＭＵＪＩＧＲＡＭ）」が生まれました。

セゾングループの一員として、個人の創造性を重視してきたそれまでの社風では、決して生まれなかった標準化マニュアルは、実行力を大いに高めることに貢献しました。作業の基準となる標準がなければ、そもそも正しく実行されたかも判断できません。標準との差を認識することで、現場に実行する方向性とモチベーションが与えられます。マニュアルにしたがって現場でＰＤＣＡを回していき、「実行する能力」が高まっていきました。

そして、全店に徹底実行されるPDCA（計画・実行・評価・改善）を繰り返す。「仕組みに血を流せ、仏を作って魂入れろ」と言い続ける。どんどん接客レベルが上がっていくのを誰もが感じた。

（出所：「私の履歴書」『日本経済新聞』朝刊、2018年2月19日）

さらに、現場の抵抗ゆえにマニュアルの作成プロセスをボトムアップにしたことで、社員自らが日々問題を発見し解決策を立案するための仕組みを構築することができました。毎日現場からイントラネットで改善提案が本部に集まり、毎月改定することにしたのです。「ＭＵＪＩグラム」というボトムアップによるマニュアル更新の仕組みは、現場の「問題解決能力」を高めていきました。

業務の大半は記述通りに行ないますが、状況を見すえながら常に変えていく仕組みが重要で、それは現場でしか変えられない。仕事が変わればＭＵＪＩＧＲＡＭが変わり、ＭＵＪＩＧＲＡＭが変われば１００％実行されます。

（出所：野中郁次郎、勝見明『全員経営』日本経済新聞出版社、２１１ページ）

標準化マニュアルが実行力を高め、そのマニュアルをボトムアップで改訂する仕組みによって問題解決能力を高め、自分たちの提案によって頻繁に更新されるマニュアル通りに忠実に実行することで、さらに実行力が強化されるという好循環が生まれました。

トヨタの現場でも、標準がすべての基本となっており、標準化への対応も以下の3段階で評価しています。

LEVEL1　標準がある
LEVEL2　標準通りにできている
LEVEL3　常に標準が進化している

（出所：OJTソリューションズ『トヨタの現場力』KADOKAWA、22ページ）

良品計画は、この3段階をMUJIグラムという仕組みによって実現しました。

LEVEL1　標準がある→MUJIグラムがある
LEVEL2　標準通りにできている→MUJIグラムを徹底実行するPDCAが回っている
LEVEL3　常に標準が進化している→MUJIグラムを更新する仕組みがある

こうして、実行力と問題解決能力を高めていった良品計画も、２００１年に既存店売上がマイナス24％、中間決算で38億円の赤字転落という危機に陥りました。そこで、松井忠三社長は手を打ちます。

「計画95％実行５％」のセゾンの社風から、「計画５％実行95％」の組織を目指す。それは社風を根本から変えることだった。（中略）スローガンは「進化と実行」。進化とは経営の仕組みを変え続けることだ。

（出所：「私の履歴書」『日本経済新聞』朝刊、２０１８年２月23日）

突破口は自動発注の導入でした。現場では発注作業は個性を反映できる独創的な仕事と見なされていました。その仕事を奪うのかと、現場は大きな抵抗を示しましたが、現場の要望も取り入れつつなんとか導入。その結果、自動発注によって生まれた時間で、社員が新たな創意工夫をするようになったといいます。

また売り場の負担軽減のために、配送業者に店舗の鍵を渡し夜間に納入しておいてもらうように依頼。配送業者には渋滞のない深夜の作業で効率化できたと喜ばれ、店舗の社員にも出社後すぐに品出しができると好評。他にも、さまざまな経営の仕組みを変え続けました。

まず、ＭＵＪＩグラムによる現場の実行力と問題解決能力向上が基盤としてあったので、トップの強いリーダーシップによる経営の仕組みの変更が断行できたのだと考えます。自動発注への切り替えは、単なる発注方法の変更ではなく、感性と属人的経験主義を重視する社風を否定し、科学的な経営へと脱皮することでした。また、店舗への夜間配送も、それまでの配送業者との関係性を変えるという大きな変革でした。店舗の鍵を渡すということは、配送業者を信頼に基づきバリュー・チェーンへ取り込んだことを意味します。こうした経営の仕組みの変更には、進化能力が発揮されたようにも見えます。

ここで、組織が変化すること、すなわち学習するプロセスを確認しておきます。

単純化すれば、**組織とは実行して自ら問題解決を繰り返す機能体**です。設計された業務プロセスを設計通り確実に実行する。そして、実行段階で見えてくるさまざまな問題を発見・解決し次の実行に活かす。

このループを回すことで組織ルーティンが改善強化され、着実に組織能力は高まるでしょう。このループを、**シングルループ学習**といいます。改善レベルの変化です。ＭＵＪＩグラムによる現場の実行と問題解決のサイクルと、ＭＵＪＩグラム改訂のサイクルはシングルループ学習といえるでしょう。

しかし、このループでは解決できないような環境が訪れつつあるとき、先手を打って既存の枠組み（プロセス）を壊し新しいものに作り替えていくことが必要になります。

図表4-3　シングルループ学習とダブルループ学習

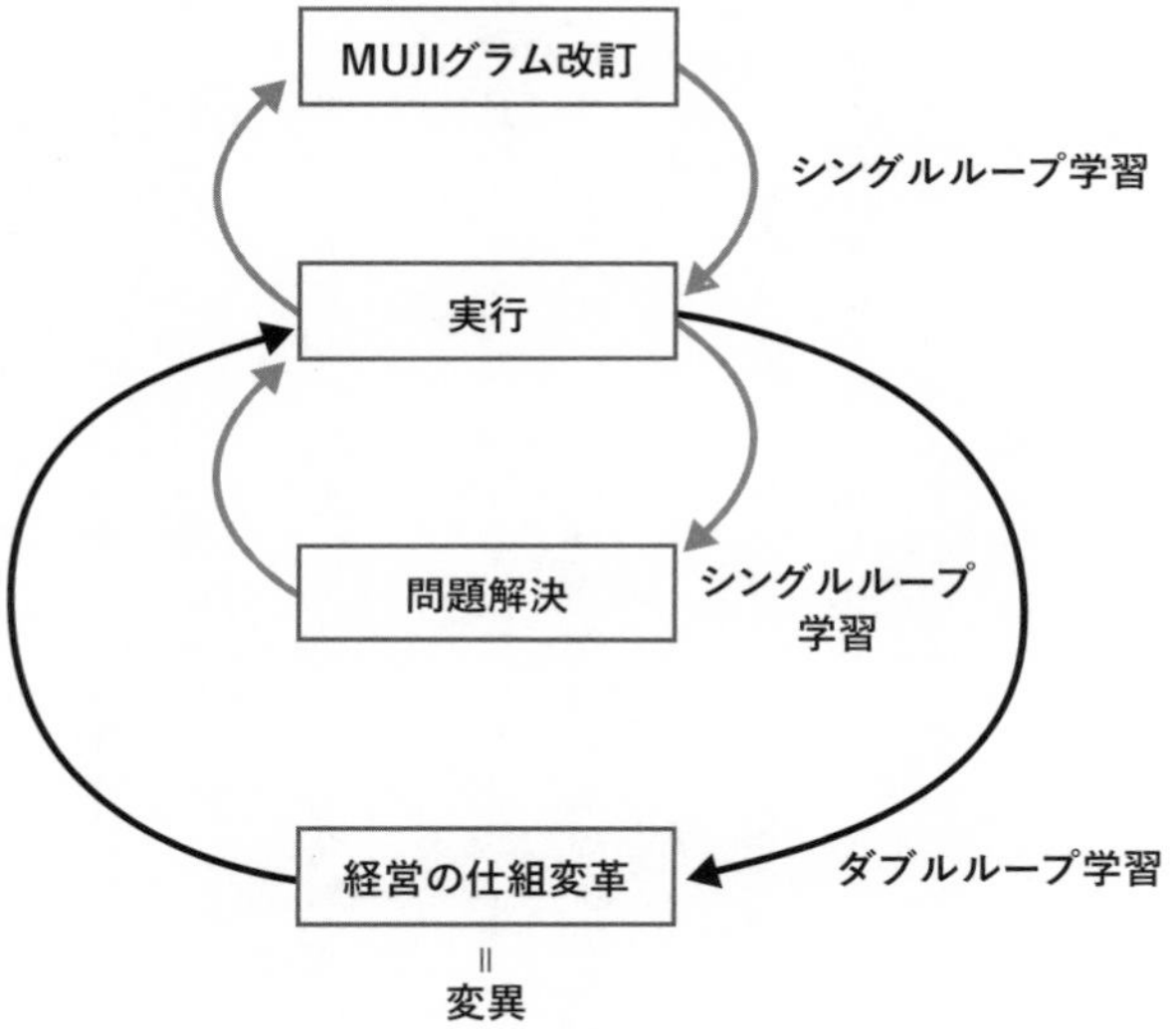

そのためには、過去の成功体験をアンラーニング（学習棄却）しなければなりません（変異です）。そしてまた、それを反復実行して強化していくのです（**ダブルループ学習**）。トップダウンによる経営の仕組みの変革は、まさにダブルループ学習です（図表4-3）。

全社員参加による実行能力と問題解決能力を高める仕組みを導入し、経営レベルの変異を促進したのが良品計画の意図的な変異の特徴です。

意図した変異③

イトーヨーカ堂とセブン-イレブン・ジャパンの業革

３つめは、変革を日常とし、しかも多数の社員が物理的に一堂に顔を合わせてそれを推進する事例です。

高度成長のもとで高成長を続けてきた小売業界に、環境変化が訪れたのは１９８０年代前半でした。１９８２年、大手流通企業に対し総面積規制枠が設けられ、大量出店を前提にした経営システムが有効でなくなってしまいました。また、高度成長を前提とした経営に歪みが生じ、イトーヨーカ堂（ＩＹ）でも品揃えの市場とのミスマッチによる在庫回転率の悪化、それにともなう値下げ、廃棄ロス、機会損失が増大しつつありました。

そうした状況のもと、イトーヨーカ堂は１９８２年に「業務改革」を開始しました。普通、業績悪化の際には「改革推進委員会」のような、期間もメンバーも限定したタスクフォースで対策を練ることが多いのですが、イトーヨーカ堂はそういう組織をつくりませんでした。全社員が日常業務として改革に取り組むべきと、鈴木敏文常務（当時）は考えたからです。そうした各人、各店の取り組みを報告・共有する場が、「業革会議」でした。「業革会議」は毎週火曜日に東京の本社で開催され、会議の参加者は２００９年時点で仕入部門の商品部チーフバイヤー以上、店舗販売部門ゾーンマネジャー以上の総勢１７０名前後でした。全グループの社長を含む幹部も出席しました。

業革の真の目的は、「供給者主導から消費者主導へ」という日本経済の構造変化への適応だったと考えられます。消費者主導になるということは、移り気でよくわからない消費者という不確実性そのものの存在に対応しなければならないということです。この大きな流れを察知した鈴木常務の稀有なリーダーシップによって、業革は実行されました。そこでは、

- 死に筋の排除
- 仮説検証の徹底
- 事実に基づくフィードバック、ダイレクトコミュニケーション
- 現場人材への権限移譲

を、組織に徹底的に刷り込みました。

イトーヨーカ堂を母体とするセブン-イレブン・ジャパン（ＳＥＪ）は、この考えをさらに発展させています。対面で行なわれる会議は以下です。

●毎週月曜日9時「マネジャー会議」
——目的は、地域統括マネジャー間の情報交換
——本部の部長以上も参加
●毎週月曜日15時「業革会議」
——経営幹部間での情報共有。その場で、現場からの問題点への対応を即決
——参加者はマネジャー会議と同じ
●毎週火曜日「FC会議」
——目的は、月曜の会議結果の共有と会長、社長からのメッセージ
——参加者は、全国の加盟店指導員（OFC）1200人、地区マーチャンダイザーや本部の商品開発等のマネジャーら300人の合計1500人

これら会議のための移動、宿泊費として毎回6000万円、年間で30億円をかけているそうです。

（参考：野中郁次郎、遠山亮子編集『MOT知識創造経営とイノベーション』丸善）

こうしたイトーヨーカ堂やセブン-イレブン・ジャパンの取り組みは、単なる改善活動ではありません。常に現場レベルからの変異の種を探し、もし見つかれば即座に選択し、全店舗に

保持させ組織能力を更新させる、進化メカニズムそのものだと考えられます。

意図せぬ進化①　ホンダの北米オートバイ市場参入

ここまで、意図して変異を促すメカニズムを装備してきた3社を見てきました。次に、意図せず偶然に進化した事例を見ます。ただし、偶然にも理由があります。生物の進化は意図せずなされるものですから、より進化メカニズムにかなっているともいえます。

ヒトの予測能力には限界があります。どれだけ注意深く分析、予測したところでほとんど当たりません。不確実性のもとでは、より予測は困難になります。それならば予測を重視するよりも、起きた現実を解釈して新しいシステムにしてしまおうと考えることもできます。企業ができることは、多様な可能性に対して自らを「開いて」おき、固定観念に縛られず、想像もしなかった事象にその意味を見出し、それを自分のものにしてしまうことです。このようにして、進化能力を装備した例を見てみましょう。

ホンダは1959年、大型バイクで未知のアメリカ市場参入を果たそうとしました。しかし、アメリカで売れるかどうかやってみようという考え以外に、特に戦略があったわけではありません。ただ本田宗一郎は特に250ccと350ccのバイクに自信をもっており、それらなら売れるだろうと見込んでいたようです。

当初、大型バイクが月間8台程度は売れたようですが、その後、（通常アメリカではそうされるように）高速で長距離を乗り回されたホンダの大型バイクは、次々に壊れ始めました。途方に暮れた日本人社員は暇を持て余し、ロサンゼルスで50ccのスーパーカブを乗り回していました。

あるとき、大手小売チェーンであるシアーズのバイヤーから、スーパーカブを扱いたいとの電話が入りました。当初は、大型バイクメーカーとしてのイメージを損ねるとして、スーパーカブの販売は拒否しました。ところが大型バイクが壊れ続ける中、背に腹は代えられず、やむをえずホンダはスーパーカブの販売に踏み切りました。そこからご存じのホンダの快進撃が始まります。スーパーカブで低価格市場を握ったホンダは、徐々に製品ラインを大型バイクに拡大していき、参入からわずか7年後の1966年には、アメリカ全バイク市場の63％を押さえたのです。

（参考：ヘンリー・ミンツバーグ、ブルース・アルストランド、ジョセフ・ランペル『戦略サファリ』（第1版）東洋経済新報社）

当時のアメリカでは、バイクといえば黒の革ジャンを着た、いかつい男たちが乗るものとのイメージが定着していました。本田宗一郎も社員もそれを信じて疑いませんでした。しかし、意図せずホンダは、巨大な「普通の人々が乗るバイク市場」を創造したのです。これを単なる偶然と片づけていいものでしょうか。フランスの細菌学者ルイ・パスツールに、「幸運は用意された心のみに宿る」という箴言があります。もしホンダが幸運をつかんだのだとしたら、どのような「用意」をしていたのでしょうか。もし、これがホンダではなく他のバイクメーカーであったとしたら、同じことはできたでしょうか。

ここで創発という概念を示したいと思います。創発とは複雑系科学の用語で、カオスから自律的に秩序が生じるプロセスをいいます。言い換えれば、「何か新しいシステムをつくろうとする当事者が、事前に思い描いた計画や意図とは異なる形で、相互作用の中でシステムが出来上がっていくこと」です。ホンダで起きたことを、創発を使って説明してみます（図表4−4）。

当初ホンダは、大型バイクでアメリカ市場に打って出ます（整合）。それでうまくいくと考えていました。しかし、まったく売れず混乱します（創造的破壊）。派遣された社員たちは、スーパーカブを乗り回すなど、てんでバラバラな行動をとります（分化）。そこに想像もしないシアーズからのスーパーカブの注文が入ります（異なる部分同士が相互作用）。その後、新しい普通の人向けの市場を創造するに至ります（整合）。

図表4-4　ホンダの創発

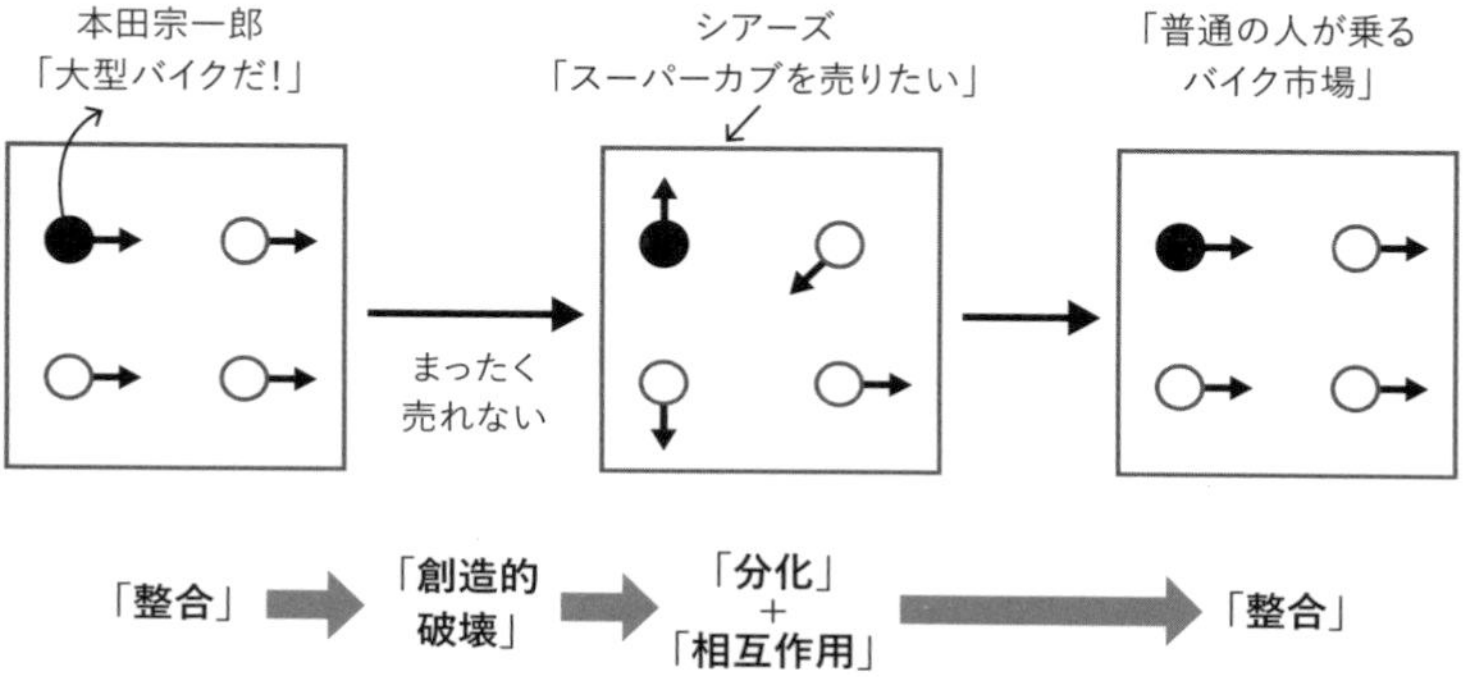

整合→創造的破壊→分化＋相互作用→整合

こうしたプロセスで創発がなされたのです。こうした創発が実現したのには、多くの「準備」された要素があったと考えられます。たとえば、

- 自分自身の判断で動く自律性
- 混乱にもめげないタフさ
- 過去にこだわらない柔軟さ
- 多様な個からなる集団
- 「やらまいか」のチャレンジ精神
- 外に対してもオープンな姿勢

あくまで想像ですが、こうしたホンダの組織文化が創発を導いたと考えられます。決して偶然だったとは思えません。変異の種（スーパーカブ）の中から新市場を「選択」したという意味では、この新市

場の発見までが進化のプロセスともなっています。この組織文化に基づく組織能力が、その後も継続的な自己否定や再創造という進化を支えていたのではないでしょうか。それゆえ、その後の自動車事業への参入やいち早いグローバル展開、そして航空機事業への参入も実現できたに違いありません。

このホンダの事例から、偶然の変異を選択し保持する進化メカニズムは、それを「用意」する組織文化に支えられていることがわかります。

意図せぬ進化②　トヨタの得意技

ホンダと同様、トヨタも創発で進化してきました。意図せぬ対応が、結果的に競争力の源泉になった事例は数多くあります。いくつかをピックアップしましょう。

現在のトヨタの強みとされている組織能力の多くは、「経営資源不足のもとでの生産量急拡大」という制約の中で育まれたのだと、東大の藤本隆宏教授は主張しています。トヨタは１９５０年に大労働争議を起こしました。そのとき、資金がショートしかけ、社員の大量解雇に踏み切らざるを得ませんでした。実質的創業者の豊田喜一郎はその責任をとり辞職。これがトヨタにとって、拭い去ることのできないトラウマとなります。

しかし、その直後朝鮮戦争が勃発。戦争特需によってトヨタは息を吹き返し、その後の高度成長の波に乗ることができました。ただ、生産を急拡大するものの、それに見合うだけの社員を採用することはできません。日本全体が人手不足だったことも大きいのですが、何より解雇のトラウマが安易な採用増を許さなかったのです。そのため、生産性を向上させるよりほかありませんでした。現在まで続く、生産性向上への異常ともいえる執念はこうして育まれました。

また、人手不足のため、フォードやＧＭのような業務細分化による効率化（機械的組織の典型）はできませんでした。しかし、結果としてできた幅広い職務配分や多能工化が、柔軟な生産体制を可能にします。

また、好況時の猫の手も借りたい状況のもとでは、部品メーカーの力に大きく依存しなければなりませんでした。社内に反対意見も多かったものの、背に腹はかえられず、部品企業を育成しつつ結びつきを強めていきます。こうして現在の強力な「系列」を築いていきました。資金不足のトラウマも強く、いつ資金ショートになるかとの危機感から、安易な設備投資を避け、できるだけ既存設備を改善しつつ使い続けることを重視するようになりました。それが、「ジャスト・イン・タイム」と並んでトヨタ生産方式を構成する「自働化」という考え方の源流にあると考えられます。

トヨタの考える「自働化」、すなわち異常が発生したら機械が止まることの実現には、安全な仕事が確実にできるまで手作業でつくり込むことが大切です。まず人がとことんこだわって手作業でラインをつくり込み、改善の積み上げで作業を簡単にしていきます。そして、最終的には人間の付加価値がなくなるレベル、つまり誰がやっても同じ作業になるようにしたうえで、それらの作業を「自働化」やからくりで実際の量産ラインに織り込んでいきます。これを繰り返すことで、機械は簡単な仕組みでかつ安くなり、またメンテナンスにかかる費用や時間も低減、さらには生産量の増減に対応できる「シンプル・スリム・フレキシブルなライン」が可能となるのです。

（出所：トヨタ自動車公式企業サイト「トヨタ生産方式」https://global.toyota/jp/company/vision-and-philosophy/production-system/）

このような「手作業」へのこだわりは、大労働争議直後の厳しい財務状況があったからこそと考えられます。

ここまでのトヨタの歩みも、進化と創発のフレームワークを使って説明しましょう（図表４－５）。社員不足や資金不足は予期せぬ環境変化でした。それまでのやり方では通用しなくなり（創造的破壊）、対策としてさまざまな検討がなされたでしょう（変異／分化）。その中から、多くの議論や試行錯誤を経て、多能工化や部品メーカーとの強固なつながり、そして既存設備の

図表4–5　トヨタの進化と創発

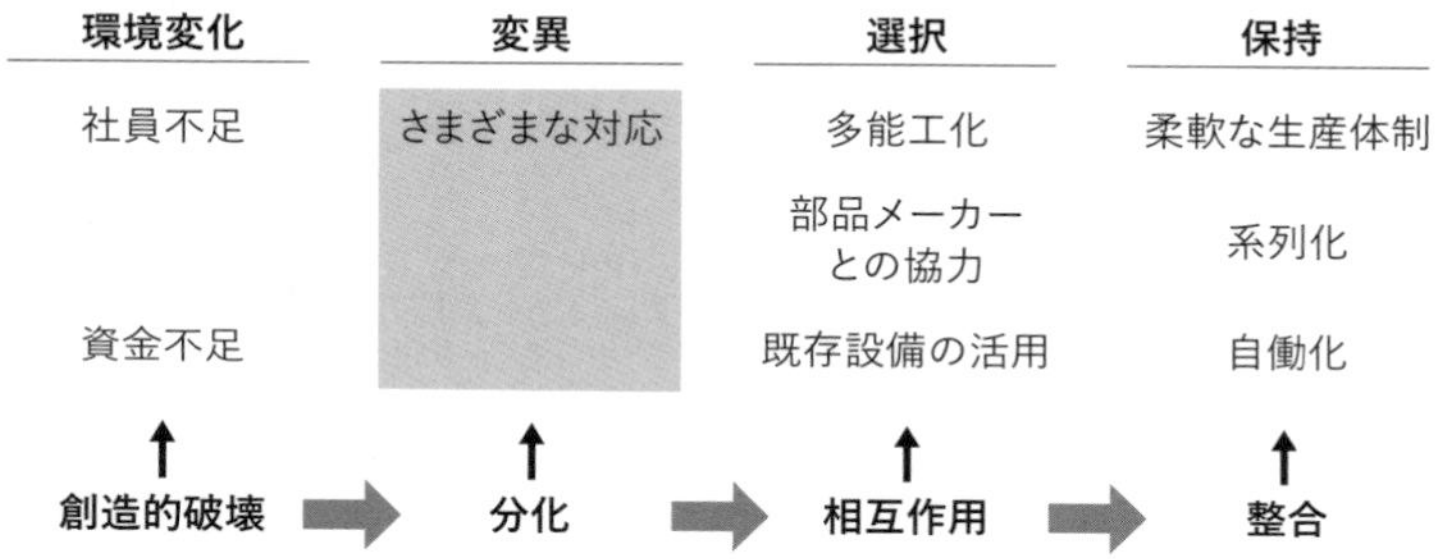

活用という方針が生まれました（選択／相互作用）。そしてそれらが、柔軟な生産体制や自働化という強みを獲得し組織に埋め込まれていきました（保持／整合）。このように解釈すれば、トヨタは創発によって進化プロセスを繰り返してきたことがわかります。こうして、経営資源不足の下で生産拡大を進めるためには、「ヒトの知恵に頼るしかない」という企業文化が醸成され、「常に考え続けるヒトの知恵によって進化し続ける組織能力」を獲得していったのだと考えられます。それまでには、繰り返し創造的破壊にさらされてきたことを忘れてはいけません。

　トヨタと同じような状況にさらされた企業は他にもたくさんあったでしょうが、それを得意技にしてしまう能力をもつ企業はまれです。破壊にさらされるごとに、強くなっていくかのようです。簡単には真似できません。

　トヨタは、トヨタ生産方式を競合他社にも教えています。有名なところでは、１９８４年設立のアメリカＧＭとの合弁事業ＮＵＭＭＩがありました。トヨタはそこでアメリカ人従業員を指導し、トヨタ生産方式を移転することに成功しました。しかしＧＭはそれを学ぶことができず、２００９年のＧＭ倒産とともにＮＵＭＭＩは閉鎖されました。目に見えるノウハウをいくら学んでも、トヨタの組織能力を習得しなければ再現はできないことを、図らずも証明する形となったのです。

このトヨタの事例からは、偶然の変異を選択し保持する進化メカニズムは、苦し紛れの変異をも事後的に得意技（組織能力）にまで高めてしまう、組織の学習能力に支えられていることがわかります。

進化を促す型

以上の事例から、進化を促すメカニズムの型のようなものが見えてきます。

- 日常の現場レベルで、変異の種を感知する
- 変異の意味を集団や組織で検討する
- そこで得た知識を組織内に展開する

図表4-6　組織能力開発サイクル

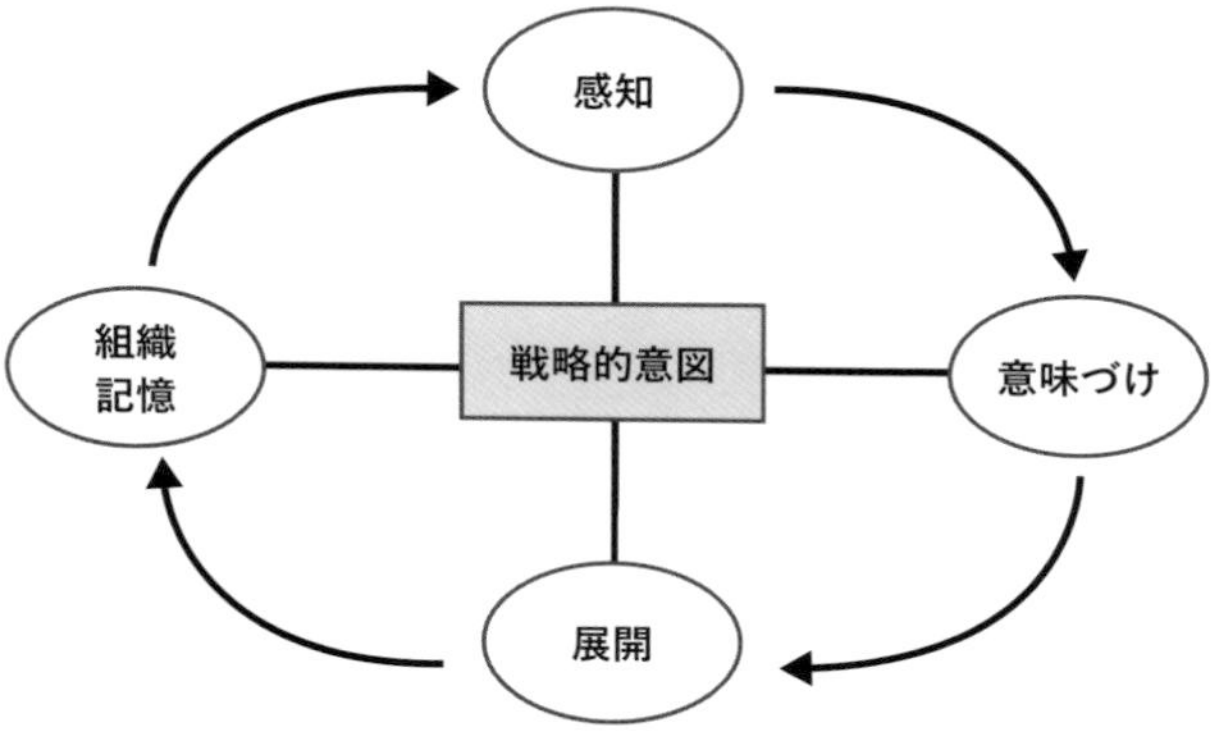

●展開で得た学習成果により、組織記憶を書き換え、次の感知に活かす
●右4つの活動を支える、強い規範や組織文化と戦略的な意図をもつ

これをまとめると図表4-6のようなサイクルとなります。

このサイクルを回し続けることが、環境変化に適合すべく常に進化を促し、組織能力を開発することにつながると考えられます。そこで、「組織能力開発サイクル」と呼ぶことにします。

脳と組織は相似関係にある

組織能力開発サイクルは、脳が情報を入力、処理、出力するサイクルに対応しているかのようです（図

図表4−7　脳と組織の対応

	入力	処理	出力
脳：	知覚	「知・情・意」形成（ニューラルネットワーク）	行動／記憶
組織：	感知	意味づけ	展開／組織記憶

表４−７）。組織能力開発サイクルを回していく方策を考える上で参考になるので、ここで脳の認知プロセスを簡単に説明しておきます。

●入力：知覚プロセス

外部からの情報を受容すると同時に、必ず内部のデータベースから自動的に関連する情報を引っ張り出し、情報処理プロセスに流し込みます。

たとえば、赤いリンゴを見てまず視覚情報が入力されますが、その情報だけではリンゴとは認識できません。単なる赤い色の球形の物体です。そこで、記憶のデータベースから過去に食べたリンゴの色や形、味や匂いなど「リンゴ」に関する情報を引っ張り出して（想起）はじめて、目の前にある赤い球形の物体をリンゴだと認識できます。眼でリンゴを見たのではなく、脳がリンゴとして構成したのです。こうして脳で構成された「リンゴ」は「表象」と呼ばれます。表象をつくり出すことが「知覚」です。脳で２つの情報源から構成する作業を、仮に「解釈」と呼んでおきま

図表4-8　知覚プロセス

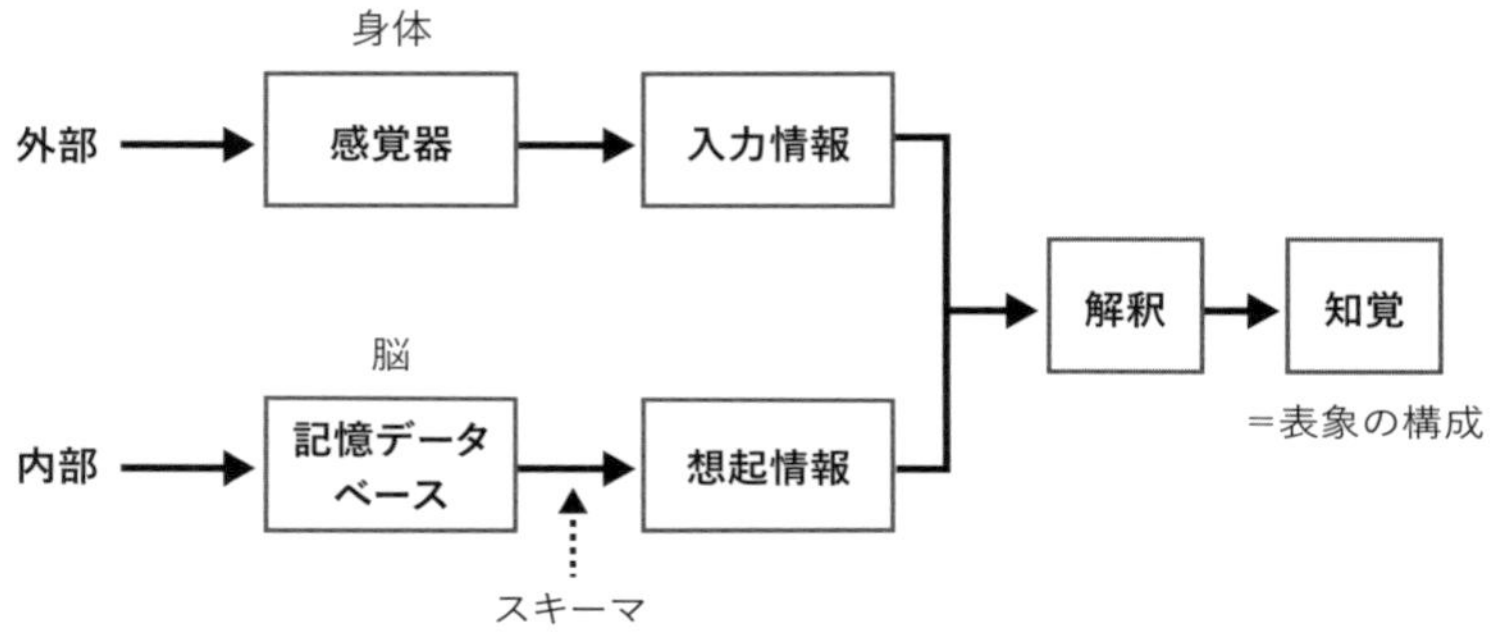

す。つまり、脳は外部と内部の両方から情報を受容することで、次の情報処理プロセスに進めます（図表4－8）。

●処理：ニューラルネットワーク

入力された情報を知覚した後、ヒトならではの精神活動である「知・情・意」（知性、感情、意図／意思決定）を形成する情報処理が、脳の神経細胞同士のネットワークによりなされます。

ヒトの脳は、千億個の神経細胞（ニューロン）が膨大な数の配線で結びついた神経回路網（ニューラルネットワーク）を形づくっており、そこに電気パルスが流れるようにできています。また、ニューロンは階層構造をもっており、タテ方向にもシナプスで連結しています。たとえば「皮質」では6層の階層からなっています。ニューロン同士はシナプスで結合しており、そこで電気信号を流したり流さなかったり、あるいは電気信号に重みづけをしたりして、膨大な計算を行なっています。その原理はコンピュータと同じです。コンピュータも突き詰めれば、0か1すなわちスイッチングのオン・オフで膨大な計算を行なっています。脳が行なう膨大な量の計算は、自律分散的処理でなされています。つまり、それぞれのニューロンが勝手に電気信号の流れを決めているのです。MITのマーヴィン・ミンスキー教授は、それを脳にはたくさんの「小びと」がいて、それぞれが自分の仕事をこなしているのだと表現しました。

●出力：行動と記憶

「出力」は、小びとの働きの結果を、言語や行動で外部環境に対して提示することと、それらを内部モデルとして記憶し、それを更新する（学習）ことです。内部モデルでは、さまざまな環境の振る舞いが、脳の中のニューラルネットワークに「モデル」という形で記憶されます。モデルとはシミュレーションモデルのモデルであり、現象を因果関係の網で概念化したものです。

それでは、ヒトはどのようなときに、新たな内部モデルとして記憶するのでしょうか。脳にもキャパシティ制約がありますから、受容した情報、すべて記憶するわけにいきません。それは、予測と大きく乖離があったときです。

ヒトの脳は常に予測をしています。「さっき課長のいったことは、お客に理解されないかもしれない」といった具合に。あるとき、納得できないまま課長の指示にしたがってお客さんに提案したところ、予想に反してとても喜ばれました。予測と大きく乖離したのです。

その驚きは、ドーパミンという快楽物質ともいわれる神経伝達物質を放出させます。ドーパミンが信号となって、「課長のいうことを聞いたほうが得だ」という内部モデルが記憶されるのです。こうした予測との乖離を「報酬予測誤差」といい、それが大きいほどドーパミンが大量に出て、快楽をまた得ようと記憶が強化されます。報酬の大きさではなく、予測との乖離の大きさで決まることが重要です。こうしてヒトは学習します。しかし、もし次に課長の指示にしたがったところ、意に反して大失敗したとすると、マイナスの大きな報酬予測乖離が発生します。その結果またドーパミンが大量放出され、「課長の指示にしたがってはいけない」と、内部モデルが修正されることになります。

記憶には、宣言的記憶と非宣言的記憶があります。宣言的記憶とは、「富士山の高さは3776メートル」というように言葉や記号で表現できる（＝宣言できる）記憶です。宣言記憶も、意味記憶とエピソード記憶に分かれます。意味記憶とは、「リンゴは赤い」といった辞書のようなもので、エピソード記憶は「昨日、課長の指示通りお客に説明したら、大変な目にあった」というような時系列と因果関係で表現したものです。

一方の非宣言的記憶は、上記の反対で言語や記号では表現できない記憶です。野球でフライを追いかけながらキャッチすることや自転車の乗り方を言葉で表現はできなくても、身体はちゃんと記憶しています。記憶や内部モデルとは、過去の経験に基づいて適切な行動を選択するために脳がつくり出した仕掛けだといえます（図表4-9）。

図表4-9　脳の認知サイクル

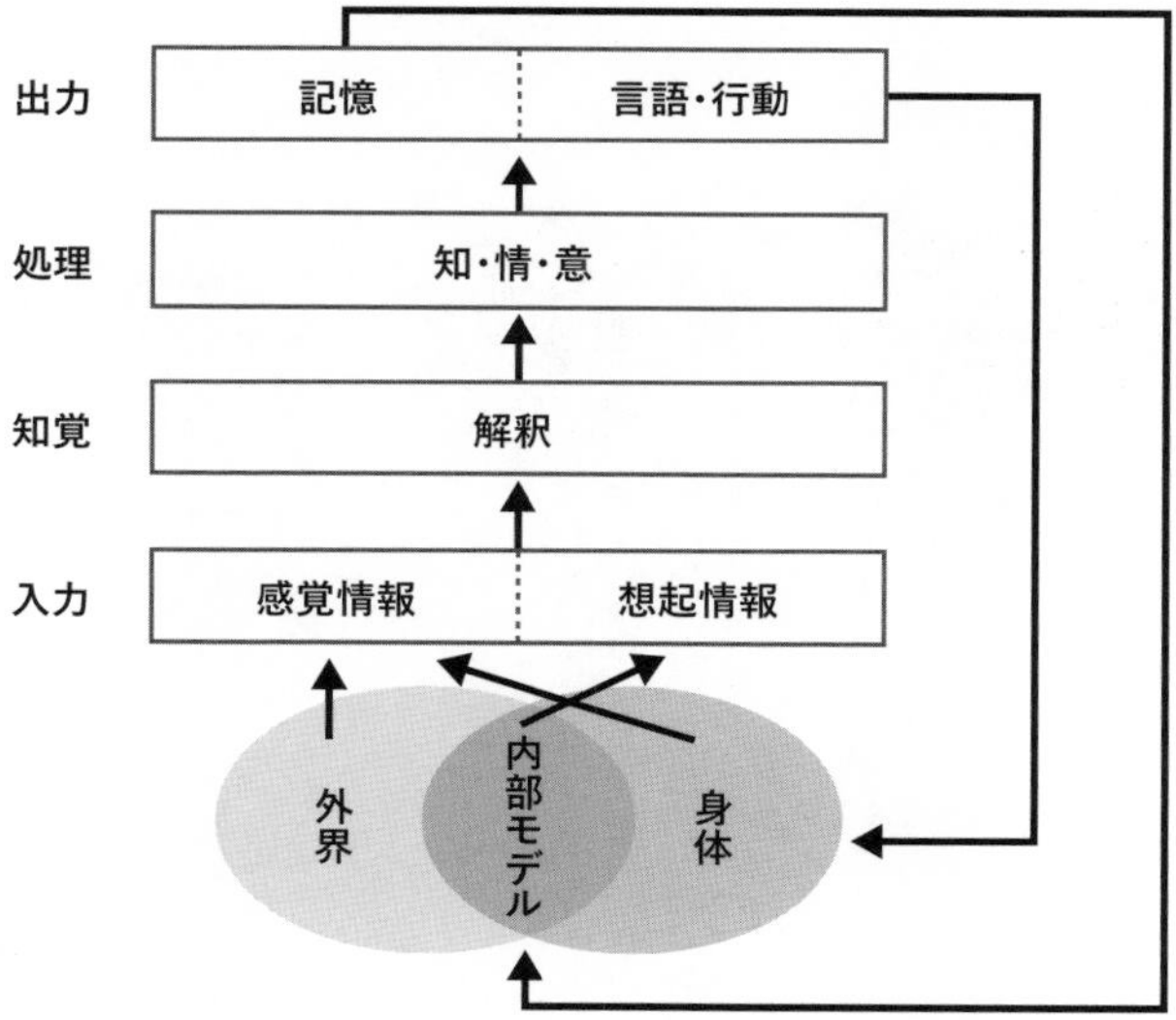

脳科学者藤井直敬は、以下のように脳と社会の構造と仕組みが共通していると指摘しています。

……脳の構造としくみ、そして社会の構造としくみの類似に気がつかないわけにはいかないからです。

その類似点は、神経細胞一つから始まり、それが複雑なネットワークを構成することで、脳というう多層的なネットワークシステムが構築されているのと同じように、社会も人一人から始まり、人々が互いにつながることでその多層的なネットワークシステムを実現しているという

図表４−10　生命の相似形

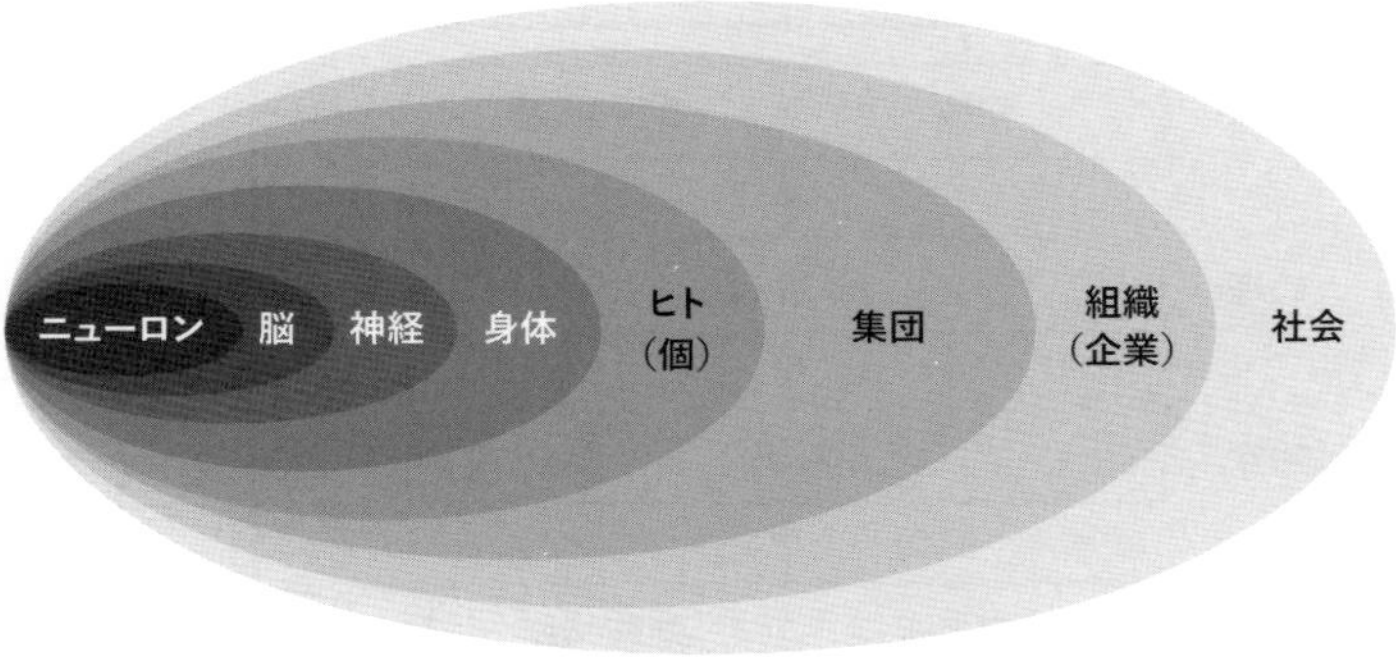

点です。（中略）脳は人の中にあります。社会の最小構成単位である人一人の外と内に、身体の境界面を境にして階層的な質の異なる２つのネットワークが存在することは、両者の間に共通するコミュニケーションプロトコルが存在しないことには、うまく回らないのではないかと思うのです。
（出所：藤井直敬『ソーシャルブレインズ入門』講談社現代新書、55ページ）

脳と個と集団と組織は相似形を描いているようです（図表4−10）。今後、組織能力開発を検討していく上で、脳の働きを参考にすることができるでしょう。

3つのレイヤーをまたぐ認知プロセス

組織能力開発サイクルは、個と集団と組織という3つのレイヤーにまたがることが特徴です。くわしく見てみましょう（図表4−11）。

まず、個はヒトにおける知覚の役割を果たします。個が感覚器となり外部環境からさまざまな情報を入手します。そして、その情報にこれまでの経験に基づいた知識（想起）を加えて一次的解釈（表象）を行ないます。どんな情報を入手しどんな一次的解釈を行なうか、不確実性が高い環境であればあるほど、非常に重要です。そこで、顧客の予期しない反応などなんらかの引っ掛かりがあれば、集団へ伝達します。

集団に持ち込まれた情報は、複数の視点を通してあらためて解釈されます（意味づけ）。個による一次的解釈とも、また各メンバーが想定していた意味とも異なる新たな解釈がなされることもあるでしょう。そして、そこで組織にとっての意味合いを見つけ出します。創造するといってもいいかもしれません。脳で多くのニューロンが連結して知・情・意が形成されることに相当します。もちろん、この段階で「選択」されない情報も多いことでしょう。

図表4−11　組織能力開発サイクル

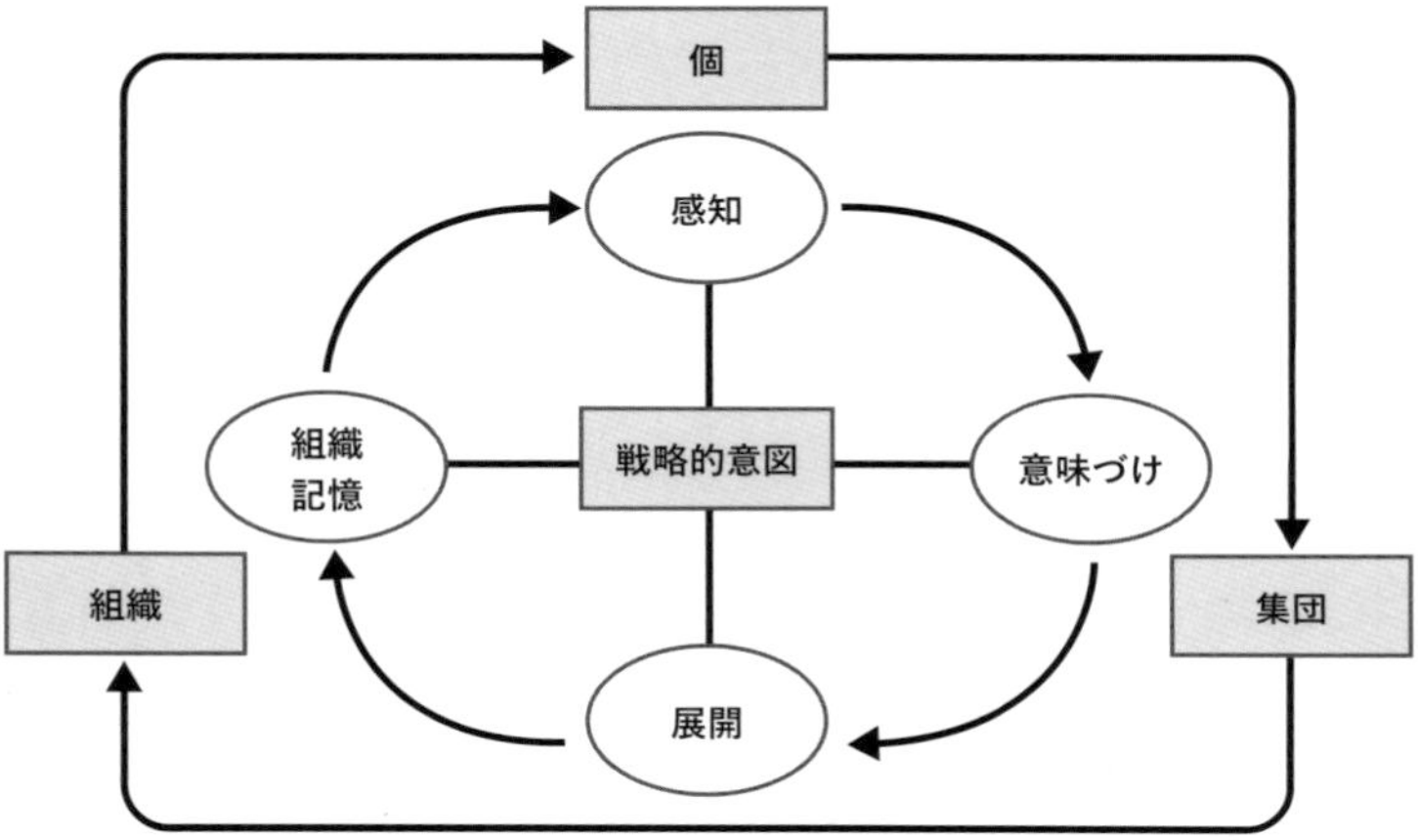

そうして、組織にとって価値があると意味づけされた情報は、さらに上位の組織体でも集団においてと同様に意味づけの精査が繰り返されます。そして、選択された情報が組織内外へ「展開」されていき、実行されます。展開は、単に情報が流れるだけではありません。そのプロセス内でも、意味が修正されていきます。

実行からのフィードバックを受けて、今後の事業運営において残しておくべき情報がなんらかの形で記憶されます（組織記憶）。ここでの組織記憶は、評価制度やＭＵＪＩグラムのような、言語化され形式知化されたものだけではありません。言語化されない規範なども含みます。これらを強化したり書き換えたりするのです。また、このサイクルをスパイラル状に的確に回し続ける

図表4−12　スパイラル・アップ

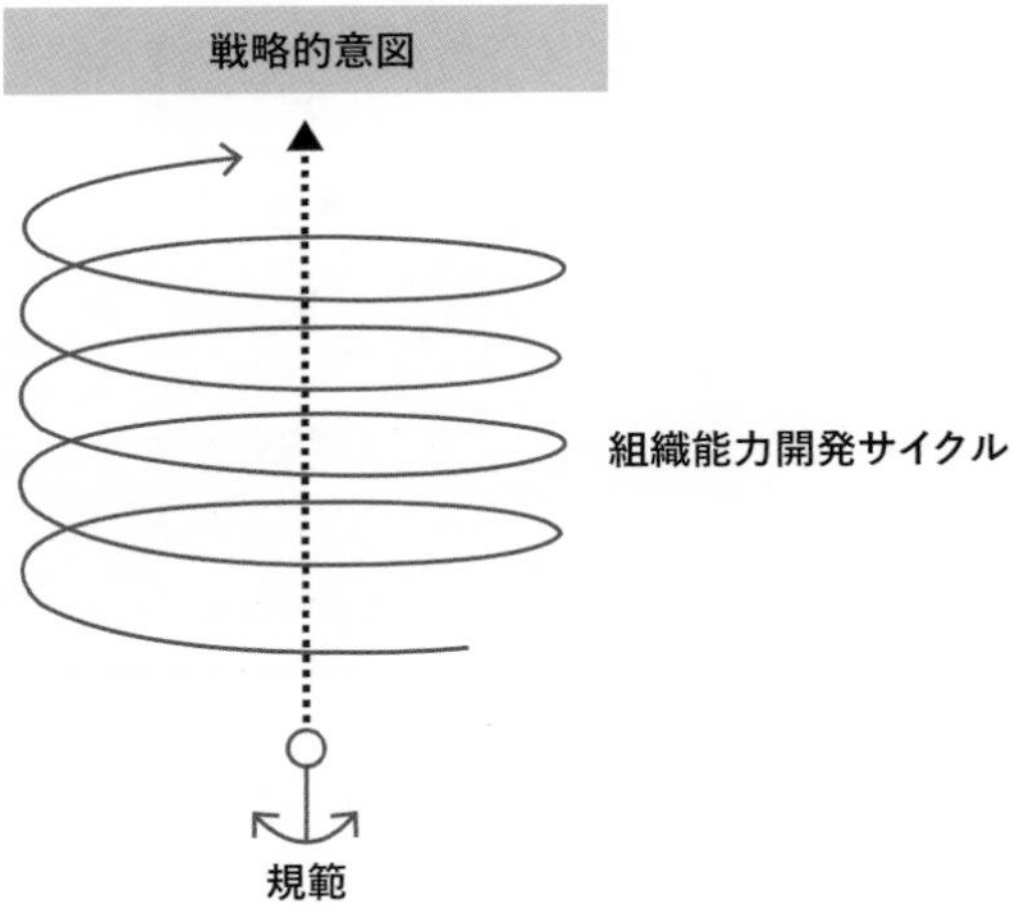

には、向かうべき方向を指し示す北極星のような存在が必要です。それを戦略的意図とします。さらに、サイクルを回すに当たって行動を逸脱しないように重石も必要です。北極星に早く近づくために、何をしてもいいわけではありません。それが、組織記憶の中のひとつである規範です（図表４−12）。

このプロセスは自然選択説にもかなっています。現場から上がってくる多くの情報は、いわば「変異」の種です。次に組織は、コンテクストにかなうような意味づけがなされた変異の種が「選択」されます。そして、最終的に「記憶」され、環境へ適応していきます。こうしたプロセスは、いわば組織におけるミクロの進化過程と考え

図表４−13　タテ・ヨコの相互依存関係

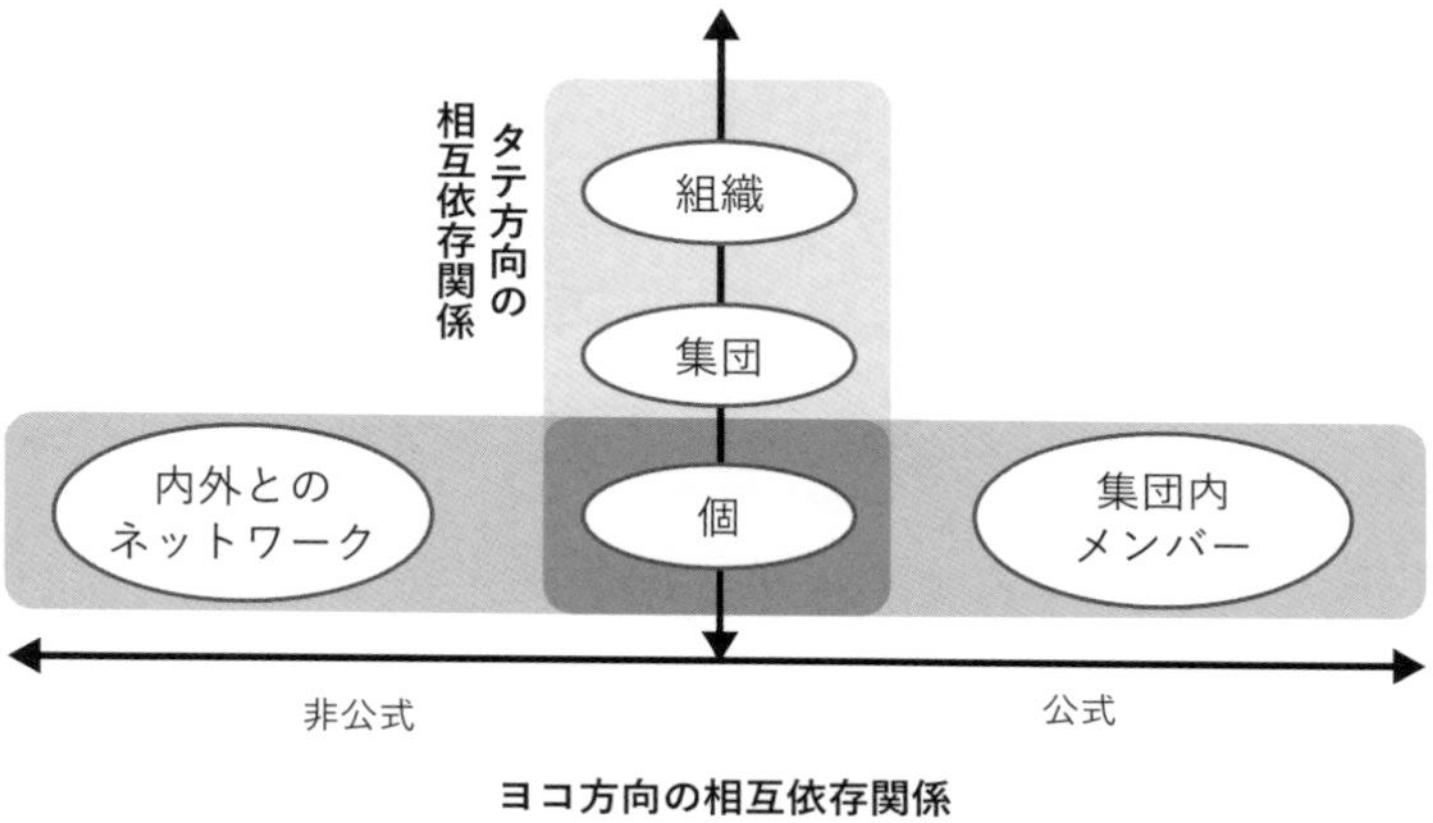

られます。

個からの情報を組織に流すには

一般的な組織では、情報は水の流れのように組織、集団、個の順番で流れます。しかし、組織開発サイクルは逆で、重力に逆らうかのように個、集団、組織の順番に流れます。いわば、公式の「上」からの流れに加えて、「下」からの流れもあるという相互依存関係になっています。

有機的組織は、ヨコ方向には公式には集団内メンバーと、そして非公式には内外とのネットワークと相互依存関係を結びます。また、タテ方向に個と集団と重複構造としての組織

図表4-14　ミクロマクロループ

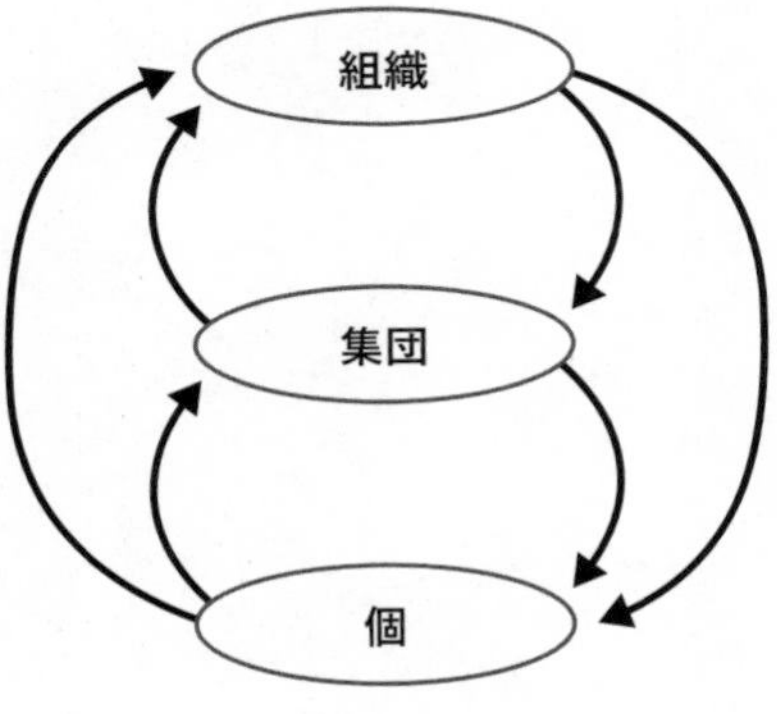

が相互依存関係を結びます（図表4－13）。組織能力開発サイクルは、主にタテ方向すなわち個から始まって集団を経て組織に至り、また個に戻るサイクルであることが特徴です。

また、一般的にタテ方向の関係は、組織図に表される上から下への統制関係で理解されがちですが、有機的組織においては相互依存関係だという点に注意が必要です。タテ方向はループでつながっています。こうしたミクロとマクロがつながるループを、「ミクロマクロループ」と呼びます（図表4－14）。

ミクロループで得た情報を使ってマクロループも回る。また、マクロループからの情報がミクロループを規定する。こうした相互依存関係にあります。

下から情報が流れるためのポイントは、現場の個がどれだけ自律的に組織の視点（マクロの視点）

資料２　ヤマトの救援物資の配送

提供：朝日新聞社

に立って感知できるかだと考えます。個が集団や組織と一体になることができれば、マクロ視点ももつことができます。なかなか難しいことですが、それを実践しているのがヤマトホールディングス（以下、ヤマト）です。一体となった行動の事例を示します。

東日本大震災直後の２０１１年３月23日、ヤマトはトラック２００台、人員５００人で支援体制を組み、食料や生活用品などの救援物資を運ぶチーム（救援物資輸送協力隊）を設置しました。実はその数日前には、地元のヤマト社員が役場に「何でもやる、やらせてくれ」と直談判し、救援物資の運搬を始めていました（資料２）。しかもほぼ同時に数カ所で、同じことが起きていました。情報が遮断されており、本社との相談などできないにもかかわらず。このことを数日後に知った本社が、会社として最大限のやり方でつくったのが、救援物資輸送協力隊でした。このときのことを、木川眞社長（当時）はこう語っています。

「被災しているヤマトの社員が自発的に救援物資の配送をはじめている」という事実を最初に聞いたときは、感動しました。ほんとうに涙が出ました。

（出所：ほぼ日刊イトイ新聞「クロネコヤマトのＤＮＡ」（２０１１－08－18）https://www.1101.com/yamato/2011-08-18.html）

現場の判断で上司の承認も得ず、会社のトラックを使って無償で荷物を運ぶことは権限違反です。いくら非常時とはいえ、なぜヤマトの現場社員はそれができたのでしょうか。その理由は、「ヤマトは我なり」という社訓にあります。

「ヤマトは我なり」という一文は、「全員経営」の精神を意味します。社員一人ひとりが「自分はヤマトを代表している」という意識をもってお客様やパートナーと接し、自ら考えて行動してほしい、という思いを表しています。自ら考えて行動することで会社は成長し、社会の発展に貢献し、自分や家族の幸福にもつながります。

（出所：ヤマトホールディングス公式企業サイト「グループ企業理念」https://www.yamato-hd.co.jp/company/philosophy.html）

「自分はヤマトを代表している」ということは、意識の上で個と組織とが一体化していることです。それゆえ、個は自律した行動をとることができます。ヤマト社員の自律的行動とは、「全社員が同じ経営目標に向かい、同じ目標をもつが、目標を達成するための方策は社員一人ひとりが自分で考えて実行すること」です。組織が個に一体化せよと指示したところで、一体化するはずもありません。それを促すような組織の体制や仕組みをつくることが、必要不可欠です。それがあってはじめてミクロマクロループが回り、個が自律して感知できるようになるのです（かつて、社員が自律的に行動できるようになる研修を企画してほしいとの相談を何度か受けましたが、お断りせざるを得ませんでした）。

ユニ・チャームも、「共振の経営」という概念で、ミクロマクロループを回すことを会社の方針としています。以下のように、それが社長の信念となり組織に落とし込まれています。

日々の工夫や知恵が現場と経営のあいだを行ったり来たりする「振り子」のような共振。これこそ、私が目指す「現場の知恵を経営に生かし、経営の視点を現場が学ぶ『共振の経営』」の出発点です。

（出所：高原豪久『ユニ・チャーム　共振の経営』日本経済新聞出版社、17ページ）

それを実現するために、グループ方針の発信から年間計画作成、最終的な現場の実行計画までの流れが整理され、計画立案のための手法やフォーマットまで確立されています。

このように、個と組織が相互依存関係で結ばれるような組織文化を、そしてそれを支える仕組みを構築した企業が、日常的に組織能力開発サイクルを回し続け、進化能力を獲得できるのです。

第２部では、組織能力開発サイクルのステップごとに、各ステップの意味合いやそこで最大限の能力を発揮するためのポイントを具体的に提示します。

第2部

組織が能力を発揮するサイクル

第5章 感知

外部からの情報は個が感知する

自動編み機で有名な島精機製作所島正博社長（当時）は、危機に際して人並み外れた感知能力を備えているようです。1987年のブラックマンデーのときもそうでした。

編み機のコンピュータ化によって、島精機は急成長を遂げます。1982年には前年売上96億円から123億円に、さらに2年後には200億円台、5年後には300億円台へ、破竹の勢いとはこのことでしょう。そして、１９８７年10月19日、世界中で株価が急落するブラックマンデーが起きます。当日、島氏はパリで開催中の国際繊維機械見本市（ＩＴＭＡ）の会場にいました。出品した新鋭機が大好評で勝利の余韻に浸っていた、まさにそのとき第一報を聞きます。

「潮目が変わる」。ブラックマンデーの喧騒を眺めながら14年前のオイルショック時と同じ感覚に襲われた。予感通り、横編み機の出荷はピタリと止んだ。島精機だけではない。欧州のライバル各社も同様。この年の末にスイスのエドワール・デュビェ社の経営が行き詰まり、創業１２０年の歴史に終止符を打った。（中略）

なぜ、横編み機の需要が途絶えたのか。それはメーカーがユーザーのニーズを正確に捉えていなかったからだ。パリのＩＴＭＡでメーカー各社は編み機のパワーやスピードを競ったが、実はユーザー側が欲していたのは馬力や速度に勝る大型機ではなくコンパクトな小型機だった。ファッションの多様化が80年代に進展し、多品種少量生産のニーズが一段と膨らんでいたが、顧客の要求を満たす編み機を提供できていなかった。

「これまでの延長線上の編み機では通用しない。時代のニーズに対応した編み機を納得のいくまで追求しよう」。パリから帰国後、私は全社員を集めてこう訓示した。さらに、受注済みの大型機をこちらからキャンセル。訝るユーザー企業には「これから時代が変わります。我々が新しい編み機を開発できれば、いち早くお知らせします」と説明し、理解を得た。

（出所：「私の履歴書」『日本経済新聞』朝刊、2021年3月26日）

なぜ、島社長は絶頂の最中で「潮目が変わる」と感じ、14年前のオイルショックと同じ感覚に襲われたのでしょうか。オイルショック時の記憶とは、こういうことです。当時も急成長を続けていた島精機はキャンセルの嵐に見舞われ、倒産寸前に追い込まれます。そんな中、創業時からのパートナーである専務が社内で命を絶ちます。銀行支援で首の皮一枚つながった島社長は、商社や銀行の人員削減圧力に抗して、NC（数値制御）装置の採用という逆手を打ちました。投資が必要だが不況なので安く購入できる、また数学の知識が必要になるが手余りで学習する時間はたっぷりあると考えたのです。人員削減も見送ったことで労使関係も改善。こうして賭けに勝ちました。

経営者でなくとも、ここから学べることは大きいと思います。この章の最後に、振り返ってみましょう。

ヒトも組織も外部に開かれた認知システムであり、知覚は感覚器を通して外部環境からの情報を受容することから始まります。組織の感覚器にあたるのは、外部と接触している現場の一人ひとりです。どうすれば、現場の個が組織にとって有益な感知を行なうことができるか、あるいは何がそれを妨げているのかを、本章で検討していきます。まず個の視点で、次に組織の視点で考えていきます。

弱いつながりのネットワークとエコシステムに身を置く

感知能力を高めるためには、まず個がどのような環境に身を置くかを考える必要があります。置かれた環境で、受容する情報の量も質もまったく異なってくるからです。そこでは、第3章で説明したネットワーク論が活用できます。

社会学者のマーク・グラノヴェッターは、ボストン近郊の技術職と管理職と専門職で、個人的なコネを使って転職したばかりの人々を調査し、転職に力を貸してくれた人とどの程度会っていたかを尋ねました。その結果は意外なものでした。

「頻繁に」17％
「時々」55％
「ほとんど会っていない」28％

調査対象者のほとんどは、（ほぼ）見知らぬ相手の厚意によって職を得ていました。直接の絆の外側に広がる社会的ネットワークから、職を見つけたのです。

（参考：ニコラス・A・クリスタキス、ジェイムズ・H・ファウラー『つながり』講談社）

個ができるだけ広い情報網にアクセスするには、つながりの弱いネットワークを活用することが有効だといいます。普段多くの時間を割いて連絡を取り合うような、強いつながりのネットワークでは、貴重な情報を獲得する可能性は高くありません。なぜなら、関係性の強いネットワークに流れる情報はすでに知っているものが多いからです。

それに比べ、弱いつながりのネットワークには未知の情報が溢れています。つまり、たとえ弱いつながりであっても、広いネットワークを築きアンテナを張っておけば、思わぬ有効な情報を入手できるかもしれないのです。取引先や顧客との親密な関係性も大切ですが、それだけでは有効な情報を入手できません。

近年、副業や複業が盛んになりつつありますが、それによって弱いネットワークを広げられれば、本業への貢献も期待できます。企業側もそれを期待して、副業解禁しているのでしょう。

ネットワークとは別の考え方ですが、自分はどのようなエコシステム（生態系）に存在するのかという視点も大切です。人は、場面に応じたエコシステムに属しています。ある領域（地域や空間など）の生き物や植物がお互いに依存しながら生態を維持する関係の様子を、一般にエコシステムと呼びます。近頃は、ＩＴ系企業のつくる企業間の関係性をエコシステムと呼ぶことが多いですが、それに限りません。個が感知する場である環境も、エコシステムと捉えることができます。

社内と社外を問わず、さまざまな場の参加者との間に相互依存関係を結びます。そこでは物質（モノやカネ）だけでなく、エネルギーも知識も感情も、動的にやりとりされています。大事なのは、「系」であること、すなわちある程度閉じていることです。オープンなネットワークも「広さ」の点からは重要ですが、関係性の「質」の点からは境界があることも大切です。それがあることで、境界内で情報やエネルギーの流通が活性化されるからです。もちろん完全に閉じていては、そのエコシステムは持続可能ではありません。

スマイルズのエコシステム

Soup Stock Tokyoなどを運営する株式会社スマイルズは、共感でつながった関係性を重視します。それは社内にとどまらず、社外のさまざまな関係者とつながるときにも欠かせないものです。同社取締役兼クリエイティブ本部長の野崎亙氏はこういっています。

そして、そんな「全体的個人」一人ひとりを支えているのが、社内外の関係人口です。

大半がプロジェクト型で進行していくスマイルズの仕事では、周囲の皆を巻き込む力が必要です。

（出所：小田亮、熊田陽子、阿部朋恒『スマイルズという会社を人類学する』弘文堂、251ページ）

社内外の関係人口とは、エコシステムと同義でしょう。また「全体的個人」とは、それまでの生い立ちや経験や感情や思考など、その人のすべてを包含した個人を表します。「組織人」ではなく全体的個人で構成されている、共感をベースにしたエコシステムに身を置き、その力を借りて成果を出していくのが、スマイルズのやり方です。

こうした組織の壁を超えたエコシステムの重要性は、どんな業種でも高まっていくことでしょう。弱いつながりのネットワークにしろ、エコシステムにしろ、既存の組織の境界に縛られないことが大切です。人はどうしても所属する組織の境界を意識して、物事を捉えがちです。あまりに既存の組織の境界に縛られると、見えるものも見えなくなります。外に「開くこと」で、感知能力を敏感にすることができます（図表５−１）。

図表5-1　外に開かれた組織

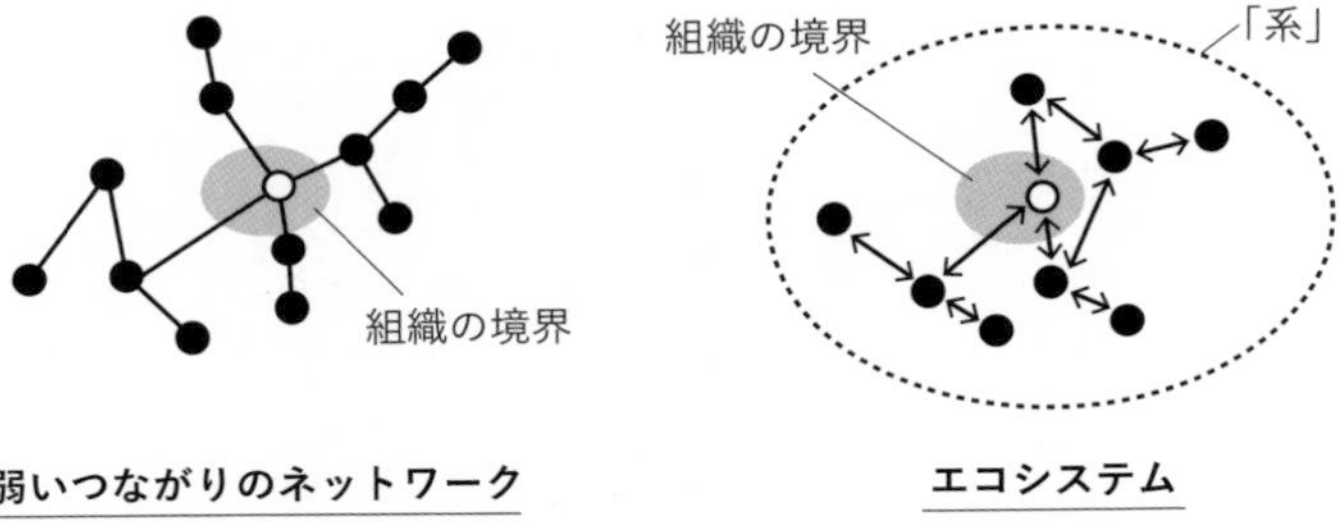

環境に自らを埋め込む

ここまで、環境をどのように捉え、どういった場に身を置くべきかを考えてきました。次に、環境に対して、どのように向かい合うべきかを考えてみましょう。

個は組織における環境との接点であると同時に、その中に身を置く環境（「場」ともいえます）の一部でもあります。生命関係学者の清水博東大名誉教授は、自己（個）は二重構造でできているといいます。

ひとつは自己中心的（自分とそれ以外という自他分離の観点）にものを見たり決定したりしている自己（「自己中心的自己」）であり、もうひとつは自己を場所の中に置いて、場所と自他分離しない状態で超越的に見ている自己（「場所中心的自己」）です。サッカーやラグビーの一流選手は、上空から自分を含む風景全体を俯瞰的に見取ることができるといいます。それにより、どこにスペースが空いており、どこのラインから味方のプレイヤーがサポートに走り込んでくるかを察知できます。フィールドという場と一体になり、超越的に自分や全体を見ることができる自己がいるのです。こうした場所中心的自己は、スポーツの世界に限らず修練を積めば誰でも獲得できます（能を大成した世阿弥は、「離見の見」という言葉で表現しました）。

環境に身を置くこととは、「自己中心的自己」ではなく「場所中心的自己」として、場に自らを埋め込むイメージです。ホンダ創業者の本田宗一郎もトヨタ生産方式を体系化した大野耐一も、自らを現「場」に埋め込むことの重要性を何度も語っています。

トヨタの大野耐一の場所中心的自己

トヨタの元副会長池渕浩介は、若い頃に接した大野耐一について、こんなことを語っています。

「ある先輩は大野さんから『ラインについているあの作業員を見ていろ。動作の中からムダを発見しろ』と指示されたんです。そして、大野さんはチョークで半径1メートルくらいの円を描きました。先輩に向かって、『いいか、この中でずっと立ってろ。トイレは行ってもいい』。その先輩は半日以上、丸の中で立って、何かを見つけようとしていました」

（出所：野地秩嘉『トヨタ物語』日経ＢＰ社、２１７ページ）

大野は、その先輩はじめ若手大卒技術系社員に対して、現場に自分を埋め込むことの大切さを教えたのではないかと想像します。頭でっかちの若手社員は、円を描かれなければすぐに作業員に近づき、そこで思考をめぐらせ、その作業員の動作の中からすぐにムダを見つけたかもしれません。

しかしそれは、自己中心的自己による感知です。大野は、それは期待していなかったのです。あえて、距離を置いたところに円を描き、そこに立ち続けさせることで、場に埋め込まれた「場所中心的自己」のあり方を体感させたのでしょう。作業員を「見る」のではなく、作業員のいる場の一部になる。自他分離の自己ではなく、自他非分離の自己になる。そういう存在になれてはじめて感知できる情報があり、それが重要なのだと大野は教えたかったのだと思います。

本田宗一郎の場所中心的自己

本田宗一郎は、創業当初から「現場・現物・現実」の三現主義を言い続けてきました。「場」への向き合い方を示していますが、その意味を理解する上でホンダのグローバル化にともない制定された「ホンダＷａｙ」に記載された三現主義の英訳が参考になります。

We go to the actual place where things happen,
We learn about the actual situation,
We are realistic.

actuality と reality はともに、「現実」の意味ですが、微妙にニュアンスが異なります。それをうまく使い分けていると思います。その違いを、野中郁次郎一橋大学名誉教授はこう説明しています。

絶えず変化する世界において、「いま・ここ」の文脈そのものに入り込み、進行している出来事の只中に身を置き、全人的に何かに焦点を置いて、主客未分の境地で感じとるのがアクチュアリティです。アクチュアリティは、常に変化し続ける「コト」的現象であり、動詞的に現在進行形で体験している現実です。

一方でリアリティは、物事から距離をとって傍観者的に観察することで見えてくる「モノ」です。基本的にそのときどきの状態を切り取って固定化された現実なので、対象化しやすく、科学的分析に適した現実であるといえます。

（出所：野中郁次郎、山口一郎『直観の経営』ＫＡＤＯＫＡＷＡ、２５３ページ）

この説明があると、三現主義の意味が理解しやすくなります。本田宗一郎も、場所的自己にこだわっており、現場をactualな存在と見なし、そこに「入り込む」ことで本質が感知できると考えたのです。本田も大野と同じように、環境に身を埋め込むことの重要性を語っているのです。

両社に限らず日本企業の現場主義は、いまだに根強いものがあります。現場主義とは、既存知識や思い込みに頼らず、自己を消して素直に「場」に身を置くことで有益な情報を感知する姿勢ということもできそうです。それは、生産現場に限りません。

「場所中心的自己」として、場に自分を埋め込んだ感覚は、筆者も経験したことがあります。インタラクティブな形式で行なう企業研修で講師をしたり、後方でオブザーブしていると、まれではありますが、ほとんどの受講者の気持ちがつかめて、操れるような感覚をもてることがあります。

その場は、いわばラーニング・コミュニティという、講師と受講者がひとつの生命体のようなかたまりになっている、とても心地よい状態です。そういうときの学習効果はとても高いものになります。運動選手が「フロー」状態になると最高のパフォーマンスを出せるといわれていますが、集団の「フロー」状態といえるでしょう。同じような現象を、クリスチャン・マスビアウは以下のように描写しています。ヒーンという講師による交渉に関する幹部向け研修での１コマです。

その瞬間、緊張の糸が切れた。室内がまるでひとつの生き物のようにヒーンの洞察を吸収した。講師と受講者がその場で「ひとつ」になったのである。（中略）指導だろうが、複雑な紛争の仲介だろうが、ヒーンは複雑な人間のシグナルを「川の横断」として読み、経験全体を表現する。

（出所：クリスチャン・マスビアウ『センスメイキング』プレジデント社、３０２ページ）

研修という特殊な場だから起きたのではなく、日常の業務の中にも同じようなことは起きているのではないでしょうか。それは、参加者が同じ場の中に埋め込まれて、相互依存関係で結ばれているから起きることだと思います。こうした状態は理想ですが、そこまでいかずとも、一人ひとりが置かれた場に自らを埋め込み、エネルギーの只中に身を置くことは可能だと思います。そうしたときに、ヒトの感知センサーは敏感になります。

映画「燃えよドラゴン」Don't think, feel

映画「燃えよドラゴン」での、ブルース・リーの有名な台詞です。

感知とは、考えてつかむものではなく感じるものであり、それは訓練で習得できるスキルだと思います。訓練の第一歩は、作家ブレイディみかこのいう「他者の靴を履く」、つまりエンパシー能力を高めることです。「他者の考えや感情を想像する能力」とされますが、相互依存関係を結ぶには必須のスキルです。その能力があってはじめて、敏感に「感じ」、感知することができるのです。そのためには、それを妨げるヒトの特性も理解しておかなければなりません。ヒトは過去の知識や経験から、自由に知覚することは難しい生き物だからです。

「非注意性盲目」ヒトはかなりいい加減

次に、ヒトの知覚能力は、果たしてどの程度信頼できるものかを考えてみます。実は、はなはだいい加減なものなのです。

感覚器の代表といえば視覚です。感覚情報は感覚器から固有の神経線維により脳に伝達されますが、五感のうち最も多い視覚情報用の神経線維は、両眼合計で160万本です。次に多い聴覚情報用は約4万本。ヒトは、圧倒的に視覚情報に依存していることがわかります。

しかし、視界に入っていることと、見えている（視覚情報が流れる）ことは、まったく異なります。それを証明したこんな実験があります。

被験者たちにバスケットボールの試合の映像を見てもらい、パスの回数を数えるように指示します。コートの後ろを、傘を差した女性が通り過ぎます。いたって不自然です。しかし、被検者の大部分は女性に気づきません。次に傘を差した女性ではなく、ゴリラの着ぐるみを着た人に通り過ぎてもらいます。ゴリラは傘を差した女性の2倍の時間映り、しかもただ通り過ぎるのではなく、まっすぐカメラのほうを向いて、胸を叩きドラミングまでしました。

それでも、半分の被験者は気づきませんでした。一方、パスの回数を数える作業を指示せずに同じ映像を見てもらったグループは、全員が傘の女性もゴリラも見落とすことはありませんでした。

（参考：エイミー・E・ハーマン『観察力を磨く　名画読解』早川書房）

脳は感覚器から情報を入力する際に、一部に注意を向ければ、他の情報を犠牲にしてしまいます。脳はできるだけムダなエネルギーを使いたくないのです。それゆえ、ヒトは注意の対象を外れた情報に対しては盲目となります。それを「非注意性盲目」といいます。しかし、ヒトはなかなかそれを認めることができません。裁判での目撃証言は、かなりいい加減なものなのです。誰もが陥る落とし穴ではありますが、「視界に入る≠見えている」ということを自覚するだけで、非注意性盲目による損害を減ずることはできるでしょう。

「認知バイアス」ヒトの意識がもたらす歪み

前節では、ヒトの「非注意」がもたらす入り口段階での観察力のいい加減さを示しました。次に、ヒトの「意識」がもたらす知覚や知覚の歪み（認知バイアス）について説明します。

ヒトが組織の感覚器の役割を果たす以上、感覚器としての精度が高いことが期待されます。しかし、ヒトには意識が備わっているため、外部からの情報をストレートに受け入れることは、2つの意味で難しいのです。その結果、経験に基づく信念や願望にかなう情報のみを選択して取り入れることになるわけです。それを「選択的認知」といいます。

ひとつは、感知する時点ですでに経験や思い込みの影響を受けてしまう点。それが起きるのは、ヒトが認知エネルギーをできるだけかけないように設計されているため、すでに保持した情報はなるべく書き換えたくないからです。早く楽にスッキリしたいという、エネルギー節約のためのバイアスです。

もうひとつは、不快な状態に自己を置きたくないという性質です。不快になるのは、自尊心を満たせないでいるとか、自己の一貫性が保てなくなるといった状態のときです。不快感回避のためのバイアスです（図表5-2）。

図表5-2　認知バイアス

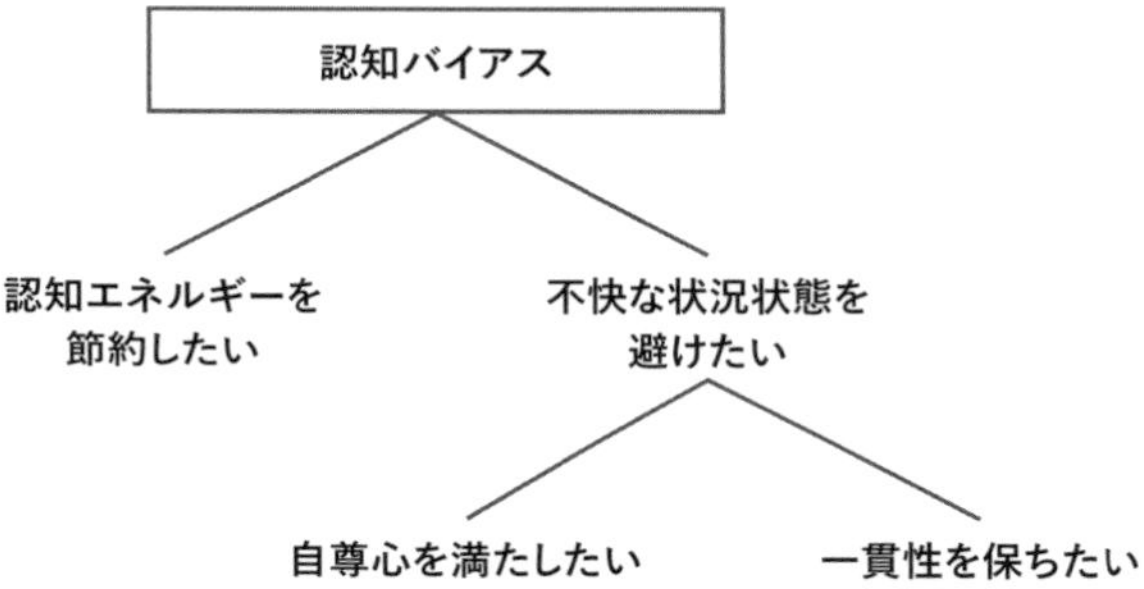

まず、代表的な節約のための認知バイアスをあげておきます。

節約のために①　確証バイアス

個人の先入観に基づいて他者を観察し、自分に都合のいい情報だけを集めて、それにより自己の先入観を補強するという傾向です。いったんある決断を行なってしまうと、その後に得られた情報も、決断を肯定するように解釈する傾向を指します。

バブル崩壊後、住宅金融専門会社（住専）の経営が悪化し社会問題になったことがあります。当時の政府は、その原因を景気悪化によるものだと判断し、公的資金注入といった抜本的対応はせず、多くの金融機関に奉加帳を回し資金を集め、それでテコ入れしようとしました。政府は、循環的景気悪化が原因であるとの理由をいろいろと示し、渋る金融機関を説得したのです。しかし実際は、景気が回復すれば住専も復活するという段階ではなく、その後の金融機関の倒産の連鎖につながっていきました。

政府は、一時的景気悪化が理由だという信念をもっていたために、それに確証を与えるような情報のみを受け入れたのです。そうした情報だけから、いよいよ信念を強くします。

当時、「これは一時的な景気悪化ではなく、構造的変化だ」という意見もありましたが、ほとんど無視されました。しかし、本来はその信念が間違っているかもしれないという側の情報（この場合は構造変化）を、論理的に否定しなければならないはずです。政府は、確証バイアスに縛られていたといえるでしょう。

節約のために② ハロー効果

ある対象を評価するときに、それがもつ顕著な特徴に引きずられて他の特徴についての評価が歪められる現象のこと。たとえば、ある分野の専門家が専門外のことについても権威があると感じてしまうことや、外見のいい人のほうが信頼できると感じてしまうことなどがあげられます。ハロー効果は、よい印象から肯定的な方向にも、悪い印象から否定的な方向にも働きます

ひとつの情報だけを取り上げ、それを他の分野にも適用することで、判断のスピードを上げられますし、認知エネルギーの節約にもなります。「有名人が使っている製品だからきっといいに違いない」、というバイアスを利用した宣伝に、昔から人間は弱いのです。

節約のために③ 正常性バイアス

自然災害や火事、事故・事件などといったなんらかの被害が予想される状況下にあっても、自分にとって都合の悪い情報を無視したり、「自分は大丈夫」「今回は大丈夫」などと過小評価してしまう人の心の特性です。

２０２１年、自分は新型コロナにかからないからワクチンを接種しないという人が、少なからずいました。また、東日本大震災前には、地震が起きても原発事故は起こらないと、原子力ムラの住人は信じていました。根拠のない自信ほど怖いものはありません。

節約のために④ アンカリング効果

ある事象の評価が、ヒントとして与えられた情報に引きずられてしまうことです。

既存の情報を参照することで、認知エネルギーを節約できます。ただ、安易な情報に飛びつき、参照することは危険です。２０２１年、コロナの人口あたりの感染者数や死亡者数を、先進国と比較して日本は異常に少ないと、政府関係者は述べました。

それはたしかに事実でしたが、東アジア諸国と比較すれば日本は最悪の状況でした。政府は、根拠もなく先進諸国の数字をアンカリングとして利用したのです。何を参照するかで、評価はまったく異なります。情報操作に悪用されやすいので、注意が必要です。

次に不快感から逃れるための認知バイアスです。

不快感から逃れるために① 認知的不協和

ヒトはあえて合理的な判断を避けて、非合理な判断を選択することがあります。以下の実験を見てみましょう。

バッタ数匹を焼いて被験者に食べさせる実験です。実験者は食べることを勧めます。半分の被験者は、いやいやながらも食べました。ひとつのグループでは勧める実験者は優しく親切な人だとの印象を与え、もうひとつのグループの実験者は意地悪な印象を与えるように操作しました。どちらのグループの被験者のほうが、バッタを美味しいと感じたでしょうか。優しい印象の実験者から勧められた被験者のほうが、美味しいと感じたと思うかもしれません。しかし結果は反対でした。意地悪そうな実験者に勧められた被験者のほうが、相対的に美味しいと感じたのです。理由はこうです。優しくて好意を感じる人から勧められたものを食べるのは、ある意味自然です。一方、感じ悪い人の勧めにしたがったこと自体、気分が悪い。ましてや勧められて食べたのがおぞましいバッタであれば、尚更食べた自分が許せない。不快です。この不快感をなくすには、バッタが美味しいと感じるしかない。そうすれば、不快感を減らすことができる。だから、美味しいと感じるように意識を操作したのです。

（参考：小坂井敏晶『社会心理学講義』筑摩選書）

最初にこの現象を実証したレオン・フェスティンガーは、このようなヒトの心理特性を「認知的不協和」と呼びました。ヒトは不協和つまり心理的な矛盾状態に置かれれば、合理的に導かれる意志は揺らぎ、不協和を解消する方向に意見を変えます。さらには、他者から説得されたのではなく、自らを説得して意見を変えるため、その意志は非常に強固なものになります。ヒトは合理性よりも心理の一貫性を重視するのです。

認知的不協和は、個人だけでなく組織にも起こるようです。福島第一原発事故の後、多くの先進国の政府や原発関連企業は原発事業に対して、明らかに後ろ向きになりました。

しかし、当事国企業である日立や東芝は、逆にアクセルをふかしたように見えました。東芝は、２００６年に６４００億円で原発事業会社ウェスチングハウス社を買収していましたが、福島第一原発事故後の２０１５年には、米原発建設会社ＣＢ＆Ｉストーン・アンド・ウェブスター社も実質ゼロ円で買収しました。ところが、この会社は７０００億円もの負債を隠しており、これが東芝破綻のきっかけとなったのです。

なぜ、東芝は原発事業から撤退するどころか、追加買収にまで突き進んでいったのでしょうか。原発が実質的には国策事業であるため、自社の判断で撤退など決定できなかったのかもしれません。政府は安全第一といいながらも、本音では原発廃止どころか事故前の計画通り増設をはかる意志には固いものがありました。民間企業としては高まるリスクを考慮すれば、撤退に進むのが合理的でしょう。しかし、それは不可能。

経営者は、そこに大きな認知的不協和を抱えることになります。ましてや、東芝経営陣はこれまで政府と二人三脚で原発を推進してきました。撤退は、経営陣のこれまでの判断を否定することになり、心理的一貫性を保てなくなります。そこで原発事業に関して、これまで以上にアクセルをふかすことで、不協和を解消するようになっていたのではないでしょうか。原発事業はこれからも有望であり、競合が次々と手を引く中、こんなチャンスは二度と来ない、投資を増やすべきであると。一度そういう意思決定を下したからには、これまで以上に原発事業に経営資源を振り向けざるを得なくなります。

バッタを自ら進んで食べたのだから、それは美味しかったのです。そして、決めたからにはその信念はどんどん強固になっていき、後戻りできなくなる。その後、東芝は実質的には解体されてしまいました。日本を代表する企業でも、いやだからこそ認知的不協和に抗うことはできなかったのでしょう。

不快感から逃れるために② 基本的な帰属エラー

第2章で説明したように、ヒトは他者の行動の原因を類推する際に、いろいろな可能性がある中で、取り巻く状況にその原因を求めるのではなく、相手の意図（気持ちや心）といった内面に原因を求める癖があります。反対に自分の行動については、内面よりも外的な状況にその原因を求める傾向があります。こんな言い回しをするのが典型です。「後輩のX君の営業成績がふるわないのは、やる気がないからだ。私の営業成績がふるわないのは、前任者がすべて刈り取った後で、ペンペン草も生えない状況だからだ」。いわゆるご都合主義です。自分が不快にならないように都合よく原因を調整するのですが、案外それに気づかないものです。

不快感から逃れるために③　内集団バイアス（身内びいき・ネポティズム）

同じ集団に所属する人に対していい評価をしたり、いい印象を受けやすい傾向があることです。オリンピックでは自国の選手を応援します。同じ大学出身というだけで、急に親近感が湧いたりします。自分と自分が属する集団を同一化して、快く感じるほうにバイアスをかけるのです。連帯を強めるのにはいいことですが、裏返せば排他的になることにもなり得ます。本来は利他的なヒトも、内集団バイアスにより、他集団と協調ではなく競争関係に陥ってしまうこともあります。

不快感から逃れるために④　ダニング＝クルーガー効果

能力の足りない人は、自身を過大評価する傾向があります。人事評価において、自己評価は他者評価より約3割高いといわれてきました。自分を高めに評価するのは、自尊心からと理解できます。「夜郎自大」という言葉は古代中国からあったそうで、ヒトの普遍的な性質なのでしょう。

一方、能力の高い人は、相対的に他者を高めに評価するそうです。なぜでしょうか。自分が簡単にできることは他者もできるはずだと思い、無意識にハードルをあげるのでしょう。これも心理的な一貫性維持のなせる業かもしれません。個人的体験で恐縮ですが、筆者の能の師匠は代々の能の家柄で、幼少期から厳しい稽古を積んでいます。そうした師匠にとって、筆者のような素人がなぜうまくできないかを理解することは、本質的には難しいと思われます。それに対して、大人になってから能を学びプロになった先生は、自分ができないところから始めているので素人のできなさ加減を理解できます。それゆえ合理的にわかりやすく指導します。

初心者にとっては、後者のほうが学びやすいことはたしかですが、それがいいかと問われるとわかりません。ブルース・リーではありませんが、今は理屈で考えて学ぶより、「感じる」ことで学ぶほうが最終的には遠くまで行けそうな気がしています。

ここまでは、感知（知覚）する際に起こる心の作用について整理してきました。感知した後にも、起こる心の作用があります。

「自己知覚理論」自分で理由を捏造する

ヒトは感知したとき、なんらかの理由を推測するでしょう。最近取引先のアポがとれないのは、ウチとの取引を切ろうとしているからに違いない、などと。ヒトは自分の行動の理由も推測し、それどころか確信してしまいます。こんな実験があります。

女性用ストッキングをスーパーマーケットに展示します。4足を見本として吊るし、通りがかる客に、市場調査だとしてそれに触れながら4足の評価をしてもらいます。客には4足はタイプが別のものと伝えますが、実際はまったく同じものです。当然、同じ評価がなされると思うのですが、実際の回答は異なります。一番右側の商品のほうが高い評価を得たのです。それを高く評価した理由を聞くと、「肌触りがいい」とか「丈夫そうだ」などと、もっともらしく回答します。右側だからではないか、と問うと、そんな不合理な理由で選ぶはずがないという回答しか得られません。

（参考：小坂井敏晶『社会心理学講義』筑摩選書）

なぜ、右側の商品を選ぶのかは不明です（右利きが多いからとか、視線は左から右に移動するからといった理由での陳列ノウハウはあるようです）。ただ、客は誠実に分析して、右側のストッキングがよい理由を答えています。本当は選んだ理由などないのに。自分で捏造しているとしか考えられません。ヒトは、なんらかの理由で感知したからにはその理由が必要で、なければでっち上げることも厭わないのです。これを「自己知覚理論」といいます。理由があるから結果があるのではなく、結果があるから理由をつくる。ヒトの感知ということも、自分が思う以上に曖昧なものです。他者が絡むと、さらに曖昧になります。

簡単に他者に影響されてしまう

たとえ、認知バイアスなどに妨げられず適切に感知したとしても、それを貫くのは案外難しいものです。ヒトは他者の意見に同調して、自分の考えを簡単に変えてしまうからです。心理学者のソロモン・アッシュによる以下の実験によって、人は簡単に考えを変えてしまうことが証明されています。

被験者はお互いに知り合いではない学生8人で、コの字型に座ります。全員に2枚の図が、

図表5-3　アッシュの線分実験

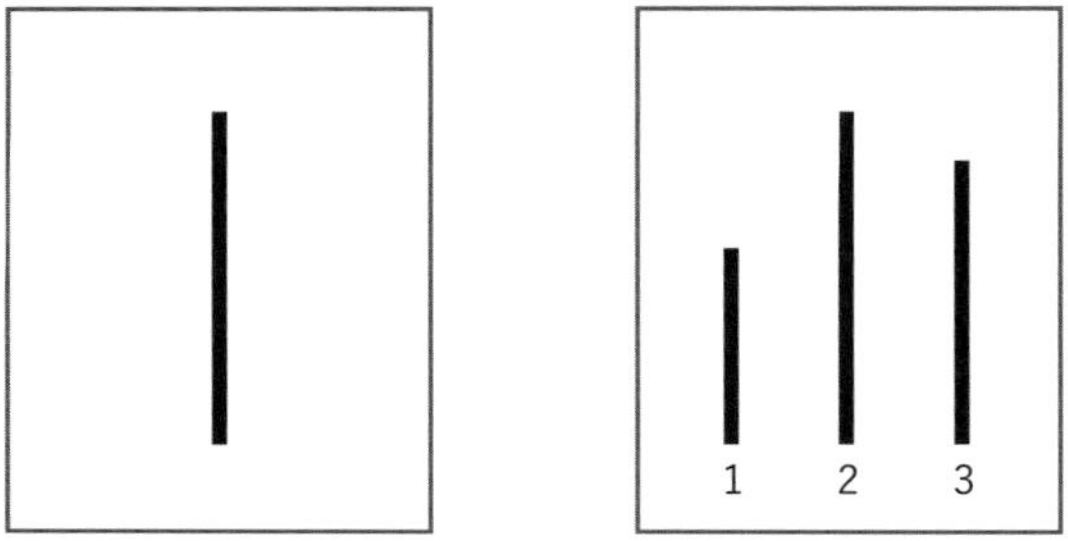

基準線

被験者に提示されます（図表5-3）。一方は約20センチメートルの線分（基準線）で、他方は長さの異なる3本の線分。そのうちの1本が基準線と同じ長さです。この3本の中から、その基準線と同じ線分を選ばせるという実験です。長さの違いは歴然で、間違えようもありません。8人のうち、本当の被験者は7番目に回答する者だけで、他の7人はサクラです。3本の長さを少しずつ変えながら18回試行しました。18回のうち12回は、サクラは全員誤った回答をします。そのとき、被験者はどう回答したでしょうか。誤っているサクラに同調して回答する比率が32％もありました。サクラがいなくなれば、誤った回答はしなくなります。

（参考：山岸俊男編『社会心理学キーワード』有斐閣双書）

この実験からわかるのは、約三分の一の人は明らかにそれが間違いだと思っていても、周囲の人々に同調してしまうという事実です。人は、それほど集団内の他者に影響されやすいのです。同調圧力の強い日本では、もっと多くの人が同調するかもしれません。このように、ヒトはあらゆる影響を受けて感知をする、危うい生き物なのです。

認知バイアスを回避する

では、どうすればこれまで紹介したようなヒトの普遍的な性質から逃れて、知覚の精度を高めることができるのでしょうか。２つの方向から考えましょう。ひとつは、バイアスに打ち勝つための方策、もうひとつはより好ましい感知ができるようにするための方策です。

まずバイアスに打ち勝つための方策です。自己の経験や記憶に基づく内部モデルからの想起によって解釈するというヒトの本性からすれば、そのリスクは容易には避けがたく、普通にしていれば、ヒトは「見たいものしか見えない」のです。そこで、３つの対策があります。ひとつめは事実にこだわること。２つめは、判断を留保すること。３つめは、他者の視点を加えること。

認知バイアスは、ヒトが解釈をショートカットするための仕掛けです。ショートカットが危険だと思われたときには、あえて認知エネルギーを使ってじっくり考えたり感じたりすることが必要です。そのための方法が、徹底的に事実にこだわる姿勢です。

トヨタの現地・現物がまさにそれです。他人からの伝聞や書物などの二次情報に頼らず、必ず現地現物の一次情報に触れる。二次情報とはすでに誰かのフィルター（思い込み）を通しており、なんらかのバイアスがかかっていることは否めません。だから、自分の身体で一次情報に直接触れるべきなのです。これは、誰かのフィルターだけでなく、自分自身のフィルターからも逃れる方法です。

2つめは、判断を留保する癖をつけること。ヒトはそれぞれの内部モデルという、独自の世界を保持しています。また、ヒトはある現象に触れたとき、理由を見つけ因果関係を推測せずにはいられません。そうした特性によって、非力なヒトも生き延びることができました。しかし、それは性急な結論づけによる間違いを起こしやすいことの裏返しでもあります。

精神分析のジークムント・フロイトも現象学の創始者エトムント・フッサールも、その点を指摘してきました。フッサールは、観察者が自らの偏見や主観を消し去って、純粋無垢な目を手に入れるために、判断留保すなわち「エポケー」をすることを提唱しました。感知した情報について想起したことを、排除するのではなくいったんカッコに入れておき、さらに観察する。これはなかなか忍耐力が必要ですが、訓練で習得できます。

特に日本で教育を受けた人は、正解のない、つまり因果関係が見えない状態に対する耐性が著しく低い傾向があると思います。企業研修で、正解のないケース・メソッド（経営者の立場での意思決定を問う。実際の意思決定を知っても、それが正解とは限らない）を行なうとよくわかります。**ケース・メソッドの目的は、自らが経営者になったつもりで思考することなのですが、思考力の低い受講者ほど正解を求める**傾向があります。

講師が、「現実のビジネスに正解はない」と返すと、「それなら講師は何が正解だと考えるかを教えてほしい」と食い下がる場面もよくあります。実際の経営にも正解はありません。安易に正解を見つけ出すのではなく、わからないという不快な状態に耐えながら思考を深める能力（ネガティブ・ケイパビリティ）を身につけることが、今後ますます重要になってくるでしょう。安易に他人の意見や自分の思いつきに飛びつかず、それをいったんカッコの中に留め置いて、他の考え方をしつこく模索する「知的強靱さ」を鍛えるべきなのです。

トヨタ生産方式の生みの親である大野耐一は、「先入観を持たず、白紙になって生産現場を観察せよ。あらゆる対象に対して、5回の『なぜ』を繰り返せ」（参考：大野耐一『トヨタ生産方式』ダイヤモンド社）と説きました。エポケーすることで自分の思い込みを疑い、5回のなぜを発することができるようになるのです。そして真因にたどり着く。それを「型」にまで高めたところが、トヨタのすごさです。3つめの、他者の視点を付与することは、第6章での主要テーマなのでここでは省きます。

解像度を上げたフィルターを通す

次に、誤りの原因となるバイアスを回避する方策ではなく、より質、量ともに高いレベルの感知能力を獲得する方策を考えてみましょう。

ひとつめは、解像度を高くしたフィルターをかけること。認知バイアスはプリズムのように、入ってきた光を歪めましたが、強制的にフィルターすなわち多角的視点を加えることで解像度を上げるのです。赤、青、黄色の三原色のフィルターを使ってあらゆる色を表現することができるように。神父で古生物学者のテイヤール・ド・シャルダンは、見る力を高めるために、養うべき七つの感覚をあげています。これについて、作家の立花隆はこういっています。

……我々もこれからもっとよりよく見る力を身につけるために、新しい感覚を養う必要があるというわけです。そしてここに、養うべき七つの感覚をあげているわけです……

（出所：立花隆『サピエンスの未来』講談社現代新書、１１４ページ）

図表5–4　見る力を高めるために養うべき七つの感覚

①広大さと微小さの中に感ずる空間の無限さの感覚
②深さに対する感覚
③数に対する感覚
④比率の感覚
⑤質の感覚、もしくは新しいものに対する感覚
⑥運動に対する感覚
⑦相互の関連に対する感覚

出所：立花隆『サピエンスの未来』講談社現代新書（114ページ）より作成

シャルダンの「七つの感覚」を端的に示すと図表5–4のようになります。それぞれの感覚を筆者なりに解釈してみたいと思います。七つの感覚についての表現を『サピエンスの未来』から引用し、それに対する解釈を書き添えていきます。

①広大さと微小さの中に感ずる空間の無限さの感覚。われわれのまわりにひしめく事物を、測りしれない半径の球体の内部にあるものとして、分解し組み立てる感覚

（筆者の解釈）→ミクロからマクロまでを一望し、その中で構造的に捉える

②深さに対する感覚。われわれの鈍重さがいつも過去という薄片に収縮させがちな諸事象を、無限の連鎖に沿って、無限の

時間の間隔に押しもどそうと努める感覚

（筆者の解釈）↓無限の流れの中で時間を捉える

③数に対する感覚。宇宙のもっとも小さな変化にも与っている、物質や生命の要素の驚くほどおびただしい数を、眉ひとつ動かすこともなく、発見し、感知する感覚

（筆者の解釈）↓ミクロからマクロまでを一望し、その中で数を使って（必要に応じて、指数関数などスケール調整して）捉える

④比率の感覚。種々様々の大きさとリズムによって、無限な広がりと微細なものとを区別し、また星雲と原子とを区別している縮尺の差をどうにかこうにか実感し得る感覚

（筆者の解釈）↓ミクロからマクロまでを一望し、その中で相似形で捉える

⑤質の感覚、もしくは新しいものに対する感覚。世界の物質的な統一性をこわすことなく、自然のなかで完成したものと成長するものとの絶対的な諸段階を識別するにいたる感覚

（筆者の解釈）↓質的変化を捉える

⑥運動に対する感覚。きわめて緩慢な動きのうちにかくされている抑えがたい発展を知覚し、また休息というヴェールの下につつみかくされている激しい動揺を知覚し、さらにまた同じ事物の単調な繰り返しの中心に、まったく新しいものが滑り込んでくるのを知覚することができる感覚

（筆者の解釈）↓運動の根底にあるはたらきを捉える

⑦相互の関連に対する感覚。継続するものとか、集団をなしているものとかいわれる皮層的な並置のもとに、物質的な関連と構造の統一性を発見する感覚
（筆者の解釈）→関係性を捉える

（出所：前掲書、１１４ページ）

かなり詩的で難解な表現ではありますが、表面的に「観察」するのではなく、「洞察」するための重要なチェックポイントだと思います。たとえるなら、海上に浮かぶ氷山の一角を見るのが「観察」で、海面の下の氷山の全体像に思いを馳せるのが「洞察」です。こういう感覚を常に意識することで、感知する能力が養われるのです。

スーパーマーケットで着想したカンバン方式

トヨタ生産方式の柱のひとつであるカンバン方式（ジャスト・イン・タイム）を、アメリカ出張時のスーパーマーケット視察で着想した大野耐一が、どのようにこれらの「感覚」を使って感知したのかを、読み解いてみましょう。

１９５６年、大野はアメリカに渡って生産現場を視察する。ＧＭやフォードの工場も訪れたが、彼が新たなヒントを得たのは別の場所だった。スーパーマーケットである。日本

ではまだ普及していなかったが、アメリカではスーパーマーケットでの買い物はすでにライフスタイルに組み込まれていた。そこでは、顧客が必要とする品物を、必要な時に必要なだけ入手することができる。これを生産工程に応用しようというのだ。

大野は以前から工場にスーパーマーケット方式を導入する研究を進めていたが、実際に現地で合理的な店の仕組みを見て、アイデアをふくらませていった。スーパーマーケットを生産ラインにおける前工程とみなすと、顧客は後工程にあたる。顧客が必要な物を必要な時にスーパーマーケットに買いに行くように、後工程は必要な部品を必要な時に前工程に取りにいく。前工程は後工程が引き取っていった部品を補充すればいい。これによってジャスト・イン・タイムが実現するわけである。

そこから生まれたのが、**かんばん**である。かんばんといっても広告用のパネルではなく、四角いビニール袋に入れられた小さな紙切れのことだ。そこには、何をどれだけ引き取るか、何をどのように作るかといった情報が書き込まれている。かんばんの指示にしたがって部品を作れば、常に必要な数量だけが各工場間で受け渡される。その結果、各工程における在庫は解消することになるのだ。（中略）

「生産の方式は米国式の大量生産方式に学ぶが、そのまままねするのではなく〝研究と創造〟の精神を生かし、国情に合った生産方式を考案する」

1933年に喜一郎が打ち出した国産乗用車開発の方針にはそう書かれていた。大野が実現したのは、喜一郎が抱いた夢そのものだったのである。

〈出所：GAZOO「〈自動車人物伝〉大野耐一…〝トヨタ生産方式〟を確立した男」https://gazoo.com/feature/gazoo-museum/car-history/14/03/19/）

スーパーマーケットのお店とお客の関係を、生産現場の前後工程と同じ構造だと捉えること、さらにお客の家庭での商品の蓄えと生産工程での在庫を同じことと捉えたのは、「①広大さと微小さの中に感ずる空間の無限さの感覚」と「④比率の感覚」が活かされています。まったく異なる2つのものを、いわば相似形と見立てたのです。

また、スーパーマーケットの便益を、店員の手間を省くという視点ではなく、時間短縮と見定めたのは「②深さに対する感覚」や「③数に対する感覚」です。

そして、スーパーマーケットでは、後工程（客）は自分の意志で必要なときに前工程（店）に取りに行くという一連の作業に着目できたのは、「⑥運動に対する感覚」が活かされたからに違いありません。

店とお客、そして生産工程における前後工程を、それぞれ統一体と見なしたのは、「⑦相互の関連に対する感覚」があればこそ、です。

広いスーパーマーケットを、そのように切り取って見ることとは、簡単ではないでしょう。豊田喜一郎は、完成したアメリカの生産方式を学ぶが、同じものをつくるのではなく、自分たちに合った質的に違う新しいものをつくるのだとの方針を宣言しています。その差を識別する「⑤質の感覚」を、大野は喜一郎から学んでいたのかもしれません。

こうした感覚を研ぎ澄ませていた大野も、それまでの長く深い経験の蓄積があったからこそ、カンバン方式を生み出すことができたのは間違いありません。

経験を積み、問題意識を持ち続ける

感知能力を高める2つめの方法は、知覚に影響を与える想起の元になる経験や記憶への働きかけです。ヒトは感覚情報を受容しても、それを解釈するための材料をもたなければ、知覚できません。以前にも述べたように、リンゴに触れたり食べた経験がなければ、リンゴを見ても単なる赤い球体としか知覚できません。これはあらゆる対象にもいえることです。したがって、豊かな経験や知識をもつことが、感知能力を高めることにつながるのです。慶應義塾大学教授の安宅和人は、3つの経験を積むことを推奨しています。

知覚を広げる「経験」には、日常生活や仕事、学習などで新しいものを見聞きする「知的経験」、人との付き合いや関係、文脈特有のアナロジーなどから学ぶ「人的経験」、それらの知的、人的な経験の深さの上で、多面的、重層的にものを見て、関係性を整理する「思索」の3つがある。

（出所：安宅和人『シン・ニホン』NewsPicksパブリッシング、181ページ）

ただ、これらの経験をたくさん積んだとしても、それだけでは宝の持ち腐れです。同じような経験を積んだ人が同じものを見たとしても、そこから意味を見出せる人と見出せない人がいます。その違いを生むのが、**経験をどこに向けて活用するのか**という「志向性」です。現象学に基づいて、「志向性」を説明しましょう。

意識は、何かの対象や事態に「向かって」いき、それを探し求めたり注意深く観察したりします。このように対象や事態に向かいそれを目指すことを、フッサールは意識の根本的な特質と見なし、「志向性」と呼びました。意識して向き合う（反省する）ことによって、主観的体験（＝現象）が意識に現われてきます。そして、同時にその対象に向かう意識の「志向性」が働き出し、この志向性がその対象をなんらかの「意味」において捉えるのです（図表5－5）。

大野のこれまでの生産現場における豊富な経験と生産性向上に対する執拗な思索が相まって、スーパーマーケットの様子を主観的に見るという体験に、意識が生産効率の方策探索という「志向性」を与え、その結果カンバン方式という「意味」が生成されたのだと解釈できます。

図表5-5　意識の志向性

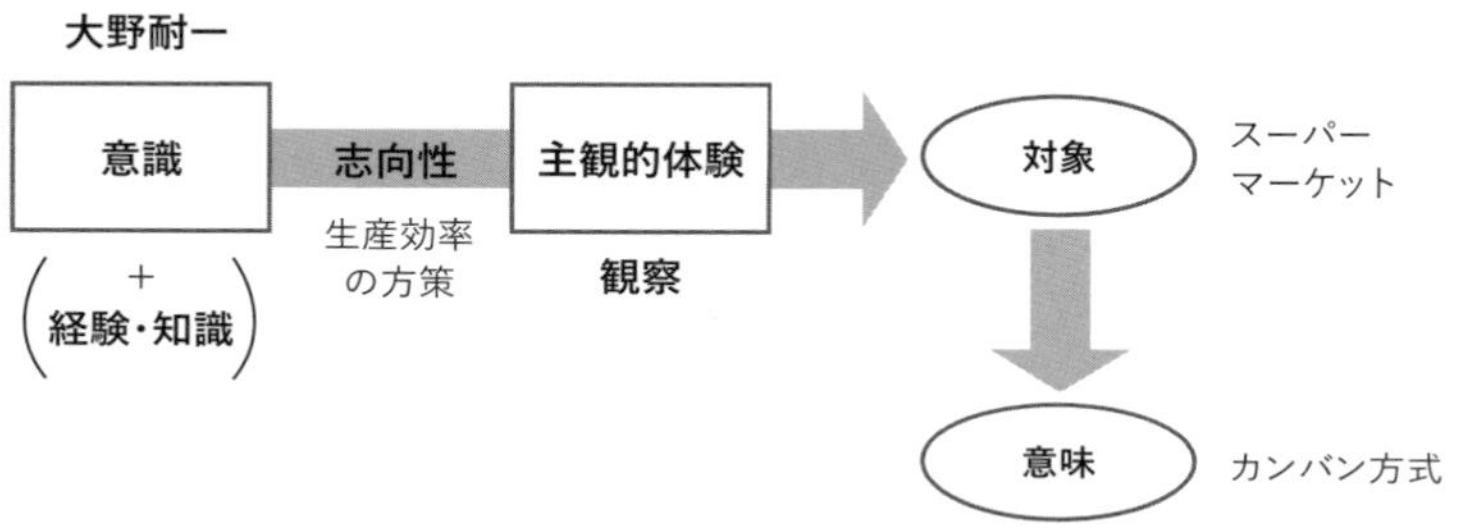

　したがって、有益な感知をするためには、過去の経験の蓄積と執拗な思索に加え、新たな受容情報に対して志向性を稼働させることが重要だとわかります。知識や経験は、志向性をともなってはじめて新しい意味に結実します。いわば志向性という網を、受容した感覚情報にかける姿勢が大切なのです。

　同じものを見ていても、見えるものは人によって異なります。志向性は問題意識と言い換えてもいいでしょう。組織としては、個にいかに適切な志向性をもたせることができるかが、重要になります。第9章で説明する戦略的意図が、そのための手段にもなります。

　志向性と意味づけは、発明や発見の場面には不可欠です。たとえば、ＴＯＴＯウォシュレットの開発の際に、一番の難問は水と電気をいかに共存させるかでした。水回りの部品に電気を使うと漏電の危険があります。家電メーカーに相談しても、危険だと断られてしまったそうです。

　頭を悩ませていた開発者は、雨の中で信号待ちをしているとき、信号機が雨に濡れていてもきちんと作動していることに気づきました。すぐに信号機メーカーを訪ね、特殊な樹脂でＩＣをコーティングして水から守る技術に出合えたそうです。単なる雨に濡れる信号機を、ウォシュレットの部品と関連させ、そこに意味を見出したのは、志向性の働きゆえです。

その開発者も、雨の中を歩いているときに漏電しない方法を考えていたのかどうかわかりません（そうだとすれば危険です）。ただ、ヒトはそれを考える時間が長ければ長いほど、脳のニューロンが勝手に連結をはかり続けます（それが「小びと」の働きです）。夢の中でも考え続けるほどです。開発者もそのように、漏電しない方法を考え続けていたのでしょう。だから、偶然見た信号機に志向性がはたらいたのだと考えられます。このように、感知には志向性が不可欠です。

なぜ島社長は危機を感知できたのか

さて、個の視点の最後に、島精機製作所島正博社長（当時）がなぜ危機を感知できたのかを、これまでの分析を使って考えてみましょう。

ひとつは、認知的負荷を下げるための、認知バイアスや同調圧力に屈しなかったことです。

島氏は創業者として、それまで何度も倒産の危機をくぐり抜けてきました。こうした経験は、自らに対して常に厳しい規律を課すことになったことでしょう。認知的負荷を下げることは、「手抜き」に等しいもので、決して許されない姿勢だったに違いありません。ブラックマンデーに直面した際、競合企業の経営者たちは正常性バイアスにとらわれ、いずれもとの景気に戻るだろうと感じた（感じたかった）のかもしれませんが、島氏はそうした淡い期待は持ち得なかったはずです。

2つめは、場所的自己を確立していたことです。二度の危機に際して、無謀とも思える行動をとれたのは、きっと島氏には銀行や商社や競合とは別の世界が見えていたのでしょう。生産現場と製品そのもの、そしてお客さんの声に徹底的にこだわってきた島氏にとって、誰かの意見よりも「事実」が最も重要でした。事実は、「場」すなわち現場にあります。繊維業界や編み機業界という現場に自らを埋め込んで、そこから俯瞰して現状や将来を透徹したのだと想像します。自己中心的自己だけですと、つい目先の保身や楽な道を選びがちですが、自らの存在を消した場所中心的自己は、空間的・時間的な全体観をもたらしてくれます。

経営者ほど場所的自己として環境を俯瞰できる人はいないでしょう。執行責任を負うCOOと、空間的にも時間的にも俯瞰する必要のあるCEOとの本質的違いはそこにあります。

3つめは、本質を「見る」力です。「潮目が変わる」と感じたのは、14年前のオイルショック時と同じ感覚を味わったからです。それは、「絶頂→危機→構造変化→逆張り」という内部モデルが、2つの時期で共通だと気づいたのでしょう。それは、シャルダンが指摘した、「⑥運動に対する感覚」と「⑦相互の関連に対する感覚」を活かすことができたからだと思います。他にもシャルダン指摘の感覚をもって「見る」ことができたはずです。

4つめは、志向性です。危機の経験も原動力となり、常に編み機業界の行先を考え続ける志向性が駆動し、そうした感覚を総動員して感知できたのだと思います。真っ当な経営者は、常に危機感をもっています。それゆえ、常にあらゆる対象物に志向性を当てて企業に役立つ意味を追い求めます。創業者であれば、なおのことです。筆者も何人もの創業経営者と接する機会がありましたが、なんでもつかんでやろうというその切迫感は驚くほどです。

島氏は創業経営者ですから、人一倍感知能力が高いのは当然ともいえますが、経営者ではなくても島氏からはたくさんのことを学ぶことができます。

全社員が毎日改善提案を社長に送る仕組み

ここまでは、個の視点から感知能力を高める方法について整理してきました。以降では、会社が個に働きかけて、感知能力を発揮させるための仕組みを考えていきます。

改善提案は、個から集団や組織へ感知情報を上げていく仕組みです。改善提案を単に思いついたときだけにするのではなく、全社員が必ず毎日行なうという組織ルーティンにしてしまえば、どれだけの影響を組織に与えうるでしょう。

バーコードやＲＦＩＤなどを使った自動認識ソリューションで国内ナンバーワンのサトーホールディングスでは、「三行提報」と呼ばれる改善提案の仕組みを、１９７６年からずっと続けています。毎日全社員と全執行役員（連結従業員数は約５５００人）が、社長に対して提案や報告を３行、１２７文字で書く、いわゆる日報のようなものです（注：現在は、１００〜１５０文字と幅をもたせています）。

ストライキを経験した創業者が「日頃から社員の声をきちんと聞いていればストライキは起きないだろう」という反省から始めました。文章は記名式で、いつ誰が何を書いたか明確にわかるようデータベース化され、その意見を秘書室など社長直属の部署で管理します。たった３行とはいえ、毎日数千件では社長ひとりで全部に目を通すことが難しいため、その専属部署が報告内容を集約し、数十通ほどに整理してそれに社長が目を通します。そして、社長の判断によって、即座に実行される提案も数多くあるといいます。

また、改善提案だけでなく、社員が気づいた些細な意見なども書かれます。それによって、現場でしか気づけなかった情報も、社長に直接届くことで有効に活用されています。たとえば、競合他社の撤退にいち早く気づいた例もあるといいます。

あるとき、三行提報で似たような書き込みが西日本の拠点から発生し、徐々に東の拠点でも同じ情報が出てくるようになったことがありました。それは、ある大手競合メーカーの「撤退」をにおわせる妙な動きを伝えるものでした。その情報が次第に東京へ近づいてくる中、藤田東久夫社長（当時）はなんと、その大手メーカーを直接訪ね、先方のトップに「撤退をしようとしているのか」と問いただしました。その競合メーカーは実際に撤退を決めており、「なぜわかったのか」と驚かれたといいます。その後、両社は協力し合って顧客の引き継ぎを行なうことにし、ユーザーの混乱を避けることができました。

三行とはいえ毎日書く社員も、それを読む社長も大変な労力でしょう。しかし、現場と社長をダイレクトで結ぶことの価値は非常に大きい。社員は思いついた日にだけ書くのであれば、きっと上に受けのいいことを選んで書くことでしょう。それが毎日になればネタ欠乏状態になるため、そんなことを考える余裕もなくなり、飾らない素の意見、少々上の者の耳に痛いことも書くようになります。耳の痛い情報こそ価値があります。そして社長がそれに応えて実行することで、社員は本音を書くインセンティブが高まります。毎日提出する社員の負荷が気になりますが、それを続けられるのは負荷を上回るメリットを感じているからです。上級管理職として中途入社したある社員は、「能動的な情報発信が企業文化として根付いており、風通しがよいため働きやすい」「常に自部署や自身が提報の対象となる可能性があり、いい意味で一定の緊張感がある」「三行提報が社内の一体感を醸成するツールとなっている」とコメントしています。

藤田元社長は、三行提報を「ミクロプロセスとマクロプロセスの結合」と捉えています。ミクロプロセスは社員一人ひとりの日常の行動や考えであり、マクロプロセスは経営トップが全社的な見地から意思決定し行動すること。この２つのプロセスが直結することで、新たな創発が生まれてくるといいます。三行提報は、第４章で述べたミクロマクロループの仕掛けでもあるのです。藤田元社長はこう述べています。

ミクロプロセスは、一つ一つをみれば些細な小事に思えるかもしれない。しかしそれを些末なことだと切り捨てず、トップはまじめに対応していく必要がある。ミクロプロセスは、企業を取り巻く環境全体を反映したものだからだ。〝神は細部に宿る〟という言葉もある。トップがミクロプロセスと対話することは、すなわち企業の置かれた環境全体との対話。そこからイノベーションが生まれてくる。

（出所：ITmediaエグゼクティブ「「どうせ社長には伝わらないよ」をなくすサトーの〝社内版Ｔｗｉｔｔｅｒ〟」http://mag.executive.itmedia.co.jp/executive/articles/1007/23/news015.html）

社員も、「自分たちの声が直接トップに届き、会社を動かすことができる」と感じており、経営への参画意識にもつながります。前の章で紹介したヤマトホールディングスも同じですが、環境と社員と会社が同一化し、個の自発性を引き出す仕掛けがあってはじめて、個の感知能力を高いものにすることができるのです。

本来、ヒトは統制などの障害がなければ、自発的に情報を共有したいはずです。ヒトの本性にかなう組織体制や仕組みをつくるのは大変かもしれませんが、それだけの体力をかける価値は十分あると考えます。

見えない情報を仮説検証であぶり出す

小売業とは、日々変化にさらされている業界です。それを最初に感知するのは、店舗の店員です。店員の感知能力が業績に直結するといっても過言ではありません。では、どうすれば店員の感知能力を高めることができるでしょうか。店員が日々、「どうすれば機会ロスが発生しないように発注できるか」ということに「志向性」をもつことができれば、感知能力は高まることでしょう。機会ロスとは、商品が切れていたばかりに、お客に購入する機会を失わせてしまうことです。

セブン-イレブンがパート店員に発注作業をさせるわけ

そのためにセブン-イレブン・ジャパンがとったのは、他のチェーンではベテランが行なうのが当たり前だった発注作業を、パート店員４、５人に分担させるという方法です。そして、発注作業で最も重視されるのは、機会ロスの最小化です。機会ロスをなくすには、その時点でお客が欲する商品とその分量を予測する必要があります。たとえば、地域のさまざまな行事などの情報は、それぞれが個別にもっている可能性が高いので、パート店員が複数で相談しながら発注することで情報が集まり予測精度が上がります。では、イベント以外のお客の購買行動の変化予測はどうすればいいでしょうか。

セブン-イレブン・ジャパンでは、「仮説・実証・検証のサイクル」をすべての業務の基本にすえており、パート店員もそれが習慣になっています。ただし、販売データで実証できるのは、あくまで発注した商品が売れたかどうかの結果にすぎません。単品管理により、売れ残りと売り切れは数字で確認できますが、もっとたくさん発注していればもっと売れたかもしれないという機会ロスは、数字で把握できません。わかるのは、売り切れの事実だけです。そこで、仮説構築能力が必要になります。

たとえば、ある仮説をもって発注し、少しでも売れ残りがあれば、機会ロスはゼロだとわかります。そして、次は前回よりも少しだけ発注を減らす。そうしたプロセスを繰り返す。仮説検証することで、次にはもっと精度を上げようとの意識が店員に芽生えます。それが敏感に感知したいという志向性を促すことになります。これらを繰り返すことで仮説構築能力が磨かれ、表面上では見えない環境変化などの情報をあぶり出すことができるようになります。

これがセブン-イレブン・ジャパンの、現場での感知能力を高める仕組みです。こうして現場で感知された情報は、業革会議などで意味づけされ全社に展開されていくのです。

この「仮説・実証・検証のサイクル」を組織に徹底させることは、一朝一夕に真似ることはできません。かつて筆者は、ＩＹグループの競合企業から仮説構築能力を高める研修を設計してほしいと相談を受けたことがありますが、実現しませんでした。

志向性を持ち続けるような組織風土を築く

社員が志向性を常にもち、業務時間外であってもアイデアを生み出すことを、ユニ・チャームでは「ホームワーク」と呼んで奨励しています。その一例として、同社の「超立体マスク」の開発をあげています。それはもともと、医師や看護師などの医療機関のプロ向けに業務用として販売していました。たまたま開発担当者が街中で業務用マスクを着用している人を目撃し、それをきっかけに業務用を一般向けに販売するというアイデアが生まれました。同じ場面を目撃しても、パッとひらめく人もいれば、何ひとつ思い浮かばない人もいます。

これは、職業人として常に「自分自身にホームワークを課す」習慣があるかどうかといったわずかな違いによるものだと私は考えています。（中略）

このホームワークを組織全体で促進するには、次の5つのポイントがあります。

①トップ自ら率先垂範し、サラリーマン根性からの脱却を促す
②表面的な人間関係に終始せず、良好なコミュニケーションを組織全体で実践する
③発想の幅を広げるための行動を重視する
④ホームワークを実践する社員を適切に評価する
⑤大勢でわいわいがやがやと楽しみながら仕事をする、明るい雰囲気を醸成する

（出所：高原豪久『ユニ・チャーム　共振の経営』日本経済新聞出版社、112ページ）

社員が常に志向性をもって対象に当たり感知能力を高める、そしてそのための組織風土をつくり上げるのがユニ・チャーム流だといえるでしょう。

第6章 意味づけ

集団で意味づけすることの難しさ

靴のセールスマンが2人、南洋の孤島を訪れた。島の人たちを見ると、皆が裸足である。そこでセールスマンAは、本社に次のような手紙を出した。

「えらいところへ来ました。我々にはまったく用のないところです。誰も靴を履いていないんですから」

ところが、もうひとりのセールスマンＢは、興奮しながら、本社にこんな電報を打ったという。

「素晴らしいところです。まだ誰も靴を履いていませんから、いくらでも靴が売れます」

誰も靴を履いていないという情報から何を感知するかは、当事者の経験や記憶からの想起に基づきます。このセールスマンＡは、過去に靴を履いていない島民ばかりの島で販売し失敗した経験をもっているため、「靴を履いていない島民ばかりの島では靴は売れない」との内部モデルにしたがい、この島も「まったく用のないところ」と感知したのかもしれません。それに対し、Ｂさんはまったく反対の経験をもっていたのかもしれません。

もしあなたがこの2人の上司で、２人からの報告を受ける立場だったとしたらどうでしょう。また、あなたの経験に基づく主観で判断すればいいのでしょうか。そうではなく、きっと職場のメンバーを集めて検討し、集団でなんらかの意味づけを行なうことになるでしょう。しかし、個の感知自体が主観的なものなのに、不確実性のもとでそれをさらに集団内の複数のメンバーによって、ひとつの意味をつくることは容易なことではありません。

この事例では2つの感知情報がもたらされたのですが、きっと他にも可能性はあるでしょう。「意味」の可能性はいくらでもあります。その中から、集団としてのひとつの「意味」をつくり出す必要があるのです。こうしたプロセスは、組織活動のあらゆる場面でも起きることです。

図表6−1　意思決定の精度を規定する「意味づけ」

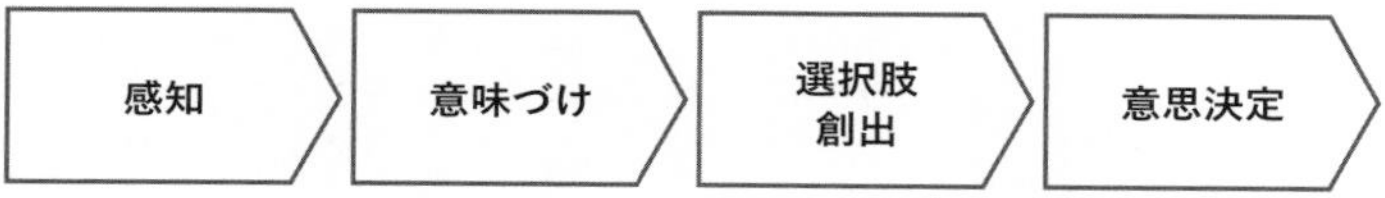

たとえば、新しいプロジェクトを推進するときなどは、数多くの分岐点ごとにある無数の可能性の中から、ひとつの意味をつくり続けていくことが主たる活動になります。ルーティンではない不確実性と多義性に満ち溢れた企業活動の、根幹のプロセスともいえそうです。

　意思決定とは、そこにある選択肢の中から選択することですが、**「意味づけ」は選択肢をつくるのに先立って必要なプロセス**です。意味に沿った選択肢を考案しますから、どんなに意思決定能力が高くても、そこに用意された選択肢の前提となる意味がズレていれば、成功するはずがありません。優秀な経営者であっても、耳に届く情報が間違った意味づけのもとで選択されていれば正しい判断はできません。

　本当に優秀な経営者とは、現場から適切な情報が届く環境をつくることができる人のことをいいます。川上の重要性は高く、かつたくさんの可能性があるだけに、「意味づけ」の難易度は高いものになります（図表6−1）。

対話で意味づけがなされる瞬間

これから、どうすれば集団での意味づけを効果的にできるのかを考えていきたいと思います。最初に、筆者の関わった企業研修におけるグループワークの事例を紹介します。

総合商社でのシナリオプランニング研修

ある総合商社の入社10年目前後の選抜研修の一プログラムとして、シナリオプランニングを導入しました。

シナリオプランニングでは、たとえば10年後のある業界の未来のシナリオをいくつか予測し、それが自社にどのような意味（戦略的示唆）をもつかを検討します。そして、それらのシナリオが起こると仮定して戦略を構想するというものです。５人程度のグループを、６グループ編成しました。メンバー構成はできるだけ多様にします。

検討する業界として、自動車、食料、エネルギーの３つの業界を提示しました。対象エリアはグローバルです。各グループ、３業界の中から抽選で担当業界を決めます。つまり、業界ごとに２グループずつが担当することになります。

総合商社ですから、各メンバーは仕事で担当している事業分野をもっています。その中には、対象となる3業界に関わるメンバーもいますが、それは担当業界決めには考慮しません。

さて、作業の進め方ですが、まず一度集合し、シナリオプランニングの考え方をレクチャーし、また今後の作業手順を説明します。そこで、世界の経済や社会、政治などのマクロ環境に関する膨大な分析資料を渡します。その後、各グループは約3カ月かけて担当業界の資料を集め、業界分析を自主的に行ないます。その上で、再度研修会場に2日間集まります。ワークショップ形式で、10年後のシナリオを4パターン作成し、そこからひとつを選び、それに対応する自社の戦略の方向性を策定し発表します。発表後に、全員がアウトプットをロジックと創造性で評価し投票。1位を決めて終了です。

自動車業界を担当するあるグループに、たまたま仕事で自動車業界を扱うメンバーがひとりいました（仮にKさんとします）。業界関連情報は全員で集め共有していますが、当然Kさんは他のメンバーより圧倒的に多くの情報をもっています。筆者は2日間、すべてのグループワークを観察していましたが、特にKさんのいるグループに注目していました。

渡されたマクロ環境資料と自ら集めた業界情報から何を読み取るかは、まさに各自の「感知」のプロセスです。各自の感知情報を持ち寄り、グループワークを進めていきます。はじめの頃はKさんに依存する傾向が見られました。Kさんに任せておけば大丈夫、というくらいの雰囲気もありました。Kさんも積極的に議論をリードしているように見えました。

やがて、少しずつ雰囲気が変わり始めました。Kさんとは異なる見解を述べるメンバーが出てきたのです。それにかぶさるように、また他のメンバーが少し異なる見方を示します。当初それをやや苦々しく聞いていたKさんも、少しずつ「そうかもしれない」と同意する場面が現れてきました。こうして、全メンバーが積極的に意見を述べるようになりました。Kさんはそれらに対して、適宜「実際には、こういうこともあるよ」というように、自分の知識や経験を伝えます。そうした貴重な情報を他のメンバーはありがたがり、意見の修正に活用していきます。こうしてグループワークは、とてもいい雰囲気で進み、最後の発表に至りました。発表後の投票では、このグループが1位に選ばれました。

終了後、筆者はKさんに、普段仕事でやっている分野について、全然違う分野で働く他のメンバーと一緒に作業することはどうだったのか、話を聞いてみました。

「最初は正直、素人たちと作業するのはつまらないなと感じていました。ただやっていくうちに、自分が当たり前だと思っていることに疑問を投げかけられたりして、そういう見方もあるかもしれないと思うようになりました。みんなそれぞれの分野で日々悩んだり考えたりしているので、私にとって新鮮な見方をくれるんです。私の部で同じ作業をしたとしたら、きっと当たり前のアウトプットしか出ないでしょう。それよりも、よっぽど会社に役立つものができたと思いますよ」

Kさんを筆頭に、メンバーの能力も意識も高いことがこうしたアウトプットにつながったことは間違いないでしょう。

しかし、ただそれだけではありません。グループ内の対話の質が高かったことが最大の理由だと思います。メンバー全員の貢献により、自動車業界の10年後の姿と自社にとっての「意味づけ」が創造されるプロセスを目の当たりにできたことは、貴重な体験でした。

この会社では何年にもわたりこのプログラムを実施し、ずっと観察してきました。すると、だんだんグループワークの様子を一部観察するだけで、話の内容を深く理解しなくても最後の投票でどのグループが1位に選ばれるか、高い確率で予測できるようになりました。

対話とは創造のプロセス

この事例でもわかる通り、集団での意味づけの質を高いものにするためには、対話の質が最も重要です。ここで、「会話」や「議論」と比較しながら「対話」とは何かを整理します。

●会話（Conversation）

語源はcon（一緒）とvertere（向く）に由来する。原義はラテン語のconversari（付き合う)。劇作家の平田オリザは、「会話とは、お互いの事情をよく知ったもの同士の気軽で気楽なおしゃべり」と定義しています。同じ方向を向いたよく知ったもの同士が、特に目的もなく言葉をやりとりする行為という意味でしょう。

●議論 (Discussion)

disは「徹底的に」とか「離れて」を意味し、cussionは「叩く」を意味する。パーカッションの「カッション」。大勢であるテーマを、強く叩いて揉むという意味。叩くことが強調され、その結果どうするかといった意味は読み解けない。理論物理学者のデヴィッド・ボームは、「ピンポンのようなもので、人々は考えをあちこちに打っている状態だ。そして、このゲームの目的は、勝つか、自分のために点を得ることである」と表現しています。

●対話 (Dialogue)

語源はギリシャ語dialogos。diaは、「通して」の意味で、logosは「言葉」。ボームは、言葉をもっと広く「言葉の意味」と捉えています。そして、この語源から、「人々の間を通って流れている『意味の流れ』という映像やイメージが生まれてくる。これは、グループ全体に一種の意味の流れが生じ、そこから何か新しい理解が現れてくる可能性を伝えている」と述べています。また、「対話では点を得ようとする試みも、自分独自の意見を通そうとする試みも見られない。それどころか、誰かの間違いが発見されれば、全員が得をすることになる。これは、お互いに満足のいくゲーム、と呼ばれる状況だ」とも述べています。

（参考：デヴィッド・ボーム『ダイアローグ』英治出版）

筆者は、**対話とは「言葉」を介して、人々が持論に固執せず、共同で新たな地平に到達するプロセス**と理解します。そして、ひとりではたどり着けなかった新たな地平に到達するには、それぞれが別々のものをもっていることが望ましいという前提が織り込まれているように感じます。ボームがいう「意味の流れ」は、対話によって「意味づけ」がなされることを示唆しています。

会話は友好のため、議論は案を練り上げ勝つために、そして対話は創造のためといえそうです。

対話のスキルを高める基本原理

まず、対話のスキルを高めるための基本原理を紹介しておきます。しかし、知ったからといって、実行するのはこれから見ていくように簡単ではありません。

図表6−2　対話の基本原理

①対等で、言葉以外の事柄に縛られない
②言葉の背後でなく、言葉そのものに
③人生の実感や体験をベースに
④対立を避けず、見つける
⑤違いを発展させる
⑥常識に納まらない
⑦変わる可能性が開かれている
⑧以前からの先入観をすてる

出所：中島義道『〈対話〉のない社会』PHP新書（132ページ）より作成

哲学者中島義道による12項目の対話の基本原理のうち8項目を選びました（図表6−2）。次にその8項目に〈筆者による補足〉をつけました。

①人間関係が完全に対等であること。〈対話〉が言葉以外の事柄によって縛られないこと。

〈筆者による補足〉↓相手は先輩だからとか、上司だからとか考慮しない

②相手の語る言葉の背後ではなく、言葉そのものを問題にすること。

〈筆者による補足〉↓コンテクストは大事だが、垣間見える裏の事情などを考慮しない。空気は読まない

③自分の人生の実感や体験を消去してではなく、むしろそれらを引きずって語り、

聞き、判断すること。

〈筆者による補足〉↓一人称で語る。交換不可能な個人として語る。その他大勢の代弁者とはならない

④相手との対立を見ないようにする、あるいは避けようとする態度を捨て、むしろ相手との対立を積極的に見つけてゆこうとすること。

〈筆者による補足〉↓違いを見つけ出すことは批判ではない。建設的対立は、理解の突破口だと考える

⑤相手と見解が同じか違うかという二分法を避け、相手との些細な「違い」を大切にし、それを「発展」させること。

〈筆者による補足〉↓敵味方のラベルを貼りたがる気持ちを、いったんエポケーする

⑥社会通念や常識に納まることを避け、常に新しい了解へと向かっていくこと。

〈筆者による補足〉↓自分が常識に向かっていないかを、客観的にチェックする癖をつける

⑦自分や相手の意見が途中で変わる可能性に対して、常に開かれてあること。

〈筆者による補足〉↓より納得感の高い方へ変わることは、大人《たいじん》の証と思い込む

⑧それぞれの〈対話〉は独立であり、以前の〈対話〉でこんなことといっていたから私とは同じ意見のはずだ、あるいは違う意見のはずだというような先入観を棄てること。

〈筆者による補足〉↓過去の発言に縛られない。人は変わるもの

（出所：中島義道『〈対話〉のない社会』PHP新書、132ページ）

先の事例では、Kさんのグループは、ほとんどの条件にかなっていました。研修という安全な場で、しかも同じ会社の同世代対象だったので、対話が起きやすかったということはあるでしょう。しかし、多くの会社ではなかなかそうもいきません。特に、⑥〜⑧のような態度はあまり見られません。

一人称で語り合う対話で「意味」に行き着く

先に引用した「③自分の人生の実感や体験を消去してではなく、むしろそれらを引きずって語り、聞き、判断する」という原理は非常に重要なので、さらに補足しておきます。

「議論」は自分の立場を明確にし、その立場に沿った意見を通すことが目的でした。したがって、自分の個人的な思いや主観を意見に入れ込むのは、必ずしも有効ではありません。部門代表での会議であれば、あくまで主観ではなく部門としての客観的意見を述べるべきです。もちろん立場に沿った意見の説得力を増すために、体験や主観を活用することはあるでしょうが。

図表6–3　一人称で語る対話

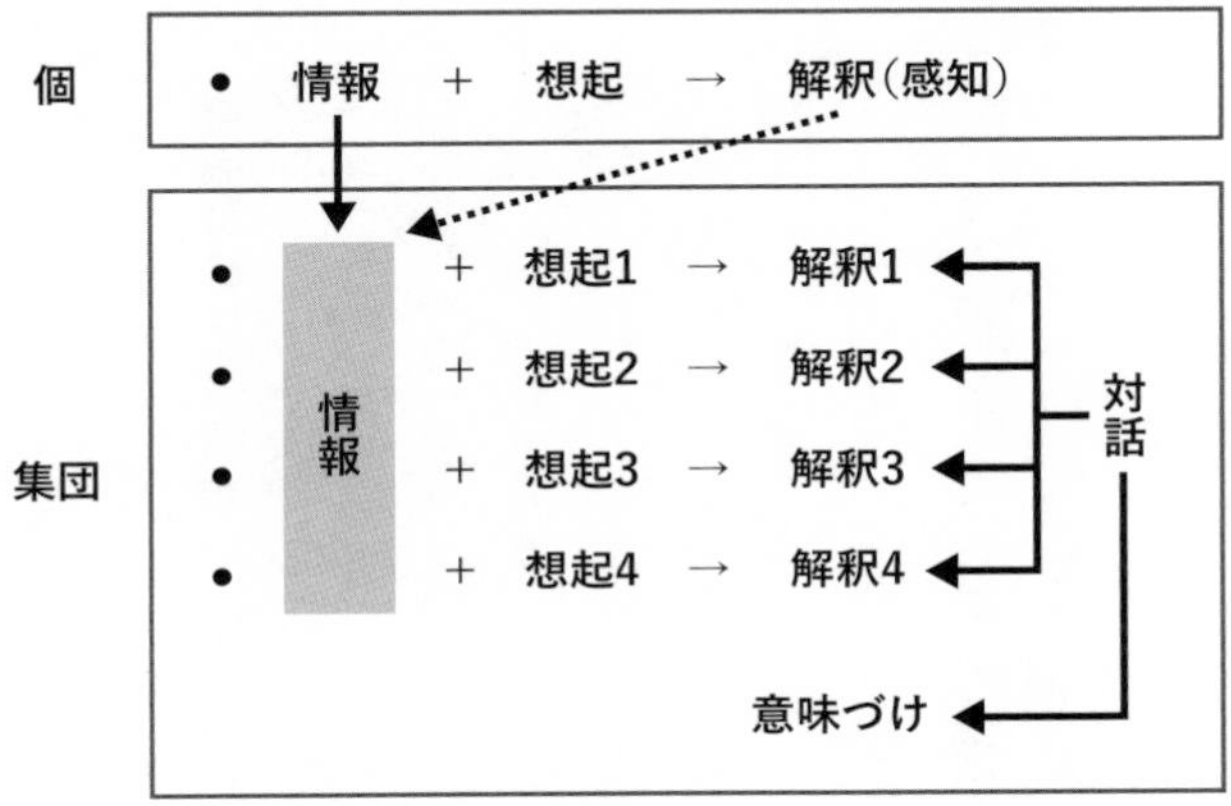

しかし、対話はまったく異なります。複数の個人がともに話すのですから、いわば集合的知覚を行なうことになります。何度も述べたように、知覚とは受容した情報に、記憶からの想起を使って解釈することで獲得するものです。集団であっても同じように、ある情報に対して、一人ひとりの記憶からの想起を使ってそれぞれが解釈し、それらを机上に乗せてあらためて皆で解釈を行ない、ひとつの意味にまとめる作業です（図表6–3）。

したがって、対話で必要な資源とは、豊かな各自の記憶に基づく想起です。それはすなわち、各自の体験や実感、またそれらに紐づく知識である必要があります。それらが多様で豊かなものであればあるほど、それぞれの解釈の可能性が広がります。豊かな想起や解釈は、一人称で語らなければ出てきません。また、一人称で語れば、それを聞いた他者も必ず一人称で応じます。本に書いてあった知識だけでは、他者の心に響きません。このように、一人称で語ることは、対話とそこで意味づけする際の、必要条件といえます。

異業種の経営者が対話することに意味はあるのか

経営者を集めて、各経営者がひとりずつ順々に自社の経営課題を提示し、それに対して他の経営者が質問しながらアドバイスするというセッションを行なったことがあります。各グループ5人程度ですが、それぞれまったく異なる業界から参加しています。ファシリテータの支援のもと、発表する方もそれに質問やアドバイスする方も、必ず一般論ではなく一人称で語ってもらうようにしました。抽象論ではなく具体論の世界で対話するのです。

当初は事業内容の理解も難しく、なかなか対話にはなりませんでした。しかし、聞き手からの深い経験に基づく本質的な質問と、それに対する本心からの回答を続け、より詳細な具体論に入っていくうちに、みるみる理解が進んでいきました（掘る）。このように、具体論を題材に一人称による対話を繰り返すうちに、だんだん話す内容の抽象度が上がっていきます（上げる）。そういうときは、「それって、こういうことですよね」という発言が盛んに出てきます。

こうして、抽象度が上がれば、事業分野が異なっていても共感できるようになります。そうなると、各自の体験や知識を使ってアドバイスできるようになると同時に、アドバイスする方

図表6－4　掘って、上げて、つなぐ

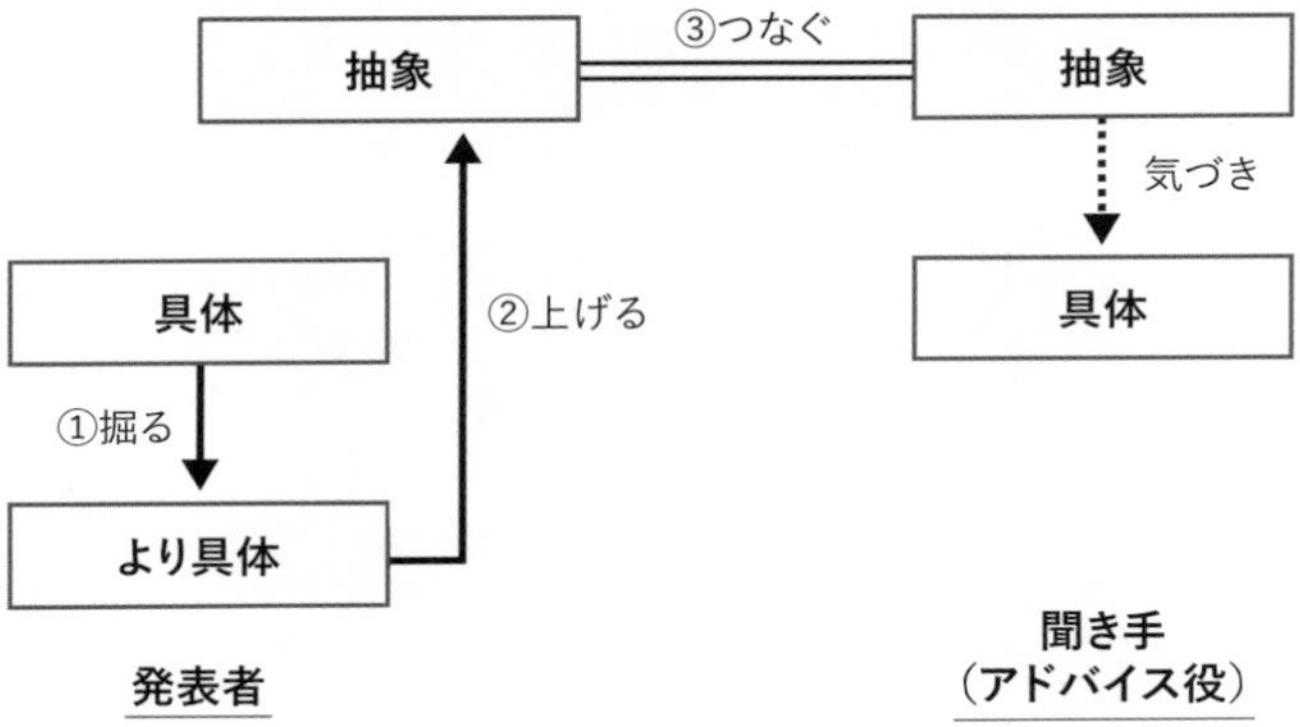

も気づきを得るようになります。これを全員に繰り返すことで、最後はそれぞれが経営者としての具体的なヒントを掴み取ることができたと思います。この「掘って、上げて、つなぐ」という対話プロセスを経て、それぞれがなんらかの新しい意味づけを行ない、それを持ち帰ったのだと思います（図表6－4）。

なぜ、人は対立を避けるのか

以上の2事例とも、かなりレベルの高い参加者でしたが、多くの企業ではこうはいきません。グループワークでなんらかのアウトプットを作成してもらう場面も多いのですが、先に定義したような対話はあまり見られません。特に、対話の基本原理「④相手との対立を見ないようにする、あるいは避けようとする態度を捨て、むしろ相手との対立を積極的に見つけてゆこうとすること」、つまり建設的対立がなかなかできないのです。その結果、どうなるか。筆者がこれまでの研修経験の中で見てきた日本的対話の多くは、**「落としどころありき」パターン**か、**「慮り」パターン**か**「えんえん平行線」パターン**でした。

「落としどころありき」パターンとは、チームメンバーが最初に正解と思われる「落としどころ」を予想し合います。そうして、大体ひとつに収斂したところで、そこに至る思考の流れを回顧的に形づくっていきます。学歴の高い社員が多い企業に目立つパターンです。メンバーが最も恐れるのは、「大外し」することであり、そのリスクを最小化しようとするのです。作業は時間内にきちんと終えます。

「慮り」パターンでは、たまたま最初に口火が切られた意見に、そうだよねと皆が同調して、その流れの中で結論に至ります。最初の発言者に配慮し、異なる意見は出しにくくなるようです。対立を恐れ、とにかく調和が一番大事なのです。伝統的大企業に比較的多く見られます。時間を余して終えることも珍しくありません。

最後の「えんえん平行線」パターンは、読んで字の如く、メンバーがそれぞれ勝手な意見を述べて、それらが交差しません。ファシリテータ役がいなければ、延々と持論の述べ合いが続き、統一見解にまで至りません。「たしかにそうですね。でも……」と、前の意見に同意するかと思えば、さにあらず。前の意見と関係ない持論を延々と述べる。営業系の社員に多い気がします。当然、時間内には終わりません。

建設的対立を経て対話ができる会社は非常に少ないのです。対話は、小さな違いに着目し、それをきっかけにして皆で少しずつ前に進む忍耐強い作業です。認知的エネルギーを大量に消費するため、なかなかそれに耐えられないようです。これでは、対話が生まれる余地はなかなかありません。ある程度安全が確保された研修の場面ですらこうですから、ヒエラルキーで縛られた日常業務の場面では、残念ながら推して知るべしだと思います。

これら3つのパターンに共通するのは、対立を避けたいという意思です。私たち日本人は本能的に対立を避け、最初から摘み取ってしまうようです。日本人が建設的対立を避けるのは、どこかで相手を信頼していないからなのかもしれません。以下の調査から、それがうかがえます。

日米で比較すると、日本社会は強い絆の集団主義だから高信頼社会、それに対してアメリカ社会は個人主義で契約偏重に代表されるように疑い深い低信頼社会だと思っていないでしょうか。日本の統計数理研究所が、日本人2000人、アメリカ人1600人を対象に以下の質問紙調査を行ないました。他者一般への信頼感に関する質問と回答を列記します。

Q1：「たいていの人は信頼できると思いますか、それとも用心するに越したことはないと思いますか」

Ａ１：「たいていの人は信頼できる」アメリカ人47％、日本人26％
Ｑ２：「他人は隙があればあなたを利用しようとしていると思いますか、それともそんなことはないと思いますか」
Ａ２：「そんなことはない」アメリカ人62％、日本人53％
Ｑ３：「たいていの人は他人の役に立とうとしていると思いますか、それとも、自分のことだけに気を配っていると思いますか」
Ａ３：「他人の役に立とうとしている」アメリカ人47％、日本人19％
（出所：山岸俊男『日本の「安心」はなぜ、消えたのか』集英社インターナショナル、94ページ）

どの質問も、アメリカのほうがより高信頼社会であることを示しています。日本人は、他人をあまり信頼せず疑ってかかっているようにも思われます。これはどういうわけでしょうか。

社会心理学者の山岸俊男の解説はこうです。

人々の結びつきの強い集団主義社会では、メンバーがお互いを監視し、何かあったときに制裁を加えるメカニズムがしっかりと社会の中に作られています。つまり、このメカニズムこそがメンバーたちに「安心」を保証しているのであって、個々のメンバーは他の仲間たちを「信頼」しているわけではないということなのです。

（出所：前掲書、１０４ページ）

日本社会には、「安心」を保証するメカニズムがあるので、信頼はあまり必要ではないということです。逆にアメリカは開放型の社会で、そうした「安心」を保証するメカニズムは存在しません。だから、詳細な契約書を作成することも必要になります。ただ、こうした社会で他人を疑い続ければ、結局誰とも協力関係を結べなくなります。それでは生きていくことが難しくなってしまうため、自分自身で誰を信頼し誰と協力するかを判断するための、「信頼性検知能力」をアメリカ人は高めていったというのが山岸氏の見解です。

赤の他人と協力することのメリットのほうが、リスクより大きいのです。「信頼性検知能力」を高めるには、まず自分から他者に歩みよって試行錯誤することが必要です。そうした学習の結果、先の質問への回答に表われたように、社会に対して高い信頼感をもてるようになったのでしょう。

一方、閉鎖型社会の日本人は、空気を読み、忖度し、慮り合うような「関係性検知能力」を高めていったため、「信頼性検知能力」はほとんど必要ありませんでした。そのため、明らかに関係構築できている相手以外の他者を信頼することができず、建設的であっても対立するリスクは避けたがるのではないでしょうか。

対立を受け入れるスキル「思考の自己受容感覚」

それでは、対立を恐れず、意見を主張さえすればいいのでしょうか。そう簡単な話ではありません。それは、ギリシャ時代も同じだったようです。対話の創始者ともいえる、ソクラテスはこう述べました。

いな、もし両者が何らかの点で意見を異にし、その一方が、他方の言うことの正当さを認めなかったり、あるいは、その言い方は明瞭でないと言ったりすれば、そう言われた方は、腹を立ててしまい、それは自分と張り合うために言われたことであって、その議論で問題になっている事柄は少しも探究しようとはせずに、ただ議論に勝ちたいばかりにそういっているのだと、こう考えるものなのです。そしてなかには、結局は、とても、見苦しい別れ方をする者だってあるわけです。（中略）

ところで、そういうわたしとは、どんな人間であるかといえば、もしわたしの言っていることに何か間違いでもあれば、快く反駁を受けるし、他方また、ひとの言っていることに何か本当でない点があれば、よろこんで反駁するような、とはいっても、反駁を受けることが、反駁することに比べて、少しも不愉快にならないような、そういう人間なのです。

（出所：プラトン『ゴルギアス』岩波文庫、46ページ）

ギリシャ時代でも、ソクラテスのように対立を受け止められる人は珍しかったのでしょう。先の中島氏の基本原理は、当時も容易には実行できなかったようです。

対話は、異なる考えがあることが前提です。そして、その違いを尊重することではじめて対話が始まります。しかし、私たちは対立をうまく乗り越える技術をもっていないようです。だから対立を避ける。その技術とはどのようなものなのでしょうか。

マンションの管理組合での対立

そのヒントになりそうな、こんな話を聞きました。その人（仮にXさんとします）は、暮らしているマンションの管理組合の理事でした。理事会で、ポスティングされるチラシを捨てるためのゴミ箱を設置しようということになりました。Xさんは管理人室にあった、使われていない安そうなゴミ箱を活用すればいいと考えました。別のY理事は、それでは美観を損ねるので、もっときちんとしたゴミ箱を管理組合で購入（1万円以上）すべきとの意見でした。Xさんは、ゴミ箱を置く場所は住人以外の訪問者には見えない位置なので、そこまで美観にこだわる必要はない、それより出費を抑えるべきだと考えました。そして、議論となりました。お互い自分の考えを譲らず、意見の根拠として、かなり無理があるような主張も出るようになっていきました。

そうです。議論に勝つために思考がエスカレートしていったのです。ヒトは他者と共感しますから、Xさんのこうした思考や感情と鏡合わせになるように、Y理事もエスカレートしていきました。表現は悪いですが、「売り言葉に買い言葉」だったのでしょう。思考が感情を生み出し、問題解決をさらに難しくする悪循環です。そこには、「競争の原理」がはたらいていたと思います。きっと同席していた他の理事らから見れば、見苦しい議論だったと思います。

ところが、ふとXさんに、自分のこの思考は一体何を生み出そうとしているのだろうか、との思いが浮かんだそうです。それを、神経生理学用語で「自己受容感覚」といいます。ヒトは、身体の動きを自覚できます。腕を上げようとすれば、腕は上がりそれを自覚できます。このように、ヒトは意思と行動とその結果の関連を把握できます。しかし、思考においてはそれと同じようには、なかなか自覚できません。

Xさんは、一所懸命に問題解決しようと思考していたのですが、当初その思考が問題解決を妨げていることに気づきませんでした。しかし、やがてそれを自覚することができました。そのきっかけは、自分の情動つまり心臓の鼓動が速くなっているとか、頭が熱くなってきているとかの感覚を自覚（自己受容）したからです。それに加え、他の理事らのネガティブな感覚も伝わってきたからだそうです。それらに気づき、冷静に考えることができるようになりました。その結果、いい形で議論をまとめることができたそうです。

たまたま、Xさんは思考の自己受容感覚に気づけたのでよかったのですが、身体と違って思考の自己受容は簡単ではありません。それが、対話を成り立ちがたくしているのだと思います。思考が暴走し始めたと感じたら、自分をメタの視点で見てみましょう。そうすれば自己受容でき、建設的対立にも冷静に臨めるかもしれません。

利他性と対話

当初のXさんのように自分の意見を守ろうという思考がある限り、対話はできません。対話は先に定義したように、「共同で新たな地平に到達するプロセス」です。「同じ船」に乗って新たな地平線を一緒に目指します。同じ船、すなわち集団意識の一部になることが必要です。しかし、集団に隷属するのではいけません。個人意識をもちながら集団意識に参加する。対話では、誰かがアイデアを思いついたら、それを机上に提示し、別の誰かがそれを取り上げ、そしてまた別の誰かが思いついたことを付け加える、そんな流れができます。先に、対話についてボームの「人々の間を通って流れている『意味の流れ』という映像やイメージ」との描写をあげましたが、まさに意味が集団の中を流れながら、少しずつ毬藻《まりも》が湖の中で回転しながら成長するように、意味がよりたしかなものになっていくイメージです。

こうした感覚に至るには、利己主義に基づく自己中心的自己ではなく、利他主義に基づく場所的自己となる必要があります。「場」に意味が流れ込むのです。議論がどうしても「競争の原理」に縛られるのに対し、対話は「ケアの論理」に基づくと考えられます。私たちには「競争の原理」が染みついています。学校でも会社でも、あるいは社会でも競争に勝つことが正しいことでした。そうした中で対話が難しいのは当然です。しかし、現代においては「ケアの論理」も必要になってきています。臨床心理学者の東畑開人は、「ケアとは基本的に個体が変わるのではなく、環境が変わること」といっています。競争の原理では、個（敗者の方）が変わるのですが、ケアの原理では環境、すなわち「場」の中が変わるのです。そして、場とは器のようなものです。器の中で自由に「意味」が流れる。対話は利他性とも深く結びついているように思います。美学者の伊藤亜紗はこういいます。

利他とは『うつわ』のようなものではないか、ということです。相手のために何かをしているときであっても、自分で立てた計画に固執せず、常に相手が入り込めるような余白を持っていること。

（出所：伊藤亜紗編、中島岳志、若松英輔、國分功一郎、磯﨑憲一郎著『「利他」とは何か』集英社新書、58ページ）

冒頭の研修のKさんのグループも、ホワイトボードに向き合う場（器）に、さまざまな自分なりの意味を流し込んでいるようでした。自分の流した考えが、少しでもその器を豊かなものにすることに役立てればいいという思いだったようです。そして、他者からの流入も待ち望む。それは、極めて利他的な行為だと思います。そうした雰囲気は、少し離れたところから観察した筆者にも伝わってきました。高いパフォーマンスを出すグループに共通の特徴です。先の経営者間の対話も、まったく同じです。

これまで社会的生き物であるヒトは、利他性をもつから生き延びてこられたと述べてきました。そうしたヒトの本性を活かすことで対話が成立し、そこから意味も生成されるのだと思います。もし対話がうまくいかないと感じたら、思考の自己受容感覚を敏感にして、本来自分がもっている利他性を妨げているものは何かと、思いを馳せてみるとよいかもしれません。もしそれに気づけば、それが相手にも伝わりその場の雰囲気が変わり、いい方に転がっていくことでしょう。

意味づけを促す仕組み

いい対話ができれば、おのずといい意味づけにも結びつきます。そうした流れをつくる仕組みを、組織に埋め込みたいものです。

かつて多くの日本企業は、職場という濃密な集団において意味づけを促す仕組みをもっていました。それが、ＱＣサークルに代表される「小集団活動」です。カイゼンをすることが目的だと考えられがちですが、あくまでも現場作業者の自主的能力と職場の仲間意識およびチーム・ワークの育成が主目的でした。かつて富士ゼロックスのＱＣサークルは、以下の3段階を踏むように教育されていたといいます。

第一ステップ：何でも話し合える、明るい職場づくりを目指す活動
第二ステップ：仲間と一緒に新しい手法を勉強し改善に活用する運動
第三ステップ：職制の課題や目標の一部を分担し、改善成果をあげる活動

（出所：土屋元彦『現場主義を貫いた富士ゼロックスの〝経営革新〟』日刊工業新聞社、29ページ）

仲間意識およびチーム・ワークの育成とは、相互依存関係で結ばれた集団をつくることでしょう。そのためにQC活動が選ばれたのであり、その逆ではなかったのです。

第一ステップで対話が盛んにできる環境整備をし、第二ステップで仲間と対話をしながら改善のための方法をつくり上げる。そのプロセスを支援するために、共通言語としての「手法」を学ぶ。そして、最後に改善案を実際に現場に適用し成果をあげる。この3ステップからなる活動です。

これは、QC活動という型を使って、「対話による意味づけ」を行なっていると解釈できるのではないでしょうか。普段の業務でメンバーが感知した問題意識を、仲間と対話して意味づけをしていく。現場での些細な疑問から、大きな改善のきっかけとなる「意味」を見つけることもあるでしょう。対話を進める際には、そこで使えるなんらかの手法を全員がもっているとスムーズになります。それが共通言語になるからです。

組織内のあらゆる職場がこのようなQC活動の経験を積むことで、感知して意味づけするプロセスを実践しながら習得することができます。参加者の能力育成だけでなく、組織として環境変化に迅速に対応できる進化能力を構築しているということもできると思います。こうした「強い現場」が、かつての強い日本企業を支えていました。

以上の事例は生産現場での取り組みでしたが、今では形を変えて経営幹部候補を対象に行なう企業での対話と意味づけが増えています。典型的な例を説明します。

- 将来の経営幹部候補を、あらゆる部門から20名程度選抜
- 前期として、毎月連続２日間の集合研修を、半年程度実施。そこで学ぶのは、経営学のさまざまな分野の基礎知識。多くは討議型のスタイルをとり、グループワークも織り交ぜて議論や対話の経験を積む
- 後期は半年程度かけて、それまで学んだ経営知識も使って自社の経営課題について、グループで解決案を作成。その際、経営課題として何を取り上げるかは各グループの判断に任せる
- この活動は、業務をしながらの自主活動。ただし、毎月１日ないし２日、全員が集まって、途中経過を発表し、その後質疑応答の時間を設ける
- 最後に、経営陣に対してプレゼンテーションし、フィードバックを受ける

ここでは研修内容の紹介が目的ではないので、「意味づけ」に関わる部分にだけ触れておきます。

前期は、共通言語と共通の思考法を学ぶこと、そして対話の訓練が主たる目的です。先ほどのＱＣサークルの第一と第二ステップの一部（手法習得）にあたります。

後期でまず行なうのは、グループごとに取り組む経営課題の設定です。各自が持ち寄った課

題案をグループで対話しながら、グループとしての課題を決定します。誰かが持ち込んだ課題を選ぶこともあれば、新たな課題を見つけてそれに決めることもあります。

最終プレゼンの出来の半分近くは、この課題設定で決まるといえるくらい、非常に大事な対話になります。各自が感知した課題を、会社全体にとっての意味に変換する作業です。最初に誰かから提示された課題が、対話を経て当初と異なる意味づけが与えられることも珍しくありません。

製品ではなく技術を見せるショールームに改革

ある産業財メーカーで、こんなことがありました。あるメンバーがグループに、「(製品)ショールーム」があまり活用されていないので、その活用策を考えたいと提案しました。当初は、あまり会社全体の経営へのインパクトは大きくなさそうに思えました。

しかし、対話を重ねるうちに、製品ではなく自社がもっている豊富な技術を顧客に見てもらったら面白いのではとの意見が出てきました。ショールームを、製品を見てもらう場から技術を見てもらう場に変えることで、お客さんに技術を使って何ができるかを考えてもらう場にする、という新たな「意味づけ」がなされたのです。こうして当初提示された問題意識は、「ショールームを顧客との新たな関係構築の場とするための方法の検討」という新たな意味のテーマに変わり、それを「ショールーム改革プロジェクト」として、取り組む経営課題に選びました。

こうした課題設定段階に限らず、その後の検討段階でも対話と新たな意味の発見が繰り返されることになります。もうひとつ重要なのは、毎月の経過報告会の価値です。発表を聞いた他のグループのメンバーは、驚くほど的を射た質問をします。質問者がもっている知識や経験が発表を聞くことで引き出され、違った意味を加えることも珍しくありません。発表したグループにとって、非常に有益なアドバイスもなされます。まさに対話によって意味づけがなされる瞬間です。

こうした研修には、ＱＣサークルのように多くの社員を参加させることはできません。しかし、毎年継続することで徐々に母数が増えていきます。その波及効果は確実に組織に広がっていき、「展開」にも有効になります。

第7章

展開

アイデアを組織に伝え、実行に結びつける「展開」

あなたは、前の章の幹部候補研修の参加者で、しかも「ショールーム改革プロジェクト」を検討するチームのリーダーだったとします。あなたは、なんとしても半年後にこのプロジェクトの実施承認を経営陣から得て、実行したいと考えています。

執行役員の中から相談相手（アドバイザー）をひとり選び、依頼をすることができます。あなたはチームと相談の上、以下のどの執行役員にアドバイザーを依頼するでしょうか？　それぞれの執行役員の、経営会議での影響力は同じだとします。

①以前のあなたの上司で、これまでも公私ともに相談に乗ってくれている執行役員
②ショールームを統括する部門の執行役員
③ショールームとは別の部門を統括しているが、過去複数の部門を統括しており、ショールームにも多少関わったことがある執行役員

集団で意味づけしたアイデアを、組織レベルに伝え、なんらかの実行に結びつけることが「展開」プロセスです。現場の最前線の社員の感知情報が、組織の公式ルートに乗って上の階層に引き上げられて、権限をもつ幹部の承認を得るというのが一般的な現場発の展開の流れです（日本独自の稟議制度はその典型）。

それは否定しませんが、多くの日本企業ではその流れがうまくいっていません。途中でさまざまなバイアスやフィルターがかかり、組織にとって有益なアイデアが拒絶されてしまうことも珍しくありません。仮に、承認まで至ったとしても、あまりに時間がかかってしまい、「時すでに遅し」となることも。

そうした現状を打破するため、いくつかの取り組みも行なわれるようになってきました。社

内で新規事業アイデアを募り、評価されれば予算がつき着手できるような制度も珍しくはなくなりました。しかし、「仏作って魂入れず」となっていないか、と思えてしまう事例も散見されます。社内統制が厳しくなり、常に説明責任を問われ過剰にガバナンスを気にする風潮が、現場からのアイデアが組織に還流することを妨げているのかもしれません。

公式ルートは維持しつつ、必ずしもそれに頼らずに組織内に展開することを考えていきたいと思います。その際に考えておかねばならないのは、ただ組織の承認がとれればいいのではないということです。承認を経た実行が組織に便益をもたらすと同時に、組織も「学び」を得ることが最終目的です。組織能力開発サイクルを回し続ける必要がありますから。

そうした展開を考える上で、３つの軸を提示します。カバレッジと結合と影響力です。カバレッジとはいかに組織内に迅速に情報や知識を広げるかであり、結合とはいかに集団間の相互作用により知識を結合しブラッシュアップするかであり、影響力とはいかに効果的に組織内に影響力を行使するかです（図表7−1）。

ここで、冒頭の質問に戻ります。元上司は、親身になって相談に乗ってくれるでしょうが、目的は相談だけでなく、その後の展開です。展開にどの程度協力してくれるかはわかりません。また、親しければ親しいほど、このプロジェクトが失敗したときの人間関係に傷が入ることを双方が恐れ、本腰を入れづらくなるかもしれません。

図表7-1　展開の3つの要素

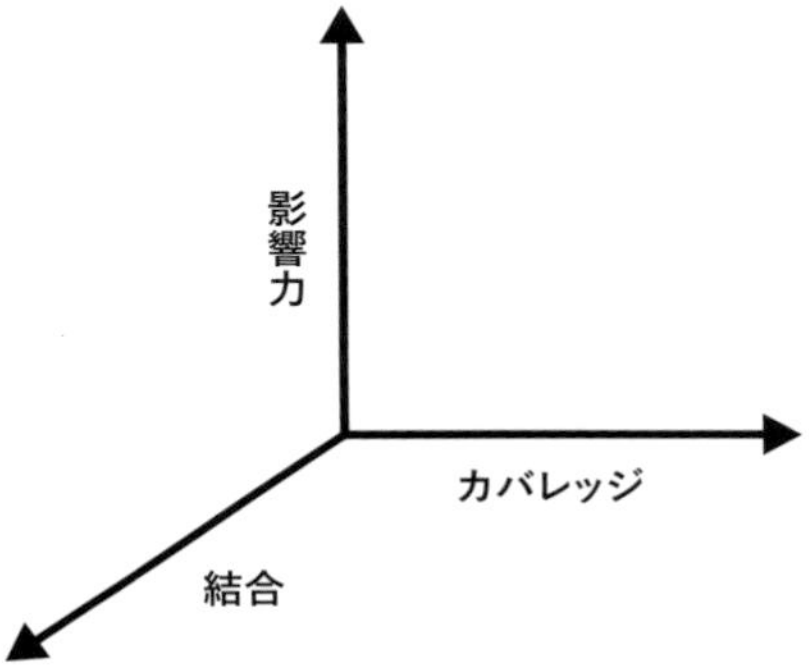

次に、ショールーム担当の執行役員ですが、最も必要な情報も権限ももってはいるでしょうが、果たしてどれだけそれを活用してくれるでしょうか。えてして、自分の権限内のことに外部者が絡むことを嫌うのが上位者です。部下の顔を潰すことになるかもしれないことには、できるだけ関わらないものです。

3番目の無関係の執行役員は、そうしたしがらみをもちません。また、いくつかの部門を統括していたので、あらゆる部門からの知識を引き出し、そして「つなぐ」ことを促してくれる力を、最も保有していると考えられます。さらに、直接はこのテーマと無関係な立場なので、仮にうまくいかなくても実害はそれほど大きくはならないでしょう。うまくいけば儲けものくらいの距離感のほうが力を注ぎやすいものです。

実際にこのチームは、3番目の執行役員にお願いをしました。この執行役員が最も、組織内の広い範囲に情報を広め（カバレッジ）、また多くの知識と交流（結合）する機会の提供を期待でき、気軽に組織内で影響力も行使しやすい（影響力）と判断したそうです。

以降で、それぞれについて検討していきます。

できるだけ多くの協力者でカバレッジを広げる

日本の組織において実行するには、組織内のできるだけ多くの集団内に「協力者」がいることが極めて大切です。協力者とは、単なる知り合いではなく、内容を理解しその上でサポートしてくれる存在です。難しい課題では、特定の部署だけでなくあらゆる部署の力を借りる必要があります。その際、仮にトップダウンで協力の指示が下ったとしても、日本の組織では簡単には動きません。

第２章で説明したように、小集団の力が強いため、たとえ社長命令でも、本気でしたがうとは限りません。面従腹背は珍しくありません。また、小集団のリーダーの指示であっても必ずしも聞くとは限りません。以下の中根千枝東大名誉教授の指摘は、まったく古びていないと思います。

……リーダーは常に彼ら（注：部下を指す）と同じ仲間意識をもつことを要請され、彼らの意向を尊重しない限り、集団の運営はむずかしくなる。すべての成員の意向をくんで、事を運ぶという慣習が必然的に生まれることになる。

（出所：中根千枝『タテ社会の力学』講談社学術文庫、82ページ）

この指摘は意外かもしれませんが、日本企業では当たり前のことです。

1992年、当時中外製薬副社長だった永山治氏は、ロサンゼルスで会社を代表して米アムジェンとの特許訴訟の交渉に臨んでいました。交渉は平行線でもう日本に帰ろうかと考えていたところ、先方トップが昼食に誘ってきました。

そこで考えた。和解交渉では、最後はトップが決断しなければならない。だが、そばに部下や仲間がいると譲ったり妥協したりしにくい。アムジェンの最高経営責任者（CEO）に「では食後に一対一で話をしましょう」と提案すると、応じてくれた。

（出所：「私の履歴書」『日本経済新聞』朝刊、2021年8月18日）

こうして、一対一の交渉で妥協成立したわけですが、社長の娘婿の副社長ですら部下（交渉団という小集団メンバー）の目を気にして決められない。いわんや普通のリーダーをや、です。

小集団のリーダーのいうことも聞くかどうかわからず、重視されるのは部下の意向だとすれば、結局できるだけ多くの個と関係を結べるかが成功要因になります。そうして、カバレッジが求められることになります。公式ルートは頼りにならず、極めて個人的関係に頼らざるを得ない状況は、『タテ社会の力学』が書かれた１９７８年からさほど変わっていないと思われます。ダンバー数の１５０人程度までの組織ならともかく、それ以上の規模の企業では公式ルートでの展開は難しいでしょう。では、どうすればいいのでしょう。

フォロワーが16%を超えると合意が展開される

組織内に新しい制度を導入しても、社員に使ってもらわなければ意味がありません。いくら会社で決めた制度だからといっても、個人にメリットがなければ面倒が増えただけと見なされ、簡単にはしたがわないものです。これは制度に限らず、新たな（意味づけした）知識の展開でも同じことです。

あるコンサルティング系企業が、戦略策定に役立てるために、プロジェクト別の損益管理システムを導入したことがあります。コンサルティング的な業務をしていると、コストの大部分は人件費です。各スタッフが、どのプロジェクトに何のための時間を使っているのかを把握す

図表7-2　シグモイド曲線

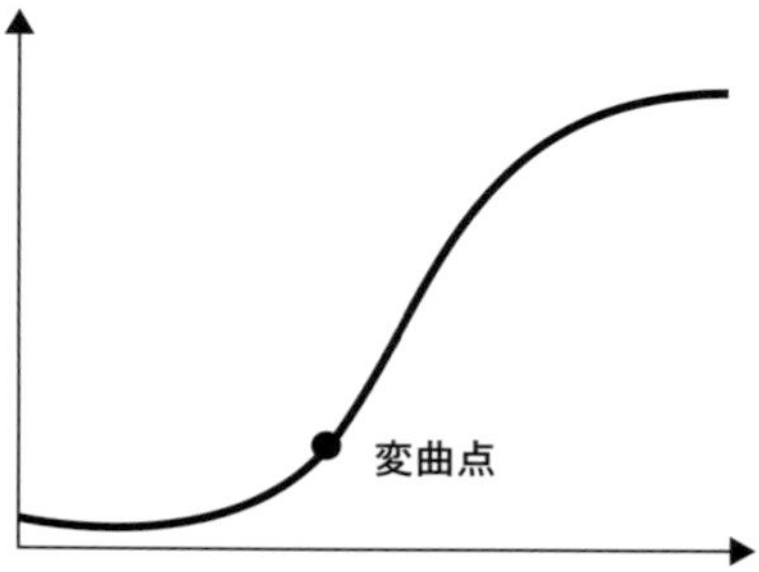

る必要がありました。そのためには、各自が記録しなければなりません。これは、なかなか面倒な作業です。本人には作業が増えるだけで、直接的なメリットはありません。

導入を決めた経営企画部門は、繰り返しその重要性とシステムの使い方の説明会を開催し、協力を求めました。さまざまな努力をすることで1年以上の時間がかかりましたが、なんとか全社員が使用することに成功しました。その期間の導入率（実際に正しく入力している社員の率）を記録していましたが、見事に**シグモイド曲線**を描いていました。

シグモイド曲線（図表7-2）とは、一般的にはS字カーブとも呼ばれる曲線です。多くの生命現象は、シグモイド曲線にしたがうことが知られています。たとえば、薬の投薬効果。投薬量を徐々に増やしていくとします。当初は、ほとんど効果は見られませんが、ある量に達するあたりから投薬に応じて比例した効果が見られるようになります。この量を「変曲点」といいます。しかしあまり多くなってくると、今度は追加した投薬の効果はほとんど見られなくなります。

この曲線を、商品の普及度に応用したのが、スタンフォード大学のエベレット・M・ロジャーズ教授の「イノベーター理論」です。ロジャーズは消費者の商品購入に対する態度を新しい商品に対する購入の早い順から、①イノベーター＝革新的採用者（2・5％）、②オピニオンリーダー（アーリー・アダプター）＝初期少数採用者（13・5％）、③アーリー・マジョリティ＝初期多数採用者（34％）、④レイト・マジョリティ＝後期多数採用者（34％）、⑤ラガード＝伝統主義者、または採用遅滞者（16％）の5つのタイプに分類しました。そして、イノベーターとアーリー・アダプターの合計、16％のポイントが、シグモイド曲線が急激に上昇するポイントとほぼ一致することから、「普及率の16％の論理」を提唱しました。

組織の中の「展開」において、新しく形成された知識の合意者の数が、変曲点を超えれば一気に組織全体で合意が広まっていきます。したがって、いかに早く変曲点を超えるかどうかがポイントになります。つまり、イノベーター理論にしたがうなら、イノベーターとアーリー・アダプターに類する賛同者（仮にフォロワーと呼びます）に、いかに早く最短で情報を届け、合意してもらうかです。

誰がフォロワーかを判別するのは簡単ではありませんが、フォロワーをいち早く見つけて、そこに合意を得るためのエネルギーを重点投資すべきなのです。先の損益管理システムを導入したコンサルティング系企業は、そこまでやっていませんでした。もし、シグモイド曲線を意識して、フォロワーに重点投資していれば、１年もの時間は必要なかったかもしれません。

フォロワーをいかにして増やすか

さて、カバレッジを広げるためには、ネットワークを活用することが有効です。社内でソーシャル・ネットワーキング・サービス（ＳＮＳ）を活用しようということではありません。第３章で説明したように、人と人のつながり自体が価値をもつと考え、社会的ネットワークを研究する「社会的ネットワーク論」が、近年盛んに研究されています。それを応用しようというものです。

先の事例で考えてみましょう。

まず、どうやって新しい取り組みに興味を示すフォロワーを探すかです。闇雲に当たってみても、いつ巡り合うかわかりません。そこで最初に、「ハブ」となる存在を探します。ハブとは、簡単にいえばネットワーク内で人と人をつなげやすい位置にいる人です。だから、フォロワーとも間接的にでもつながっている可能性が高いに違いありません。ハブは組織にとって非常に重要な存在であり、ネットワークの価値を生み出す源泉のひとつです。

先のコンサルティング系企業に話を戻しましょう。幸い、ハブとなる人を見つけたとします。ハブはクラスターとクラスターをつなぐ存在にもなっています。第3章で説明したように、クラスターとは大きなネットワークの中にある、小さなネットワークのことです。ハブはたくさんのクラスターとつながっているので、直接フォロワーを知らなくても、知り合いの知り合い（二次の隔たり）くらいにフォロワーがいるかもしれません。

ハブ経由でフォロワーが見つかれば、フォロワーにコンタクトして説得するのと同時に、属しているクラスターのメンバーを紹介してもらえばいいのです。ヒトは似たもの同士でつながり、クラスターをつくる性格があります（ホモフィリー）。それゆえ、そのクラスターには、フォロワーになり得る人がたくさん属している可能性が高いのです。

ネットワークを流れるのは情報だけではなく、感情をも運び、影響を伝播させる機能ももちます。あの人が協力するなら面倒だけど協力しよう、となることも十分あり得ます。ヒトは自分と似ている人々とつながりたがり、さらに相互に影響し真似し合う生き物であることを、うまく活用したいものです。

窓際部署での窮地を助けてくれたのは左遷時の仲間

非公式のネットワークが、大きな力を発揮した事例を紹介します。

セーレンの川田達男会長は、かつて窓際部署に追いやられていました。そんなあるとき、成長し始めた自動車メーカーと、繊維製カーシート取引のきっかけをつかみました。その頃は、繊維は強度が足りずカーシートには使えないと考えられていたのですが、川田氏は自動車メーカーに絶対できると約束し、開発に取り掛かりました。しかし、社内では開発は許されませんでした。「クレームがきたら会社は飛ぶ。リスクがある仕事は絶対やらない」と強弁する直属の部長と取っ組み合いの喧嘩になりました。それが社内に知れ渡りましたが、なんとか試作品開発は継続できました。しかし、工場を統括する技術本部長の許可は得られません。

そんな四面楚歌の状況に、「それならウチを使えばいい」と手を差しのべてくれたのは、川田氏がかつて工場に左遷されていたときの仲間でした。工場の管理責任者の帰宅後、夜勤の同僚に工場に入れてもらい、有志が集まって明け方まで作業を繰り返す日々を続けました。こうして、自動車メーカーとの取引に成功し、その後の成長の足掛かりとなったのです。

（参考：「不屈の路程　SERIES18／№2　川田達男」『日経ビジネス』２０２１年8月9日号）

かつての日本企業の強みは、非公式に張り巡らされた関係性が、必要なときに迅速に作動して、一気に組織を動員できるところにあったと思います。感情をともなう非公式なネットワークは、日本の組織においては非常に力を発揮するのです。

そこで忘れてはならないのは、真のネットワークは利他心に基づくということです。「カネの切れ目が縁の切れ目」というように、利他心に基づくつながりはたやすく切断されます。川田氏を救った工場時代の仲間は、純粋に力になりたかったのだと思います。

普段は表面には現れてきませんが、組織の深奥でそうした関係性を織り上げるだけの余裕が、今、求められているのではないでしょうか。

企業組織内で結合する仕組み

組織の中のネットワークを情報や知識が流れることの意味として、結合の効果があります。情報を受容する側がもっている知識と、新たに流れ込む知識が相互作用を起こし、新しい知識が創造されることがしばしば起きます。前章の最後に触れた、経営幹部候補研修での経過報告会の話を思い出してください。発表側とそれを受け取る側の間での相互作用によって、貴重な知識がそこで生まれブラッシュアップされていきます。

野中郁次郎一橋大学名誉教授が提唱するＳＥＣＩモデルの、「連結化」に相当します（図表7-3）。連結化とは、「集団の知になった言語や概念が具体化されるために、概念と概念を関係づけて理論や物語にしたり、概念を操作・細分化したりして、組織レベルで体系化する」（出所：野中郁次郎、山口一郎『直観の経営』ＫＡＤＯＫＡＷＡ、２１７ページ）ことです。連結化は、

図表7−3　SECIモデル

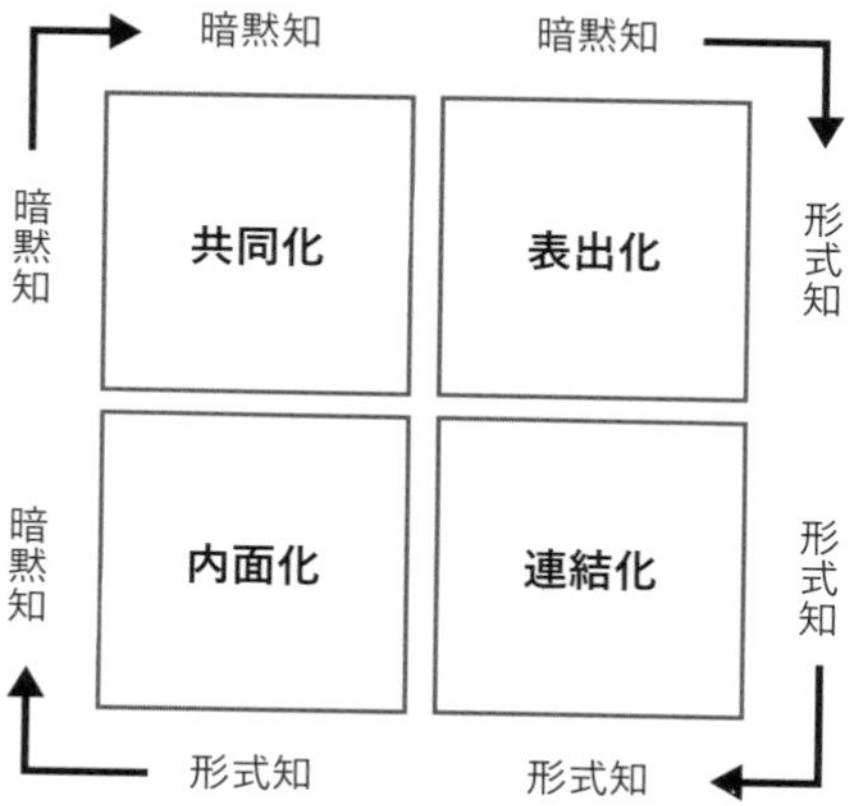

形式知同士が結びつくことなので、「意味づけ」の段階で形式知化、すなわち言語化しておくことが必要です。たとえテキスト情報だけでも、展開できなくてはなりません。

ルーティン業務の中でもこうした結合は起きているはずです。しかし、組織にはさまざまな力学が働いて結合を妨げてしまうことも珍しくありません。利己性によるサイロ化などです。そこで、横串を通して結合を促すような、なんらかの仕掛けを組織に埋め込むことも必要になります。第４章で紹介したイトーヨーカ堂の「業革」や良品計画のＭＵＪＩグラムは、そうした役割を果たしていると考えられます。

運輸関連企業での支店長研修

意図的な結合のプロセスを、具体的な事例で説明します。

ある大手運輸関連企業で、支店長の研修を行ないました。日本全国を8つのエリアに分割し、そのうちのひとつを統括するのがエリアの責任者である支店長です。その企業は複数のサービスを提供しており、かつてはエリア内でそのサービスごとに営業責任者が分かれていました。その企業は方針を見直し、支店長が各サービス全体の営業責任をもつように切り替えました。

それまで支店長は、エリアの名士的存在でしたが、今後は顧客営業の最前線に立つことになりました。顧客に対して、あらゆるサービスを組み合わせて提案し受注獲得を目指します。こ の企業トップは支店長に対して、特に新規大型顧客獲得を求めました。各支店長は営業としては百戦錬磨ですが、今後は自らコンサルティング・セールスによるトップセールスをしなければならなくなったのです。そのための研修です。

支店長8人を2グループに分け、各回4人で実施します。1回は1日の集合研修ですが、その前に課題があります。実際に攻略を想定しているターゲット企業を分析し、その上で企業分析資料と提案書案を作成して事前提出してもらいます。提出された資料は、他の3人のメンバーである支店長にも配布し、集合研修までにそれらを熟読しておいてもらいます。もちろん、講師となるコンサルタントも熟読します。

集合研修には、各支店長以外にサポートでそれぞれ部下3名が加わります。また、支店長の直属の上司（役員クラス）やそのスタッフもオブザーブします。午前中にまずひとりずつ提案書をプレゼンしてもらいます。その際は、顧客にプレゼンしている場面を想定し、ロールプレイします。発表後、講師のファシリテーションにより、質疑応答がなされます。全員が事前に熟読していることもあり、かなり鋭い質問や意見が飛び交い、貴重な学びを生みます。そして、最後に役員もコメントします。

4人の発表と質疑を終え、昼食を挟んで修正作業に入ります。修正作業にはサポートメンバーも加わります。先ほどのアドバイスなどを加味し、わずか2時間程度ですが、非常に濃密な作業になります。そうして、再度4人が順々に発表し、午前中と同様に質疑応答となります。午後の発表は、驚くほどレベルが上がっており、役員が感心するほどでした。

この研修を通じて、以下のことがわかりました。

- 聞き手側の支店長は、豊富な経験に裏打ちされた貴重な知識や情報や視点を、同じ立場として親身になって提供してくれる
- 発表者も、それらを何のてらいもなく感謝して受け止める
- わずかな時間でもアドバイスを加味して、提案内容のレベルが格段に上がる
- サポートメンバーである部下も、こうした支店長同士や役員も加わった真摯な対話に直接触れることで、非常に多くの学びを得られる

研修という場で、有効な結合がなされていました。しかし、考えてみれば、本来こうした対

話は営業会議のような場でなされて然るべきでしょう。終了後、ある支店長にその質問をぶつけると、こう答えてくれました。

「会議では、支店長同士というものは、なかなか本気で言い合えないものです。ある意味、お互いライバルですし。何かアドバイスしてあげたいと思うときもありますが、お互いプライドもあるので、遠慮することもあります。傍聴している部下の目も気になります。今日は、会議ではなく研修ですから、裃《かみしも》を脱いでお互いのために意見をいおうと思えました」

実際の現場では、普段の業務の中で結合をすることの難しさがよく理解できました。また、「心理的安全性」を確保する上で、研修という場が非常に有効であることも確認できました。本来もっている利他性が十分に発揮された姿を見られるのは、純粋に気持ちいいことです。特に日本の組織はしがらみが強いために、利他性が発揮しづらいのかもしれません。それゆえ、意図して結合がなされる場をつくり込むことが必要です。逆にいえば、場さえ適切に用意すれば、本来の利他性が発揮されて結合が進み、知識創造もなされることでしょう。

研修終了後、各支店長は研修で作成したアウトプットにさらに検討を加え、最終版を完成させてターゲット企業を訪問し提案することになります。

こうした活動は、進化プロセスにも似ています。研修という、集団を超えた場で活発な対話を繰り返しながら、いくつかの新しい知識、すなわちアドバイスを加味したいくつもの案に変

図表7−4　組織の進化のプロセス

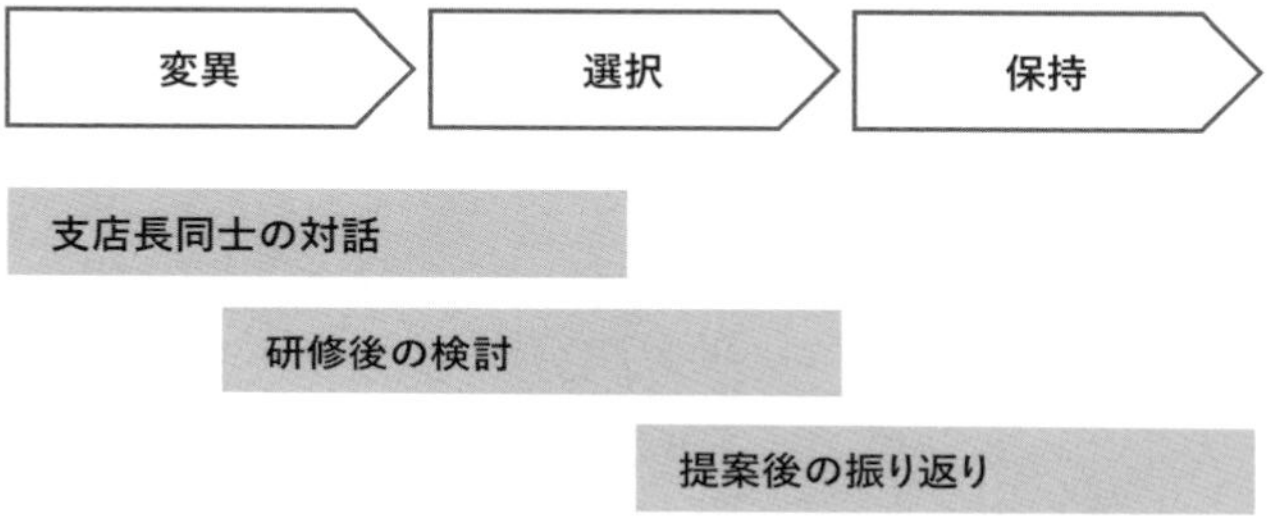

貌します（変異）。それらは研修後さらに吟味検討されて、ひとつの知識に収斂します（選択）。研修の場では、変異しつつ選択もされているとも考えられます。そうして、実際の提案の結果も踏まえて、支店内に貴重な経験やノウハウなどの学びが蓄積されます（保持）。特に、研修でもサポートしたスタッフは、他の支店長のプレゼンからも大きな学びを得られます（保持）。支店長研修を含む一連の活動は、組織内での進化プロセスともいうことができます（図表7−4）。

組織の外と結合する仕組み

この事例では、同じ会社の支店長同士という、いわば閉じた世界での結合でした。本来は、外に開いた結合も求められています。企業の壁を超えて、結合を促す仕組みの事例を見てみましょう。

トヨタの自主研

ここでもトヨタが登場します。トヨタの「自主研」は、１９７６年にトヨタグループ各社が集まって「トヨタ生産方式自主研究会」が組織されたのが始まりです。

現在では、サプライヤー企業にも範囲を広げています。そこでは、トヨタはオブザーバー的な指導役に回り、選ばれたサプライヤー約60社が、小グループ（各グループ６、７社）に分かれて活動します。各社の工場の組・班長、係長、課長クラスまでのすべての管理職が対象で、階層別の自主研が月１回開催されます。各メンバー企業の工場を順次訪れ、受け入れ側のメンバーが自分の現場の状況や問題点について説明し、グループにテーマを出します。そのメンバーは原則そのカイゼン活動には入らず、他のメンバーに見てもらい後で発表を聞くだけ。そうして、各社で成果を共有し、各社は持ち帰って自社でも活用する。トヨタの系列システムの中で、自主研という場を使って、感知、意味づけ、展開が一気に行なわれます。トヨタグループ内には、こうした自主研という形の能力開発サイクルが、至るところで回っています。だから、進化を続けることができるのでしょう。

（参考：柴田昌治、金田秀治『トヨタ式最強の経営』日経ビジネス人文庫）

この自主研はこれまで生産現場でのみ実施されてきましたが、２０２０年から事技系（事務職と技術職）でも実施されることになりました。事技系職場でもトヨタ生産方式（TPS）を共通言語として、人材育成に取り組む試みです。そして、2021年3月30日、愛知県にあるトヨタグループの研修所で「第1回 事技系職場 トヨタ生産方式自主研究会合同発表会」が開催されました。合同発表会とは、自主研の成果を全グループに横展開（ヨコテン）するための機会でもあります。

発表したグループのひとつ、クルマ開発センターでは、車の運転席にあるメーターの開発業務の改善に、ソフトウェアの仕入れ先であるデンソーも巻き込んで取り組みました。系列関係にあるとはいえ、取引先とどのような関係性で自主研は実施されているのでしょうか。デンソーの担当者は、以下のように語っています。

> 今回、かなり忌憚のない意見を言わせていただいているんです。「トヨタさんも、まだここができていませんよ」などと、結構厳しい意見を私から申し上げましたが、それに対して川上リーダーからは、「指摘いただきありがとうございます。もっとどんどん言ってください」とお返しいただけました。それならば、「もっと申し上げます」という流れになり（笑）、とても円滑になっています。（中略）
>
> ここまでデンソー側に下りてきて、意見を聞いていただいたことはないと思います。今までも意見は求められていましたが、その意見がどうトヨタさんの中で生きてきたかとい

うのは、懐疑的だったんですね。それが冒頭の「本気でやるんですよね？」という言葉にもつながっているのですが、そこを１本にまとめてくれたのが、今回の活動。（中略）

トヨタさんの思想、ＴＰＳは、各部門にしっかりと根付いていますので、自分たちの工程でそれぞれ改善を一生懸命されていると思います。そこをわれわれにまで広げて、「じゃあ、デンソーさんにとってどうなの？」というところまで目を向けてくれたのが、今回の事技系ＴＰＳが踏み込んだところだと思います。（中略）

われわれとしても今後、デンソーの中で発信していかなければと思いますし、またデンソーの発信が他の仕入れ先への発信にもつながっていくと考えています。ですから、決してデンソーの製品だけとか、メーターという視点だけではなく、トヨタとわれわれ仕入れ先との関係を含め、大きく広がるのが理想です。

（出所：トヨタイムズ「「本気ですか？」仕入先の一言に応えた〝本気のＴＰＳ〟」https://toyotatimes.jp/feature/032.html）

トヨタはあらゆる部門で、会社の壁も乗り越えて他社の知識とも結合をはかり、それをグループ内に展開する仕組みを構築しつつあります。これも、トヨタの進化能力の表れでしょう。

イグニッション・ポイントを探せ

カバレッジの項では、主に面を広げて展開することを考えてきました。社会的ネットワークを使って、効果的にカバレッジを広げる方法です。その中ではハブの存在が重要でした。ハブを起点にしてクラスターを利用することで、広いネットワークに近道をつくることができました。

次に考えたいのは、質的な意味でのハブに相当する人や機関や施策などです。筆者は尊敬するある経営者から、イグニッション・ポイントを探せとアドバイスされたことがあります。イグニッション・ポイントとは着火点のことです。何かを燃やそうとするときに、そこに着火すると最も早く、大きく燃えるポイントがある。いろいろなところに火をつけて回るのではなく、イグニッション・ポイントをいち早く見つけそこにエネルギーを集中せよ、との教えです。イグニッション・ポイントこそが、展開する上で最も効果的に組織に影響力を行使できる存在です。カバレッジを高めるためのハブに対して、強い影響力を行使するためのイグニッション・ポイントだと考えています。その経営者の事業を事例として紹介するわけにはいかないので、また「私の履歴書」から抽出します。経営者にとってのイグニッション・ポイントの事例です。

第5章でも触れた島精機製作所の島正博会長は、１９８０年にそれまで10年近く販売代理店だった伊藤忠商事との契約を解消しました。

何も良いことがないとの思いが年々募っていた。「社長、ほんまにやるんでっか」と営業担当者は渋ったが「損して得とれ」と断行。一時的に販売量は落ち込んだが、ニットのメーカーはじめ販売先との関係が深まり、情報を幅広く吸収できるようになった。

（出所：「私の履歴書」『日本経済新聞』朝刊、２０２１年3月25日朝刊）

もうひとつは、東京エレクトロン東哲郎元社長・会長です。

そんなとき顧客である半導体メーカー米テキサス・インスツルメント（ＴＩ）の幹部３人が来日した。代理店経由の販売をやめ直接取引にしない限り、東京エレクトロンとの関係を断つという。（中略）確かにそうだ。いずれ欧州やアジアの顧客も同じことを言い出すに違いない。私はＴＩの件を取締役会に報告し、早急に手を打つ必要があると訴えた。ゴーサインが出た。「第二の創業」と思って仕事に打ち込んだ。

（出所：前掲紙、2021年4月16日）

両社では少し状況は異なりますが、大きなリスクを負って販売代理店との契約を破棄したことは共通です。2人とも企業をもう一段階上のレベルに引き上げることが必要だと考え、その際どこに火をつけることが最も効果的かを模索していたのだと思います。わらの束にたとえるなら、すでに日光で温度が上がりつつあり、わずかの火で一斉に燃え上がるポイントが直販への切り替えだったのだと推測します。火傷のリスクを抱えながら。

また、先に紹介したセーレンにとっては、自動車メーカーと取引することがイグニッション・ポイントでした。自動車の内装材の開発に取り組んだ1970年代は、染色加工が売上の約97%を占めていましたが、現在ではわずか6%にすぎません。

これらは経営者による戦略的判断なので視座は異なるかもしれませんが、参考にはなると思います。筆者は、人・組織の面から会社が「変わる」きっかけづくりのお手伝いをしてきました。振り返ってみれば、研修が企業が変わるきっかけになることを成功とするならば、その成功の条件は2つのイグニッション・ポイントを見つけられるかどうかにかかっていると感じています。

ひとつめは、企業側の企画者が「変える」ことに対して並々ならぬ決意を抱いており、そこを起点に組織に影響力を行使できる体制が整っていることです。そうした企画者や企画機関こそがイグニッション・ポイントです。ある企業でこれまでと違ったタイプの新しい研修を導入しようと一緒に検討している際に、その研修の企画担当者から「当社は一度導入したら10年はやり続けますから、そのつもりで臨んでください」と筆者はいわれました。もちろん約束したわけではありませんが、身が引き締まる思いがしたものです。ここまでいえる企画者は、社内への影響力を駆使して、実際に成功に導きます。一方、一度導入しても少し業績が落ちたからと、その年で終わる会社もあります。覚悟をもった企画者こそが、イグニッション・ポイントとはそういう意味です。

２つめは、その企画者のもとで「変える」ことを最終目的にした研修を実施する際に、適切な研修受講者集団を選べるかです。そのためには、組織の力学（どこを押せばどこが動くか）を理解せねばなりません。イグニッション・ポイントとなり得る受講者を集めることができれば、組織への波及効果は大きなものになります。この２つのイグニッション・ポイントが見つかり、そこに適切な働きかけをすれば、失敗することはあまりありません。

リストラに取り組み始めた大手メーカーでの研修

かつて、ある大手自動車部品メーカーで、意識改革を展開する活動のひとつとしての研修を手伝った経験があります。当時その企業は業績不振に苦しんでおり、はじめて大規模な早期退職者募集などのリストラに取り組み始めました。リストラという言葉がネガティブな意味で使われ出した頃で、社内には動揺が走ったといいます。人事課長のIさんは、退職者の転職先のあっせんに忙殺されながら、筆者と研修内容を詰めていきました。Iさんは、その研修の意図をこう語りました。

「弊社はリストラ企業としてマスコミで採り上げられ、社員も動揺している。しかし、会社が生まれ変わるには避けては通れない。本来、リストラは決して悪いことではない。それは、会社をいい方向に大胆に変革することだ。これから中核となって、それを引っ張っていってもらいたい人材が、それをしっかり理解し、本気で前向きな『リストラ』に取り組んでいける、そんな研修を企画したい」

その研修は、アメリカ企業のリストラクチャリング（企業再構築）のケースを使って、リストラの本質と自社にとっての意味を、受講者に徹底的に考え、議論してもらう内容にしました。課長クラスを対象に、25名／回で2日間のプログラムを、人を替え4回くらい実施（計約100名）しました。あるとき、Iさんは筆者に、「啐啄同時《そったくどうじ》」という言葉を教えてくれました。鶏の雛が卵から産まれ出ようとするとき、殻の中から卵の殻をつついて音を立てます（「啐」）。そのとき、すかさず親鳥が外から殻をついばんで破る（「啄」）。この「啐」と「啄」が同時であってはじめて、殻が破れて雛が孵ります。当時の筆者には、Iさんの意図はよく理解できませんでした。今では、わかります。組織と個人が、適切な時機に適切な内容を働きかけ合ってはじめて学びが成立するのであり、今、自分たちはそれに取り組んでいるのだと、筆者に伝えたかったのだと思います。

約１００名の受講者が、その後社内でどのような活躍をしたかはわかりませんが、きっとＩさんの想いは通じたと思います。その後、その企業は成長を続けています。Ｉさんは研修終了後しばらくして、早期退職者の転職先の目途がついたからと、自らも退職しました。この会社にとって、Ｉさんの存在とＩさんが選んだ研修受講者たちがイグニッション・ポイントだったのだと思います。

会社とは「変わる」ものですが、意図をもって「変える」ための存在、すなわちイグニッション・ポイントが不可欠です。組織内での展開をはかる上で、どこがあるいは何がイグニッション・ポイントになるかを注意深く探る必要があります。「ショールーム改革プロジェクト」チームも、プロジェクトを進めていく上で、誰がイグニッション・ポイントなのかという視点で、アドバイザーをお願いする執行役員を選んでいました。

少数派の影響力は思っているより深い

組織内で展開をはかろうとしたって、所詮少数派の意見など聞いてくれはしない、と諦めている人はいませんか。諦めるのは早いです。多数派による影響は表面的な効果にとどまりますが、少数派による影響は無意識のレベルにまで至ることが、社会心理学者セルゲイ・モスコビッチによる以下の実験でわかっています。

暗室に6人の被験者（うち数人がサクラ）が入り、白いスクリーンに投影された青色の色彩判断を行う実験です。さらに投影を停止した瞬間に知覚される、残像の色も判断します。残像は投影停止された色の補色が必ず知覚されるので、青の補色であるオレンジ色と判断されるはずです。被験者は2つのグループに分かれます。6人中サクラ（影響者）が2人だけの少数影響者グループと、サクラが4人いる多数影響者グループです。サクラは、ウソをついて投影色が青ではなく緑だと答えることになっています。実験は四段階です。第一段階は、見えた投影色と残像色を回答用紙に記載して提出します。他者の判断は知ることはできません。第二段階は、投影色のみを参加者が皆の前で順番に口頭で回答します。第三段階では、第一段階と同様投影色と残像色を回答用紙に記入して提出します。第四段階では、サクラが口実をつくって退席し、真の被験者のみが残り、第三段階と同様に投影色と残像色を回答用紙に記入して提出します。

結果は予想に反したものでした。第一段階では、当然真の被検者は青が投影色で、残像はオレンジと記入しました。しかし、第二段階では変化が起きます。多数影響者グループでは、被検者は投影色を「そういわれてみれば、少し緑色に見えたなあ」などと口頭で答えて、影響された様子がうかがえました。一方の少数影響者グループでは、そういった影響は一切見られず被験者全員が青と答えました。緑と答えるサクラに対し、嘲笑したりするほどです。第三段階では、投影色についてはどちらも第二段階と同じ反応を用紙に記入していましたが、残像色についてては変化がありました。多数影響者グループでは、正しくオレンジ色（青の補色）の残像を知覚しましたが、少数影響者グループでは被験者は赤色（緑の補色）の残像を知覚しました。つまり、残像に関しては多数影響者グループでは影響されないのに、少数影響者グループは影響されたのです（図表7-5）。

（参考：小坂井敏晶『社会心理学講義』筑摩選書）

普通想定される結果の逆ではないでしょうか。投影色の知覚は意識的になされるのに対して、残像色は無意識に知覚されます。第4章で見たように、知覚とは五感（この場合は眼）でなさ

図表7-5　真の被験者の回答

	知覚 投影色 （○青、×緑） 多数影響者グループ	知覚 投影色 （○青、×緑） 少数影響者グループ	知覚 残像色 （○オレンジ、×赤） 多数影響者グループ	知覚 残像色 （○オレンジ、×赤） 少数影響者グループ	公開 or 非公開
第一段階	青	青	オレンジ	オレンジ	非公開
第二段階	青＆緑	青	―	―	公開
第三段階	青＆緑	青	オレンジ	赤	非公開
第四段階	青	青	オレンジ	赤	非公開

サクラ退席

意識下　　無意識下

注：（楕円）は影響されたことを表す

れるのではなく、そこから入力された情報を脳で処理してはじめて認知できます。つまり、脳で見ているわけです。この実験においても、単に視覚の判断力を問うのではなく、脳での認知の作用を見ることでした。日常の認知活動でも、同じようなことが起きていると考えるべきでしょう。

　さて、ここまでの実験では、意識レベル（投影色）では多数派の影響は受けやすいが、少数派の影響はほとんど受けない、かえって拒否反応を示すくらいでした。しかし、少数派は被験者の無意識の領域で影響力を行使していたのです。少数影響者グループの被験者は、投影色が緑色に見えていたとしても、あえてそれを表明することはできなかったのかもしれません。しかし、無意識下では拒否することはできないため、素直に緑の補色の赤と回答したのでしょう。

さらに第四段階の結果も意外なものでした。サクラが退席したため、影響力が薄れると考えられます。たしかに、多数影響者グループでは、時間が経つにつれて影響効果は薄れていきました。しかし、少数影響者グループでは残像の色については、逆にさらに影響が強まったのです。モスコビッチはこう解釈しています。少数影響者グループの被験者は、少数影響者と同じ立場をとると自分自身も少数派の一員に分類されてしまうと怖れる。そのため、表立っては（意識上の）本心を語ることができない。しかし、本人も知らない間に影響を受けているので、影響源であるサクラがいなくなりその心配が薄れると、時間差をともなって影響効果が表れてくるのであろう。

以上の実験から、以下が推定されます。

- 多数派の影響は意識的かつ表面的な効果にとどまるが、少数派の影響は無意識に至る深い効果を示す
- 多数派の影響はすぐに表れるが、その場限りで消えやすい。対して少数派の影響はすぐには表れないが、時間の経過とともに徐々に効果が浸透していく
- 影響源が少数派だと、本当は他者から受けた影響の結果であっても、それに気づかず自らが選択した判断であると錯覚することが少なくない。その場合、確信が深まり容易にはその意

見を変えなくなる

また、類似の実験で少数派の影響力が行使できるのは、以下の3条件に合致する場合だということがわかりました。

①影響源が一貫性をもって意見・判断を主張し続ける
②影響源がひとりではなく複数
③全員が同じ見解を固持する

少数者による影響は、多数者に対して「社会から孤立するリスクを冒してまで同じ主張を続けるのはなぜなのか」といった認知的葛藤を引き起こし、表面的には変化がなくとも、内的な態度変化をもたらすと、モスコビッチは考えました。このように、少数派が多数派の考え方を変えていくことも十分にあり得るのです。たとえ少数者であっても、組織に大きな影響を与えることも不可能ではありません。

次のような経験はないでしょうか？

課長に何度も、ある提案を進言したのだが、聞く耳をもってもらえなかった。約1年後に、競合が私の提案していたのと似た施策をとっていると課内で話題になった。すると、課長は課員を集めて、こういった。

「以前から考えていた施策を競合に先にやられてしまった。でも、まだ遅くはない。明日からウチの方針を変え、私が考えていた施策でいくことにする」

私は驚いたが、結果オーライだと自分を納得させた。

ヒトは外部から受容した情報と、内部の記憶からの想起情報を、実は厳密には区別していません。脳のニューロンでの連結作業に入ってしまえば、単なる同じ入力情報です。したがって、課長が取り違えることは、おかしなことではありません。かつて「私」の進言した提案が少数者の意見として課長の記憶に残り、内的な態度の変化につながったのだと考えられます。しかも時間を経ることで強化されます。この例は偶然でしたが、意図して少数者の影響力を活用することもあっていいかもしれません。

少数者の意見は、組織が環境適合する上で有益な「変異」である可能性もあるため、ヒトの脳に無意識に残るようにプログラムされているのではと思ってしまいます。

明治維新も、実はそうした少数者の影響力で成し遂げられたのかもしれません。また、映画「十二人の怒れる男」では、ヘンリー・フォンダ演ずる主人公が、当初陪審員12人の中でただひとり有罪に反対しました。最後は全員が無罪と評決したわけですが、もし最初から４、５人が無罪を主張していたら同じ結論には至らなかったかもしれません。

ビジネスの世界ではあり得ることなのかと、疑問をもたれるかもしれません。前述のセーレン川田会長は、まさに少数者でした。入社直後から日誌で、下請け体質を変えるべきだと経営批判を続け、大卒文系入社組全員が本社配属される中で、唯一工場勤務を命じられました。

５年後、大阪の営業に異動しますが、そこでも御用聞き営業はやめるべきだと上司に噛みつきました。32歳になって、自分以外の同期は全員課長に昇格していました。そしてさらに、窓際部署である「編物営業課製品開発グループ」に異動を命じられます。部署名には開発とありますが、「何もしなくてもいい」部署でした。そこでも川田氏は自分の主張を唱え続けます。そうした中で、先述の自動車メーカーの担当者と知り合ったのです。ポイント、ポイントでは、密かに川田氏を応援してくれる人が現れています。モスコビッチの仮説の通り、そこまで川田氏が信念をもって主張する姿に無意識に影響された人々がいたのだと思います。そして、イグニッション・ポイントの着火に成功し、社長になり会社を変えたのです。

数人で始めたベンチャー企業が、社会に少しずつ認められていくのは、ひたむきな少数者の姿に周囲が無意識のレベルで応援したくなるヒトの本性も関わっている、個人的経験からもそう思います。

第8章 組織記憶

組織の学びは難しい

かつて、あるアメリカの経営学者がデトロイトの自動車メーカーの重役グループを訪ねたときのことです。当時は、日本の自動車産業の脅威が押し寄せつつある頃でした。ひとりの重役がこういいました。

「本物の工場を見せてもらえなかったのですよ」。どういうことかと私が尋ねると、こういう答えが返ってきた。「どの工場にも在庫が一切ありませんでした。私は30年近く製造業に携わってきましたからね、あんなものは本物の工場じゃありません。私たちの視察用にこしらえた芝居に決まっています」。

（出所：ピーター・M・センゲ『学習する組織』英治出版、242ページ）

今では笑い話にもなりませんが、当時日本メーカーの脅威にさらされているにもかかわらず、この役員の頭の中は、古い見方に凝り固まっていました。この人が特別だったのではなく、当時のアメリカの業界全体がそうだったのでしょう。コダックがフィルムにこだわって倒産したのも、きっと同じような構造にあったからかもしれません。

組織が経験から学んで、そして記憶を書き換え蓄積していくことの難しさの典型的な事例です。しかし、組織能力を開発するには、感知し意味づけされ展開した結果を受けて、組織の記憶になんらかの形でとどめなければなりません。事例はアメリカの企業でしたが、決して日本企業が組織記憶に長けているとも思えません。筆者は何度もそう感じる場面に遭遇しました。

企業幹部候補を対象にした研修では、しばしばケースを使います。ケースとはある実際の企業を題材に、取り巻く環境とその企業の内部の状況を記載した資料で、ハーバード・ビジネス・スクールや慶應ビジネススクールの教員が企業にも取材し作成したものを使うことが一般的です。それを読んだ受講者が今、自分がこの企業の経営者だったとしたらどうするかを考え、議論するのです（ケース・メソッド）。

こうした研修を行なうと、しばしば他の国や他業界でなく、もっと自社の状況に近いケースを使いたいとの要望が出ます。そこで、では御社の過去の経営上重要な意思決定を題材に、ケースを作成しましょうと提案すると、担当者レベルでは興味を示したとしても、十中八九は実現しません。現在の経営陣やその上司が関わったような案件を、振り返って調査しケースにまとめること自体に、すごく抵抗があるのです。もし作成すれば、現在の幹部候補に多くの学びをもたらすことは間違いありません。しかし、過去の失敗に触れてしまうかもしれないような作業はしたくはないようなのです。組織の記憶には残したくないかのように。

それで結局、過去を知る経営陣やＯＢに体験談（武勇伝?）を語ってもらうことになったことが何度もありました。これは企業に限ったことではなく、日本社会全般にいえることだと思います。実行を振り返って総括し、将来への備えとするという習慣があまりないようです。

本章では、組織能力開発サイクルの輪の最後になる組織記憶について考えていきます。

組織記憶の4つのパターンと「因果マップ」

組織は、環境と内部から常に大量の情報を受容します。それらを処理して記憶にとどめ、これからの行動に活用することが組織記憶の大きな目的です。記憶する内容にも、記憶の使われ方にも、いくつかのパターンがあります。それを2軸で4つに整理してみました（図表8-1）。

ひとつめの軸は、言語化が可能か困難かです。ヒトの記憶に宣言的記憶と非宣言的記憶があると第4章で説明しました。宣言的記憶は、言葉で説明できます。言葉で説明できれば、その存在自体は意識することはできます。普段は意識していないかもしれませんが、自分はこの記憶に基づき、こうした行動をとっていると説明することはできます。言語化可能な記憶に基づいて、ある行動を作動させてくれます。言語で表現できるということは、具体的な行動が想定されているのですから、確実性が高い環境では力を発揮できます。しかし、不確実な環境であれば、過去の記憶が使えないこともあるのが欠点です。また、意識に上りやすいため、ロジックを使って説明することで修正することは可能です。

一方の非宣言的記憶は、なぜこうした行動をとっているのか、言葉で正しく説明するのは困難です。自転車の乗り方を言葉では説明できないように。言葉にできないということは、意識

図表8-1　組織記憶の4つのパターン

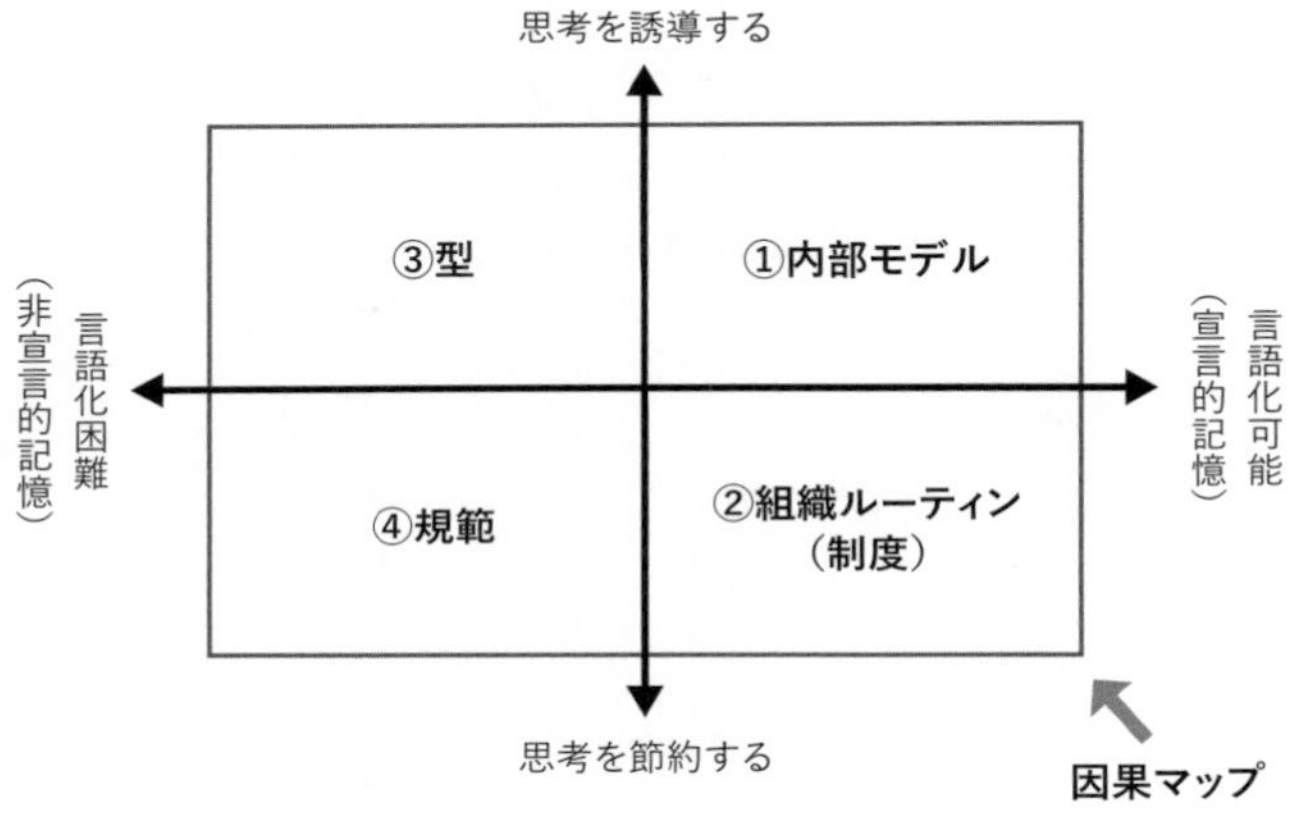

にも上りません。それにもかかわらず、思考や行動を規定します。言語化できないのですから融通無碍ともいえ、解釈の余地は大きくなります。そのため、不確実な環境でも使える可能性は比較的高いかもしれません。ただし、記憶自体の書き換えは困難です。

2つめの軸は、組織記憶によって思考（認知エネルギー）を節約するか、思考を誘導するかの軸です。ヒトの脳と同様、組織の認知能力や記憶の容量には限界があります。それに対して、どのように対応するかが大きな問題となります。いかに認知エネルギーを削減し負荷を軽減するか、そして記憶容量をできるだけ使わないようにするか。第5章で、ヒトの認知バイアスを説明しましたが、組織でもそれと同じようなメカニズムが働きます。もう一方の思考を誘導することは、組織記憶が効果的な思考や行動を導いてくれることを指します。このように、効率重視か効果重視かの軸ともいえます。

この２軸によって、組織記憶は４つのパターンに分類できます。①内部モデル、②組織ルーティン、③型、④規範です。

そして、もうひとつ大事な概念があります。すべての組織記憶の作動に影響を与える頭の中の「因果マップ（メンタルモデル）」です。その組織固有の世界の見方、世界観のようなものです。組織が同一性をもつのは、構成員がさまざまな因果関係が織り込まれた地図を共有しているからです。構成員は、おおよその地図にしたがって同じような行動をとることになります。

因果マップが大本の組織記憶ということができます（メンタルモデルという言い方もありますが、本書では因果マップを使用します）。以降で、それぞれの組織記憶パターンの特徴を理解し、それらを効果的に機能させる方法を考えていきます。

組織の内部モデルに基づいて判断し、行動する

第４章で説明したように、ヒトの脳の中には内部モデルが備わっています。ヒトは内部と外部から受容した情報を、内部モデルに入力しシミュレーションをしています。過去の記憶に基づき、効果が高いと判断される行動をとることを支援します。企業組織にもたくさんの内部モ

デルが存在します（注：ヒトは非言語的記憶も内部モデル化するが、ここでは主に言語的記憶を対象とする）。筆者も研修での議論を通じて、たくさんの企業固有の内部モデルに触れることができました。

「ウチの製品は、性能はピカイチなのですが、シェアは低下傾向でした。原因がよくわからず、いろいろ調べてみたところ、ある顧客から納期遅れが原因で他社製品に乗り換えたとの情報を得ました。そこで、担当事業部に確認したのですが、納期達成率は95％以上あり、問題はないとの回答でした。さらに調査を進め事業部の営業担当にヒアリングをしたところ、こんなコメントがありました。『営業目標にも設定されているし、納期を守りたいのは山々なのですが、生産からの納品が遅れることがままあります。そういうときは、私たち営業が顧客に頭を下げ、納期を後ろにずらしてもらいます。顧客もウチの製品のよさは理解してくれているので、大抵了解してくれます』。納期変更のおかげで、納期達成率は下がっていませんでした。そのうちこうした慣習が甘えになり、納期が次第に延びるようになっていったようです。最初は我慢してくれていた顧客も、やがて他社へ切り替えていったのでしょう。実は、他の事業部でも同様な事態が起きているようで、今、その対策に頭を捻っているところです」

この組織には、品質へのこだわり→納期の遅れ→納期の後ろ倒し→納期達成率目標クリア→納期より品質が重要→品質へのこだわり、という内部モデル（図表8-2）が組織内に存在して

図表8–2　内部モデル化

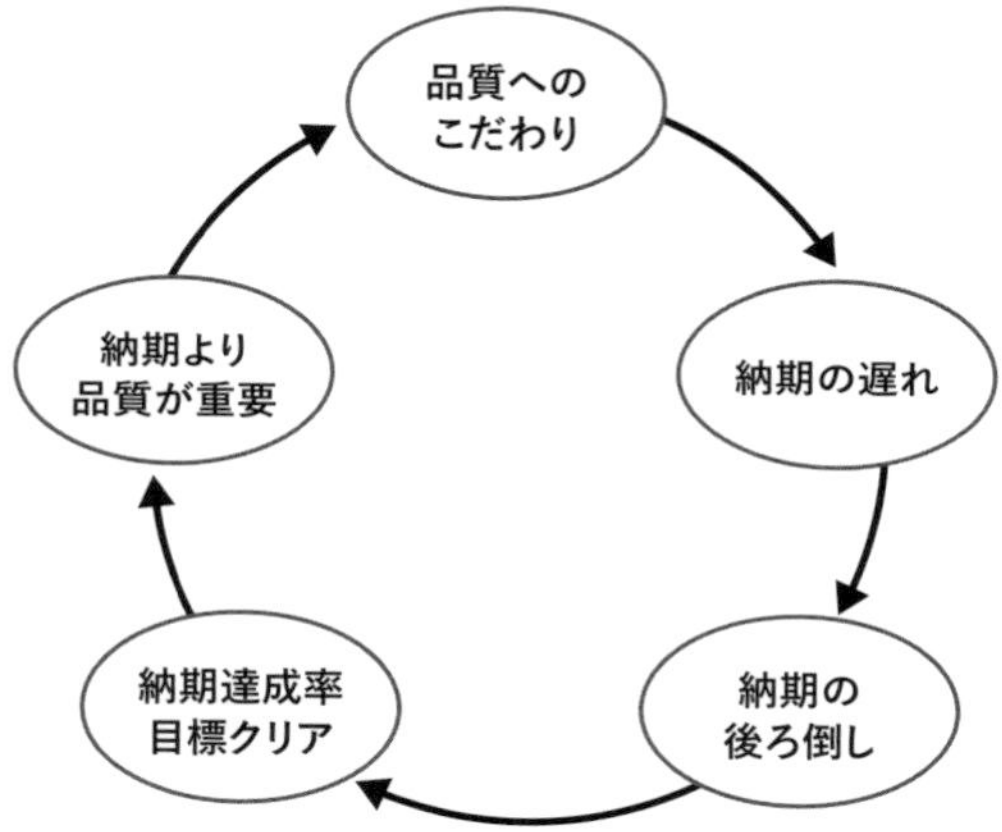

いました。ある時期までは、それが有効だったのでしょう。

顧客から多少クレームがきても、誰もがこの内部モデルにしたがって行動していたわけです。組織の中で、最初からこの内部モデルにしたがうことに慣れてしまえば、疑問は感じなくなります。しかし、ダメージはじわじわ浸透し、市場シェア低下という形で表れました。難しいのは、目に見える被害がなければ、なかなかそれに気づき、書き換えることが難しい点です。

研修の場において、異なる内部モデルをもつ組織のメンバーと対話することで、それに気づくことがあります。話をしていると、なんだか違和感を覚え、そのうちその原因が前提の違いにあると気づきます。そこで話を深めるうちに、自組織の内部モデルの特徴に考えが及ぶようになります。

ただし、内部モデルの修正の必要性に気づいたとしても、修正を組織全体に浸透させることは容易ではありません。修正の難しさは〈関わる人数×それを所与としてきた時間〉に比例するでしょう。関係性に基づく社会構造を変えることが難しいのも、そのためです。これは、組織記憶すべてにもいえます。

内部モデルの修正には大胆な施策が必要

内部モデルの修正に果敢に挑戦した事例をひとつあげます。

電通は人事における予測誤差で内部モデルを書き換えた

広告代理店最大手の電通には、かつて媒体（メディア）やクライアント企業との関係を強固なものにしておけば経営は盤石との内部モデルが存在しました。いわば、必勝パターンです。そのために、それを担う人間的な営業努力を強化し続けてきました（「鬼十則」という行動規範は、２０１６年まで社員手帳に記載されていました）。ところが、90年代後半からインターネットの急速な普及にともない、その内部モデルへの脅威が忍び寄りつつありました。そうした中、社内を騒然とさせる人事異動がありました。

電通の杉山恒太郎氏といえば、広告業界で知らないもののいないクリエイティブ・ディレクターでした。小学館の『小学一年生』のTV-CM「ピッカピカの一年生」や「セブン・イレブン・いい気分」、詩人ランボーをテーマにしたサントリーローヤルのCMなどが有名です。そんな杉山氏が、1998年突然デジタル分野への異動を命じられたのです。杉山氏の話を聞きましょう。

今はもう、亡くなられたんだけど、当時、電通副社長だった桂田（光喜）さんに突然呼ばれてね。「これからの広告代理店はデジタルもカバーしていかんとダメ、お前、それのリーダーをやれ」って言われて。そして、その後「デジタルキッズは、ばらばらだと訊くから、お前が局長をやって、人心をまとめて」と言ってくれたのは、次の副社長の俣木（盾夫）さん（現：相談役）でした。もう、椅子から転げ落ちそうになってね（笑）。

これがいわゆる、左遷というやつか、と（笑）。

僕、いまだに覚えてるのが、その時、自分のサラリーマン人生ではじめて人に同情（笑）されたんですよ。「杉山もついに、はずれたぞ」ってね。

だって電通のなかでも、まだインタラクティブや、ソリューションっていう言葉すら浸透してなかった時代ですよ。どっかの首相が「IT」のことを「イット」って胸張って叫んで大騒ぎになる、少し前の話だからね。

そうそう。それで、当然ながら、その頃電通ではＣＭやグラフィックといったマスのクリエイターが一番、幅をきかせていた時代ですからね。いや、僕も一応、その中で結構、頑張ってたんですよ（笑）。

それが突然、デジタル担当ですからね。シベリアで開墾する心境（笑）。当時、電通の中でもデジタル部門というのは、まだ稼ぎにならない傍流の扱いだったわけです。そもそも、デジタル広告にクリエイティブっていう概念すらほとんどない時代ですから。だって、静止画のバナー広告しかないんだから、このマスの中で「クリエイティブしろ！」っていったってそれは闇の奥ですよ。

でもいま思うと、当時の電通副社長だった桂田さんは、先見の明がありましたよね。

（中略）

さっき話に出てきた桂田さんが「杉山、とりあえずデジタルの最前線を観てこい」って言ってくれて、僕をＭＩＴ（マサチューセッツ工科大学）に行かせてくれたんです。

そこに、シーモア・パパート（子供向けプログラミング言語ＬＯＧＯの開発者であり、ＭＩＴ人工知能ラボラトリーの創設者）っていう、もう見た目が鉄腕アトムに出てくる御茶の水博士そっくりなパンクなおじいちゃんがいたんですよ。そのおじいちゃんと気が合ってね。

一緒に仕事を仕掛けてみたり、彼からテクノロジーの最先端を学ばせてもらった思い出がありますね。今から考えると、あのおじいちゃんすごい人だったんだよね。

（出所：アドバタイムズ「杉山恒太郎さんに聞いてみた「日本のデジタル広告黎明期って、どんな様子だったんですか？」」https://www.advertimes.com/20151119/article209313/）

いかがでしょうか。1998年といえばWindows98が発売された年。インターネットの重要性は疑うべくもなかったとはいえ、広告業界への影響力はまだまださほど認識されていなかったのではないでしょうか。そんな時代に、TV-CMのエース中のエースである杉山氏を、新しく創設する電通初のデジタル領域の部署のトップにすえた。そして、MITにまで行かせた。その社内に与えたインパクトは、相当のものではなかったかと想像します。電通の社員に対して、これからは「デジタル広告の時代だ」と宣言したに等しいと思われます。

従来の経営戦略に関する内部モデルを、これから押し寄せるであろうデジタル化にフィットした内部モデルに書き換えるには、このくらい大胆な施策が必要なのです。第4章で、ヒトは報酬予測誤差が大きいほど、記憶が強化されることを説明しました。組織もまったく同じで、組織構成員の多くが予測もしていなかった事態が起こったときに、内部モデルが更新されるのです。

人事における予測誤差は、組織全体に対して非常に大きな力を発揮します。しかし、リスクも大きい。異動を命じられた杉山氏は、一瞬退職も考えたと述べています。しかし、その後デジタル広告の先駆けとして成功し、電通取締役にまで上り詰めました。

自動的な行動を埋め込む組織ルーティン

次は、言語化可能な記憶を使って、できるだけ認知エネルギーを使わず自動的に行動するパターンです。環境が安定していれば、効率重視は好ましい選択です。

組織の認知負担軽減策は３つあります。

ひとつは、第5章で見たヒトの非注意性盲目に相当する「選択的認知」です。組織の注意対象に入っていなければ、選択対象から外し「見ない」。入ってきた情報に対して処理するまでもなく、削除することです。バスケットボールコートの向こうにいるゴリラが見えなかったように、本章の冒頭の重役は日本の自動車メーカーの姿をありのままには見ませんでした。見ないことで、考える認知エネルギーを節約したのです。見るか見ないかの選択の基準はいくつか考えられます。ここでも、認知バイアスが働いています。これまでの組織の信念との一貫性を保ちたい、余計なことを考えて組織にムダなエネルギーを使わせたくない、自組織のプライドを維持したいなど。ただ、大本としては、組織がもっている世界観である因果マップにかなうかどうかで選択するのだと考えます。

2つめは、頭を使わないでも自動的に行動できるようにしてしまうことです。考えることなく行動する組織ルーティンがこれにあたります。意識しなくても、この組織では誰もが当然のようにとる行動を、ここでは組織ルーティンと呼ぶことにします。中途入社した社員がその会社や業務に慣れたと思えるのは、組織ルーティンを習得したときです。

だいぶ前になりますが、港区芝公園にあったセブン-イレブン・ジャパン（SEJ）の本社を訪問したことがあります。広いオープンフロアーの端を通る廊下を歩いていくと、社員の執務用机がずらっと並び、仕事をしている姿が一望できました。驚いたのは、机の並べ方がよくある島型ではなくスクール形式で、すべて廊下に面して横一列に並んでいるのです。数百人の社員から視線を集めているような気がして、緊張しました。しかも、すべての机の上には、電話以外一切ものが置かれていません。そこに座る社員も、全員が真っ白なワイシャツで、髪も短く刈られ整っていました。このオフィスに象徴される組織ルーティンが、思わず想像できました。

合理的でムダを嫌い直球勝負するのだと感じました。面談した社員の印象が、まさにそうでした。実はその数時間後、当時威勢がよかったダイエー本社も訪問しましたが、オフィスも社員の対応も驚くほど正反対でした。

組織ルーティンは、大勢の社員の行動の積み重ねで自然発生的にでき上がるのが一般的ですが、セブン－イレブン・ジャパンは机の配置や整理整頓という基本動作をルール化することで、好ましい組織ルーティンの形成を促進しているように見えました。つまり、「お客さまの立場に立って考えるという基本の徹底」という会社の方針を、組織ルーティンに組み込む工夫にも思えます。机を廊下に面してスクール形式に並べる理由は、社内を訪れるお客さまにお尻を向けないようにするためとのことです。

もうひとつ、好ましい組織ルーティン促進に長けた企業はヤマト運輸です。宅急便事業を始めた頃、サービスとコストのトレードオフに悩んでいました。はじめての個人向けサービスです。サービスをよくしようとすればコストは上がり、コストを抑えようとすればサービスはほどほどにしなければなりません。現場の社員やドライバーも迷ってしまいます。そこで、小倉昌男社長（当時）は、「サービスが先、利益は後」という標語をつくり全社員に示しました。サービスさえよければ利益はいずれついてくるとの経営判断に基づき、優先順位を明確に示したのです。

簡潔で方向性がはっきりした言葉を示すことで、社員がそれに沿った組織ルーティンを自発的につくり上げていきました。経営者が発信した標語が、いわば傘となり、その下で社員が自由に組織ルーティンをつくり上げる。このように、経営者は発する言葉を大切に扱うことの重要性を再認識したほうがよいように感じます。軽い言葉は、人を動かさないどころか、信頼を損ねてしまいます。

3つめは、上記のセブン-イレブンやヤマト運輸の工夫の延長線上にあるのですが、制度化です。企業がつくるあらゆる制度は、社員の好ましい行動を指し示すものです。社員は会社の公式制度にしたがうことを求められますが、裏返せば制度にしたがうことで考える手間は省け、認知エネルギーの節約になります。たとえば、接待禁止という制度があれば、社員は取引先からの接待の申し出に対して、何も考える必要はありません。ただ、禁止されているからとお詫びして断ればいいのです。このように、公式の制度やルールによって、とるべきあるいはとるべきでない行動を、組織の記憶に埋め込んでいると解釈することもできます。

したがって、日々の組織能力開発サイクルから上がってくる情報を、制度変更にどのように活かすかの視点が重要です。制度とは、企業から社員へのメッセージなのですから。制度は強制力が強いだけに、扱いを間違えると環境に適合できない組織をつくり上げることになりかねません。

組織ルーティンを変えることも、容易ではありません。研修プログラムの企画もルーティン化していることがあります。明らかに、現在の環境にフィットしていないプログラムであり、企画担当者もそうわかっていながら、「現会長が人事部長時代に企画したものだから、変えられない」といったような声を聞いたことは、一度や二度ではありません。日本企業の中には、変えることはそれを始めた人を否定することだ、というような規範のある企業がいまだに存在します。

社員も説明できない、トヨタの型

内部モデルも組織ルーティンも制度も、行動をほぼ自動的に規定してくれました。しかし、先ほど述べたように、その行動は過去の記憶の積み重ねから適切と判断されたものなので、環境変化には弱くなってしまいます。それゆえ、日々の組織能力開発サイクルからの知識を適切に組み込むことが求められます。

それに対して、「型」とは思考や行動を誘導するための枠組みにあたります。環境は変わることが当たり前で、それに適合する臨機応変な行動をとる必要があります。それには、人間が「考え続ける」ことでしか対応できません（これも、いわばひとつの世界観〈因果マップ〉です）。ただし、誰もがさらの状態で考え続けるのは難しい。そこで、こうしたときに思考や行動を誘導する枠組みが求められます。それが型です。

能にも型があります。型の組み合わせで成り立っているともいえます。固定的な型に、演者がそれぞれの生命を吹き込みます。守破離という言葉もあるように、型を守ることができるから、自由に羽ばたくことができるとも解釈できます。また、極真空手を創設した大山倍達は、「人間を例にとれば、肉体は型であり、精神は内容である」と語っています。つまり、型とは精神を発露させるための入れ物、あるいは枠組みにしかすぎません。ただ、型という枠があることで、それぞれが自由に創造力を発揮できます。

とるべき具体的行動は示してくれませんが、それを考えるに際して「考えるべき作法」は型が示してくれます。「メタ組織ルーティン」といえるかもしれません。企業活動におけるその最も代表的な事例は、トヨタの型だと思います。長年トヨタ生産システムを研究しているマイク・ローザーはこういいます。

トヨタの社員自身、彼らのユニークな思考やルーティンを言葉でうまく表現して説明することができない。

（出所：マイク・ローザー『トヨタのカタ』日経BP、34ページ）

社員が説明できないトヨタの型を、筆者がここで説明できるはずもありません。しかし、筆者なりの理解を整理してみます。ローザーによれば、トヨタの精神とは「顧客のためにいい製品をつくる方法を改善し、進化させることで会社として長期間生き残る」ことです。そして、改善のカタは、以下のステップで進みます（ローザーの解釈です）。

①ビジョンや方向、目標を考慮し、

②現状を自分の目で見て把握し、
③ビジョンへ進む途中の次のターゲット状態が定義される。
④そのターゲット状態へ一歩ずつ進もうとするときに障害に出合うが、その障害が私たちが何に取り組むべきかを教えてくれ、そこから学ぶことができる。

（出所：前掲書、119ページ）

いかがでしょうか。特に驚くような内容ではありません。能の型もさほど難しいものではありませんが、その中に演者が独自の創造性を入れ込むことができるように、トヨタの型でもそれに創造的に精神を盛り込むことができます。ただし、盛り込む方法は言語化できないと思われます。そして、この型には、トヨタが長年にわたって築き上げてきたトヨタの因果マップが反映されているように思います。

環境は常に変化する。それに適応するために、人間が本来もっている能力を最大限に引き出すことが必要。そして、障害に対処することで学び続けることができ、その結果生き残ることができる。ここまでがトヨタの因果マップ＝世界観だと思います。

そのためには、方向性を踏まえ、自分自身の目で現物を把握し考え続ける。そのプロセスを地道に繰り返して、その振り返りをすることで学ぶ。

これが、型のエッセンスだと思います。日々の体験から学んだ知識や情報を、型の中に流し

図表8–3　トヨタの組織記憶の全体像

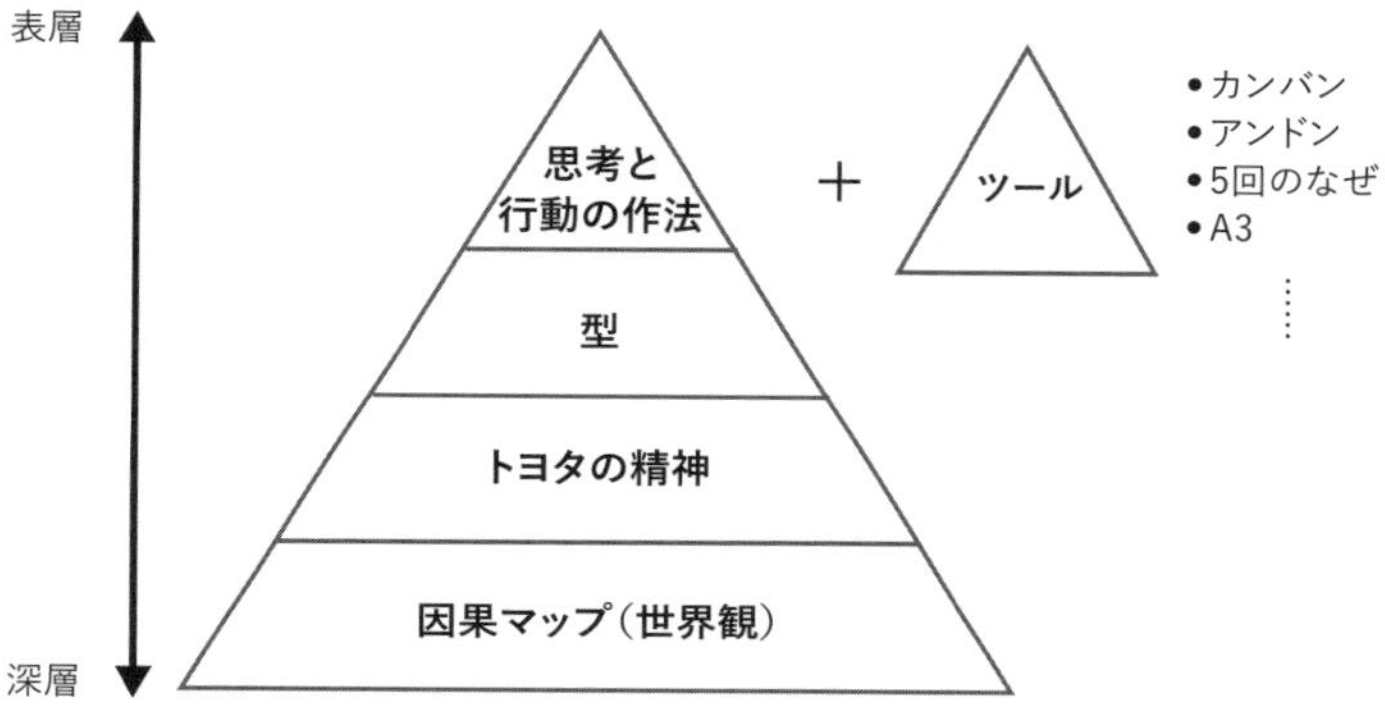

込むことで、一人ひとりの記憶に蓄積され、その集合体がトヨタという組織の記憶となっています。カンバン方式や「なぜを5回くり返す」などの有名なさまざまなツールは、あくまで補助的な位置づけです（図表８–３）。

そして、トヨタの社員はそうした精神を後進に伝える義務を負っています。言語化できないものですから、型を活用しながらともに長い時間を過ごすことで伝授せざるを得ません。古武術研究家の甲野善紀は、型によって創造力の源となる「心の使い方」を伝えることができると語っています。

型プラス精神論ではなく、型のなかに身体の使い方なり心の使い方なり、すべてが入っている。まさに日本的なやり方というか、もともと日本の文化には、形を通してこそ心が伝わるという、暗黙の了解みたいなものがあったと思います。

（出所：養老孟司、甲野善紀『古武術の発見』光文社知恵の森文庫、１５５ページ）

トヨタも型があることで、精神を伝えることができます。まさに暗黙知の伝承であり、組織記憶の浸透です。それがどんな環境においても生き残りをはかることができる、持続的競争優位の源泉となっています。このような、変化を所与としたトヨタの型は、進化メカニズムに極めてかなっていると考えます。

かつてトヨタと仕事をしたとき、非常に印象深いことがありました。筆者のチームはある業務を受託しました。中間成果物を提示し、トヨタ社員担当者からフィードバックを受け、さらに修正して提示するという過程を何度も繰り返しました。それは一般的なプロセスです。しかし、他社と違ったのは、修正した中間成果物を持参し説明をすると、担当者は手元の資料を見ながら聞いていたことです。

後で尋ねてみると、その担当者は先に自分が出した要望に沿って、自分でも修正版を作成しており、それと筆者の修正資料を見比べながら聞いていたのです。相手に要望して終わりではなく、自分の頭でも考え抜くところに、トヨタのすごさを感じました。また、担当者はこうしたやりとりを通じて、筆者から学べそうなこと（あったかどうかわかりませんが）は学び取り、自分のものにしようとしているかのようでした。

こうした行動作法は、いくら型だけを学んでも身につかないでしょう。型の大本にある精神を内面化しているからこそできることだと思います。トヨタ生産方式というツールをどれだけ学んでもトヨタのようにはなれないのは、その背景にある精神を内面化することができないからです。

良品計画のマニュアル作成という型

第４章で紹介した良品計画のＭＵＪＩグラムは、マニュアルという公式の「制度」による組織記憶の方法ということもできます。マニュアルを順守することによって、行動のための認知エネルギーを節約しています。

一方でマニュアルの改訂提案を促すことで、常に業務改善をはかるようにとの思考を誘導しているともいえます。社員がマニュアル改訂を組織ルーティンとすることで、組織の進化を促す仕組みともなっています。

良品計画のマニュアルは、店舗用のＭＵＪＩグラムと本部用の業務基準書からなります。どちらも目的は業務の標準化でした。通常、マニュアルは本部で作成され、それが各現場に落とし込まれます。

しかし、良品計画では、マニュアルはそれを使う人がつくるべきと考え、全員参加のマニュアルが作成されることになりました。現場発の意見を、まずはエリアマネジャーが選別します。重複などをチェックした上で、本部に意見を上げていく。本部にもマニュアルを精査する部門があり、そこで採用の可否を決める。採用された案はＭＵＪＩグラムに載せられ、本部の各部門や店舗員へフィードバックされ、それぞれのＭＵＪＩグラムが更新される。更新は随時リアルタイムでなされます。

当初は店舗間のばらつきをなくすための、単なる業務の標準化が目的でした（当初の認識は制度化でした）が、やってみるとさまざまな効果が見えてきたといいます。

●「知恵」を共有する
——個人の経験を組織に蓄積できる
●標準なくして、改善なし
——標準があることで、改善が進む。そうして組織全体が進化する
●「上司の背中だけ見て育つ」文化との決別
——マニュアルを使うことで、上司が部下を効率的に指導できる
●チーム員の顔の向きを揃える
——マニュアルに目的を明記することで、仕事にブレがなくなる。また、チーム全員の志を

ひとつにできる

●「仕事の本質」を見直せる

——現場がマニュアルをつくる段階で、普段何げなくしている作業を見直すことになる。そうして、仕事の本質に近づけるようになる

（参考：松井忠三『無印良品は、仕組みが9割』角川書店）

現場で感知した情報を、いったんエリアマネジャーレベルで意味づけし、本部経由で展開、制度化される。そして、制度化されたマニュアルをベースにした感知があらためて現場でなされていく。このサイクルを繰り返すことで組織能力は常に開発されていきます。

マニュアルはいわば組織ルーティンを明文化したものであり、ここでの「型」はその更新プロセスです。型として組織に埋め込むことで、組織の体質を根本的に変えることもできます。

ただ、型を埋め込むには時間がかかります。MUJIグラムも軌道に乗るまでに5年かかったそうです。たとえすぐに光が見えなかったとしても、諦めないで愚直に試行錯誤を続ける組織としての忍耐力も欠かせません。

これまで説明してきたように、型とは思考や行動を制限する枠ではありません。守るべき型があるからこそ、ヒトはそこに精神を集中して自由になれます。合理的に考える欧米では一般に、「思考・意識→行動」がよしとされますが、日本では「（型に基づく）行動→思考・意識」

のパターンが学びには好まれます。日本のアプローチのほうが、ヒトの本性にかなっているのではないかと思います。しかし残念ながら近年はそれが逆転し、日本企業のほうが行動する前に慎重に「思考」し続けているように見えます。それは、「型なし」になってしまったからでしょうか。

組織規範はどのようにして形成されるのか

組織の規範とは、「こういう状況では、こういう判断をし、このように行動すべき」という、認知・判断・行動のあり方について、組織構成員が共有している判断基準であり価値観です。自分ではほとんど意識していなくても、規範にしたがって行動をとります。なぜそうしたのか問うても、「それが普通でしょう」というだけで説明はなかなかできないでしょう。認知エネルギーを使わずに行動できてしまいます。

第4章で、銀行での研修におけるグループワークでの振る舞いが、X銀行とY銀行ではまったく異なったことに触れましたが、それが典型的な組織規範の表れです。どちらの行員もそれぞれの組織規範を内面化し、それに沿った行動をとっていました。

しかし、組織そのものに規範があるのではなく、あくまで個がもつ規範が、組織内の他者と相互作用を積み重ねる中で創出され摺り合わせていくものが組織規範です。個の規範はどのように出来上がり、そこからどのように組織規範に収斂していくのかを考えていきたいと思います。

まず、個はどのように独自の規範をつくり上げるのでしょうか。誰もが自分が適切だと考える、理由と行動のセットをもちます。「早く退社すると課長が嫌がる（理由）ので、遅くまで残業する（行動）」という具合です。課長の心理を想像している「と思っている」かもしれません。しかし、もしかしたら別の原因があるのかもしれません。実は、家庭が不和で、あまり家にいたくないのが本当の原因だとしましょう。しかし、本人はあまりそう思いたくないので、意識にも上がってこない。

ここで、**「理由」と「原因」を使い分けている**ことにお気づきでしょうか。**「理由」は主観的に自分がそう思っていること**で、**「原因」は心理や生理作用を引き起こしている真の大本**です。ヒトはたとえ自分のことであっても、理由は認識していても原因は認識できないことがあります。第5章で、ストッキング売り場の実験を紹介しました。一番右側に並んでいる商品を選んだ真の「原因」は認識していませんでしたが、「理由」は認識していました。ただし、それはでっち上げたものでしたが。

ヒトは必ずしも、理由→行動の順番をとるとは限りません。ストッキング実験のように、行動→理由の順が起こり得ます。そのとき、意識はしていません。では、どのように「理由」を見つけるのでしょうか。

ストッキング実験では、理由は「肌触りがいい」などでした。なぜ、そう答えたかといえば、体験（触感）によったのではなく、それが過去の記憶に基づく「常識」だったからです。

ヒトは、自らが所属する社会に広く流布する世界観を共有して生きています。どのような理由で行動が生ずるかの因果関係という知識も、常識という形で世界観に含まれます。つまり、自分がとった行動の原因が別にあったとしても、他のもっともらしい「理由」を常識の中からみつくろって採用するのです。そう考えると、相互独立的自己はほとんど幻想といえるでしょう。

一方の相互協調的自己は、他者と協調する中で自己が形成されると考えましたが、属する社会の常識により形成されているといえるかもしれません。絶対的な基準が自己の内面にあって規範を形成しているのではなく、規範はあくまでこのような常識に基づく理由の積み重ねで出来上がったものだといえるでしょう（図表8-4）。

このような個の集まりが、特定の集団の中で相互作用を蓄積して、個の規範が少しずつ変化していくわけです。集団や組織は社会よりも、より相互作用が強いため影響も強いものになります。どのくらい相互作用の影響を受けやすいか、以下の実験を見てください。

図表8-4　集団の規範の形成

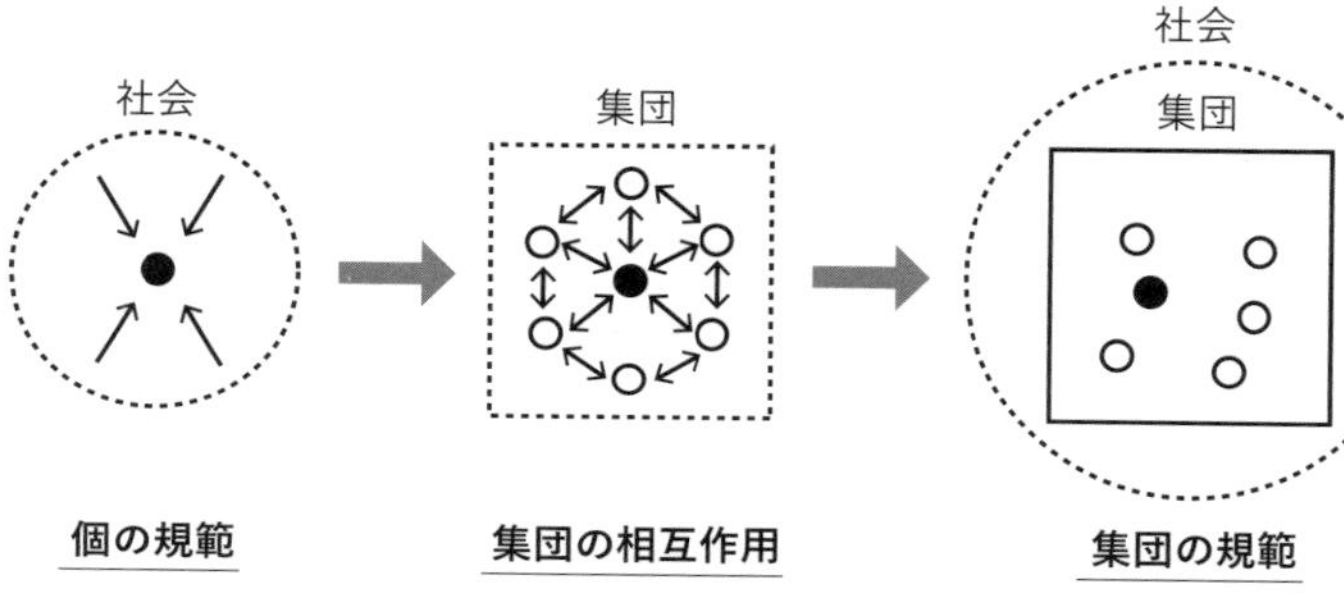

トルコ出身のアメリカの社会心理学者ムザファー・シェリフは、集団の中で個人の判断がどのような影響を受けるか、という実験を行ないました。実験では参加者に対して、完全な暗闇にした実験室の中で、針の穴から漏れてくる光の点を２秒間観察させ、何インチ動いたように見えるかを回答させました。一緒に光の点を見た参加者たちは、最初こそバラバラな数値を答えていましたが、実験を繰り返すうちに非常に似た数値を回答するようになっていきました。似た数値に対する判断への自信は、時間が経過して、個別に再度判断を求められても、それほど揺らぐことはありませんでした。最初は異なっていた互いの意見がひとつにまとまっていったことで、その判断は集団の規範となり、メンバーたちの心に根付いたといえます。

（参考：小坂井敏晶『社会心理学講義』筑摩選書）

ところで、実は実際には光は動いていませんでした。

動いて見えたのは錯覚でした。この実験でわかることは、ヒトは集団の中でわりと簡単に判断を変えてひとつの判断に収斂すること、そして自発的に判断を変えて集団の規範にしたがったことで、その確信は強まるということです。いやいや集団の規範に合わせたのではなく自ら進んで合わせたことで、集団の規範への確信を強化しました。

行動（判断を変える）→理由（集団規範は間違いなく正しいから）の構図が、ここでも見られました。認知的不協和もはたらいたと考えられます。では、なぜそもそも判断を変えたのでしょう。ヒトは、集団で生き延びるためにバランス（認知的整合性）を重視するように進化してきたからなのでしょう（バランス理論）。

大企業であっても、代々創業家が大株主でないにもかかわらず社長を務める会社があります。社員にしてみれば、自分が社長になる可能性がないのは不満ではないのかと思いきや、そうでもありません。それが組織規範であり、自分がそれを変えることができないのであれば、その規範が正しいと思うしかありません（退職しないのであれば）。

そうであれば、組織の中に創業家が社長を務めるべきだとの確信が強化されていきます。そうなると、おかしな派閥争いなどなくなり、全員で創業家を支えようという規範が生まれます。その結果、組織の求心力が高まり業績も向上します。そして、皆「やはり創業家が社長を務めるべき」との確信がさらに強化されます。これはピグマリオン効果（予言の自己実現）と呼ばれます。お互いに周囲から影響を受ける相互作用の環境にいると、信じて行動すればそれが現

図表8–5　ピグマリオン効果

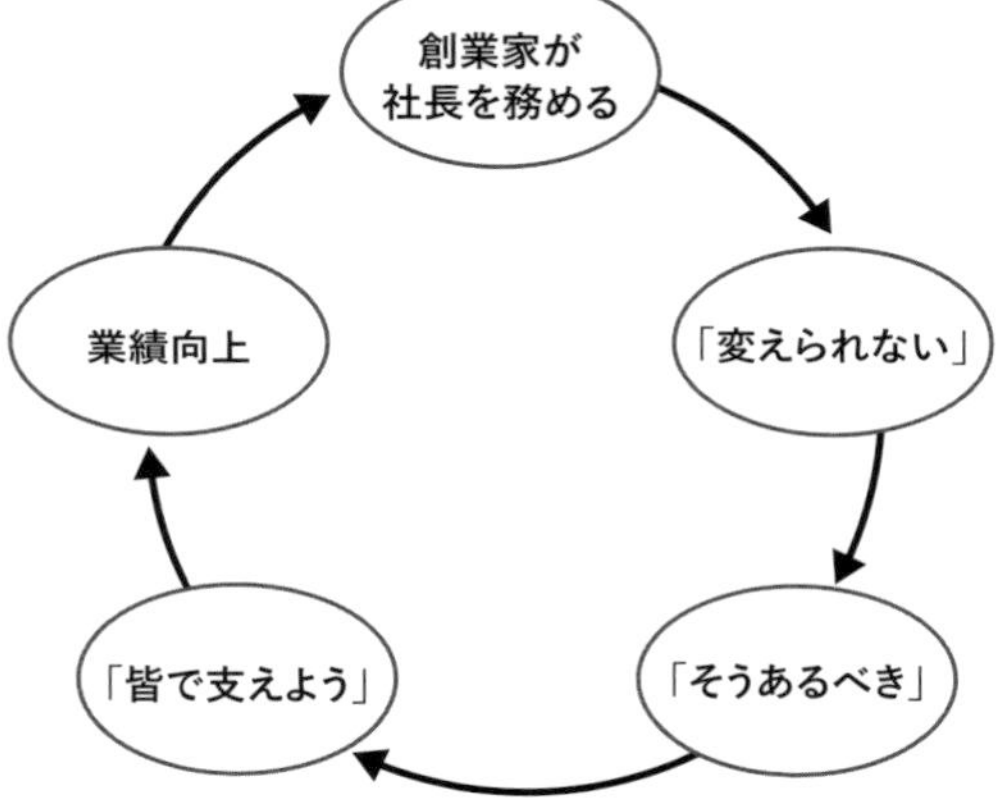

実をつくり上げるのです。このようにして、組織規範は出来上がり強化されていくメカニズムが存在します（図表8–5）。

いったん出来上がった規範は、それをもたない構成員に対して規範にしたがう行動をとるように働きかけが行なわれます（「斉一性の圧力」といいます）。たとえば、こんな具合に。

新入行員のH君は、総務担当から6カ月定期券代を現金で支給されました。どうしても買いたいものがあったH君は3カ月定期券を購入し、残りを買い物代にあてました。３カ月定期券を2回買ったほうが、６カ月定期券を買うより少し割高だったのですが、そのくらいは仕方ないと考えました。１カ月後、支店内に本店から検査が入りました。H君は検査官から定期券を見せるように求められ、３カ月定期券を見せます。

検査終了後、H君は支店長に呼び出され、こっぴどく叱られ始末書を書かされました。6カ月定期券代をもらいながら3カ月定期券しか購入しなかったのは、3カ月分の交通費の「着服」だと判断されたのです。H君は納得できませんでしたが、理屈ではなく「厳格性」が絶対だという銀行の規範を、身に染みさせることになりました。営業終了後、その日の計算が1円でも合わなければ、深夜まで全員が支店に残り原因を探し回るのも無理ないと思うようになりました。

組織規範は変えられるのか

それでは、ここまで強固な組織規範を変えることはできるのでしょうか。それは、容易ではありませんが、少なくとも個にアプローチするよりは集団にアプローチする方法を考えるべきです。

集団に置かれると、ヒトは影響されやすくなります。それがわかる実験が、社会心理学者クルト・レヴィンによって行なわれました。

アメリカ人は牛や豚などの臓物を食べる習慣がありません。どうすればそれらを食べる習慣を根付かせることができるか、2つの方法を試しました。第一のグループには、臓物には有益な栄養素がたくさん含まれていることを、そして食べやすく見た目にも違和感のない料理法をそれぞれ専門家が指導しました。第二のグループにはそれらに加え、臓物を食品利用させる方法に関して討議をさせました。そして討議の最後に、臓物料理を家庭で試すかどうかを挙手で問いました。

その後、実際に臓物料理を食べたかどうかを調べたところ、第一グループは3％、第二グループは32％。討議させたグループのほうが圧倒的に影響を受けたことになります。この理由をレヴィンはこう考えました。まず、挙手の効果。第二グループは討議した上で、食べることに納得した人に挙手させました。これは他者に対する意思表明あるいは誓約とも本人は受け取ったのかもしれません。もちろんこの誓約を破っても、誰に責められるわけでもありません。しかし、もし破れば「誓約した自分」と食べないという行為との間に矛盾が生じ、認知的不協和が生まれるでしょう。それを回避するために食べたとも考えられます。

（参考：小坂井敏晶『社会心理学講義』筑摩選書）

第一グループでも、専門家の意見によって食べるように考え方を変えた人もいたでしょう。しかし、それはあくまで個人への影響力行使であるため、影響力は長続きしません。

一方、第二グループのメンバーは、討議によって集団内の他者と相互関係も結ばれており、孤立した個ではなくなっています。そして、皆で討議をするというプロセスを経ることで、集団自体の規範が変化したと考えられます。その集団に属する（討議にも参加した）一員としての自分の意見も、孤立していたときよりも強固なものになり、影響力が長続きすると考えられます。議論によって相互作用を意図的に引き起こすこと、そして集団の中で意思表明をさせることで、集団の規範を変化させ、さらにそれを強化することも可能です。

研修という場を、（研修参加者）集団への働きかけを通じて組織の規範を変えるツールとして使うことがあります。組織の規範は一朝一夕には変えられません。そこで、まず20～30人の集団に対して新たな組織規範を促すような議論や教育をします。それを、人を替えて何度も繰り返します。

レヴィンの実験のように、ヒトは集団の中でのほうが、相互作用によって規範を変えやすいものです。その研修で規範を変えた参加者に、職場に戻って仲間に影響力を行使してもらうのです。そうして、組織全体への浸透をはかります。できるだけ影響力の強い参加者を、はじめのうちに集めるのがポイントです。シグモイド曲線の立ち上がりが早くなります。

筆者は、数多くの企業でコア人材を対象にした選抜研修のお手伝いをしてきました。個のスキルを高めることも目的のひとつでしたが、振り返ってみれば真の目的は、研修という場を利用して組織規範を変える作業だったともいえます。

トップのコミットメント

組織規範を変えるには、やはりトップのコミットメントが重要です。内部モデルのところで紹介した電通も、副社長の決断で制作エースの杉山氏をデジタル広告部門に異動させたことの、組織へのインパクトは大きいものがありました。誰もがあり得ないと思うことを、トップがすることが組織規範を変える際に最も効果的です。

研修の場を活用するに際しても同じで、トップのコミットにより組織規範への影響力はまったく変わってきます。１９９０年代後半、バブル崩壊後の日本企業はグローバル・スタンダードの掛け声とともに、大きく経営の舵を切りました。多くの大企業が、年功序列ではなくこれからは個人の能力を重視した人事制度にシフトする、会社としても優秀な社員に対しての投資は惜しまない、社員の能力開発が最重要な経営テーマである、といったメッセージを発しました。組織規範を変えようと、躍起になっていました。そして、それまで横並びの階層別研修が主だったものが、幹部候補に対する選抜研修に力を入れるようになりました。実際に筆者もそういった幹部候補者向け研修を多数お手伝いしました。

そうした研修を企画し実施した際、それへのトップの対応は大きく3つに分かれました。

ひとつは、トップは直接関知しない。指示はしたのかもしれませんが、内容、人選含めすべて人事部任せ。

２つめは、人事部任せは違わなくとも、研修開講時やあるいは発表の場にトップが出向き、受講者と直接対話をするというパターン。

３つめは、企画段階でトップ自らが研修への想いを我々支援会社に対して直接伝えるパターン。当然人選にも意見を出しています。また長い期間の研修の場合は、ポイントポイントで短時間でも研修会場に顔を出すこともあります。

たとえば、ユニ・チャームの高原慶一朗社長（当時・創業者）は、研修時間中に会場へ到着すると、いきなり最前列に座り、熱心にメモをとりながら時折挙手して講師に質問していました。この姿を見た受講者は、必死にならないわけにはいかないでしょう。こうした会社の受講者は、期待をひしひしと感じ、真剣度が他とはまったく違います。ここで学んだことを、職場で自分が部下に教えるという受講者も大勢いました。やはりそういう企業は、その後成長していきました。社員の思考や行動のもととなる組織規範を変えるのに、最もコストもかからず効果的なのは、こうしたトップの言動なのです。

因果マップをつくり上げるもの「創業時の想い」

本章の最後に、これまで検討してきた**組織記憶の大本となる因果マップ**について考えてみましょう。それはヒトであれば、遺伝子に近い概念です。遺伝子は、いわば生命の設計図。因果マップも組織の設計図と考えることができます。因果マップは少しずつですが、常に上書きされます。組織記憶に適応した事業活動がさらなる新たな記憶をつくり出し、記憶は地層のように積み重なっていきます。遺伝子は突然変異でまれに変化します。因果マップも大きく変わることは、突然変異並みにまれだと思われます。

では、そもそも因果マップはどのように形成されたのでしょうか。やはり、起点は創業時の「想い」でしょう。次に、その後の歴史（特に危機）の積み重ねによって、上書きされていくものです。

創業者の構想が組織の思想となったトヨタ

トヨタも、創業者豊田喜一郎の創業時の「想い」が、いまだに組織能力の基盤を構成しています。喜一郎は１９３１年頃、豊田自動織機の工場の片隅で、当時日本で９割以上のシェアを占めていたアメリカ車を分解して研究していました。そして、こう結論しました。

「わが社で年間２、３万台製造する原価と、アメリカの数十万台のコストを相匹敵せしめ、さらにこれを引き下げんこと」

（出所：藤本隆宏『能力構築競争』中公新書、１４８ページ）

アメリカ式大量生産方式に少量生産方式に適した変更を加えることを目標にしたのです。この量産効果に依存しなくとも、生産性を引き上げるという喜一郎の構想は、ご存じの通り、その後トヨタの生産思想、すなわち世界観となっています。

さらに、危機における記憶。戦後すぐの「倒産危機」、そして直後の「経営資源不足のもとでの生産量急拡大への対応」の記憶が根底には残っているように見えます。経営危機の記憶は、世界観に上書きされました。

バブル崩壊後、トヨタは頑なに終身雇用を維持しているとして、一部の投資家やメディアから批判されたことがあります。安易にそうした意見に迎合する多くの大企業とは異なり、当時の奥田碩社長は堂々と、「従業員のクビを切るならば、経営者は当然、自ら腹を切るべきだ」と反論しました。労働問題がこじれて倒産寸前までいった記憶や、限られた社員で拡大を成し遂げてきたトヨタの記憶が、奥田社長の発言の背景にあったことは間違いないでしょう。

創業者の悔しさが100円ショップのダイソーの経営理念に

100円ショップのダイソーを運営する大創産業も、創業者の受けた強い刺激からの想いにより組織能力を磨いてきました。

創業者の矢野博丈社長は、当初は2トントラックに家庭用品を積み込んで移動販売（露店）をしていました。ある朝、雨模様だったので休みにしようとしたところ、急に晴れてきたので急いで商売に出かけました。到着すると、すでにチラシ片手にたくさんのお客さんが待っています。値札をつけている時間もありません。商品を手にとって、「これ欲しいけど、いくら？」と矢野氏に詰め寄ります。

手の足りない矢野氏は、苦し紛れに「全部100円でいい」と答えると、大喜びでどんどん買われ、ここから100円均一という小売形態が生まれました。100円均一の市場性に気づき、その商売方法を究めていったのが矢野氏の非凡なところでしょう。

しばらくは順調にいったものの、ある日店先で商品を眺めていた主婦が、「どうせ安物買いの銭失いだろ」といって去っていきました。この言葉が悔しくてならず、絶対にいいものを安く売り、客が驚く顔を見るのだと決心したといいます。

その後、「100万円の自動車は高級とはいえないかもしれないが、100万円の家具は高級だ」と社員に言って回り、「100円で高級品を売る」現在の会社の基盤となる組織能力を開発していきました。矢野氏は、そのときの主婦を探し出して拝みたいとまで述べています。

（参考：テレビ東京「カンブリア宮殿」２０１８年1月18日放送、大下英治『百円の男　ダイソー矢野博丈』さくら舎）

こうした創業時の物語が、ダイソーの世界観を形成しています。経営理念は、「自由な発想で、楽しさと豊かさを提供し続ける　なんだ！ダイソーにあったんだ、こんなものまであったんだ！の感動の追求」となっています。１００円の製品を売っているのではなく、「安物買いの銭失い」といった主婦を驚かせ、感動させることを生業としているのです。

回顧的センスメイキング

組織の数多くの経験はどのようにして選ばれ、世界観に影響を与えるのでしょう。組織のさまざまな経験は、振り返って意味づけされて記憶されます。面白いのは、実行の最中には考えてもいなかったことでも、後づけで意味をつくり上げることは珍しくないことです。

ほぼ日の糸井重里社長とバルミューダ寺尾玄社長との対談記事を読んでください。

バルミューダは、家電を体験という観点から新しく解釈し直し、開発・販売を行っている。寺尾氏は、なかでも初期の扇風機などの生活家電からトースターなどの調理家電の開発へと進出した理由について、対談の中で次のように経緯を語った。現代では、人はもはや「もの」ではなく体験を買っていて、体験は人の五感のインプットによりつくり上げられている。だから、味覚や嗅覚を含む五感のすべてを用いる「食べること」に関わる必要があると考えた、と。

その後、会話は次のようにつづく。

糸井　……いま、寺尾さんはそのことを「立て板に水」のように話されていますが。

寺尾　はい。

糸井　きっともう、何度もお話しされたことだからなんでしょうけど、…それはきれいにつながり過ぎてる（笑）！

寺尾　はい。そうです、はい（笑）。おっしゃるとおりです。なぜならば……

なぜならば……
あとからつくった話だから！

糸井　ですよね（笑）。

一同　（笑）

糸井　いやぁ、見事すぎたので、すみません。

寺尾　まいりました（笑）。

（出所：ＤＩＡＭＯＮＤハーバード・ビジネス・レビュー「『ほぼ日』におけるセンス・メーキングと時間感覚」https://www.dhbr.net/articles/-/4899）

寺尾氏は、正直に振り返って、成功の経緯を語ったに違いありません。ただ、最初からそこで語ったようなルートを計画的（戦略的と言い換えてもいいかもしれません）に進んだとは思えません。紆余曲折を経て、振り返って見ればたまたまそうなっていた、というのが本当のところでしょう。糸井氏はそこを突っ込みました。でも、寺尾氏の発想は自然なことだと思います。

ほとんどの経営者は、振り返ってみると、意図せずしてたまたまこうした人生を歩んできたといいます。『日本経済新聞』の連載コラム「私の履歴書」を読めばよくわかります。寺尾氏がつくった話が、「センスメイキング（意味の創造）」です。走っているときには、見えるはずもありません。たとえるなら、道が見えたからそこを歩いたのではなく、道はなかったものの、そこしか歩けなかったので歩き、振り返って見ればそこに道ができていた。便利なので次からも、また他の人もその道を歩くようになった、ということです。

組織心理学者のカール・ワイクは、センスメイキングを進化プロセスにたとえています。

イナクトメント（変異）→淘汰→保持（遺伝）

イナクトメントとは、なんらかの手がかりをきっかけにして、主体的に環境に働きかけることです。従来とは異なる行動（環境への働きかけ）をとることは、変異ともいえます。デスクライトや扇風機を販売していたバルミューダが、はじめてトースターを開発・販売したことがそれにあたります。販売後に顧客や流通から、さまざまな声が寄せられたのでしょう。

そこで、調理家電の「意味」に気づいたのではないでしょうか。トースター販売自体には、他にもさまざまな意味づけはできたかもしれません。調理家電は競合が少なく粗利が稼げるとか、女性市場を開拓したいとか……。多くの意味づけの中から、ひとつが選択され他は淘汰されました。それが、糸井氏に立て板に水で語った以下の「物語」です。

２０１４年。寺尾玄を始めバルミューダのデザイン、エンジニアチームがこれまで以上に考えていたことがありました。それは「日常の道具は人々の体験のためにある」ということです。

「最も大切なのは、その物を通して得られる気持よさや心地よさ。物より体験。その物を通して得られる『よい体験』をもっと感じていただく方法はないものだろうか」

生活のなかで嬉しさを感じ、時に感動に包まれる体験のために、バルミューダのチームが着目したのは「食べる」という行為でした。五感のすべてが活かされる「食」に深く関わるキッチン家電の開発です。

その最初の製品となったのが、「BALMUDA The Toaster」。ヨーロッパの街角にたたずむ伝統的なパン屋の写真やパンの写真を前に、トースターの開発が始まりました。

（出所：バルミューダ公式企業サイト「バルミューダの歴史5　物より体験『Hello Kitchen!』」https://www.balmuda.com/jp/about/story/006）

このように選択された物語は、組織に保持され記憶となりました。その記憶に基づき、ポットや炊飯器の開発につながったのだと思います。顧客や社員に対して、予測を大きく超えるようなよいインパクト（報酬）をもたらす物語を回顧的につくり上げるのも、経営の重要なスキルです。それが正確かどうかは、必ずしも重要ではありません。ホンダのアメリカ市場での成功後、計画的戦略の成功例としての物語が流布されました。実態は、第4章で説明したように

図表8-6　回顧的センス・メイキング

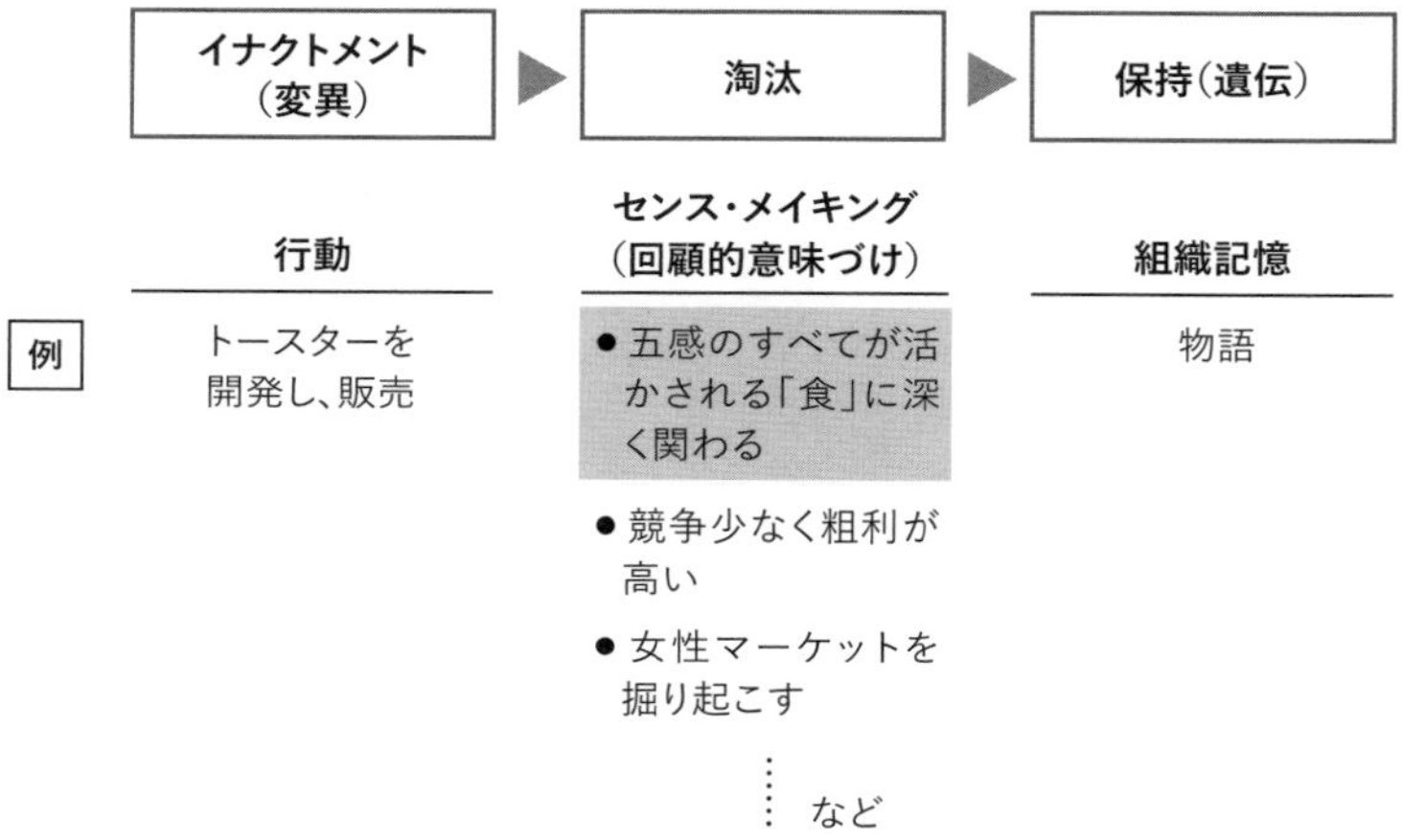

行き当たりばったりの偶然の産物でした。プラスの報酬予測誤差を、うまく活用すればいいのです。そうして回顧的に出来上がった物語が積み重なり、いずれ組織の世界観を上書きしていくのでしょう（図表8−6）。

因果マップをあぶり出す

因果マップを修正する必要があるときに、まずすべきことは意識されない因果マップを認識することです。第6章で触れたシナリオプランニングは、結果的に組織の隠れた因果マップを強制的にあぶり出すことになります。

シェルの事例は有名です。シェルは1973年の石油危機に際して、事前に「石油危機」シナリオを準備していました。それには、

「産油国は意味なく生産を増やし続けることを拒否するだろう」と書かれていました。徹底的したデータとロジックに基づく分析により、それまで何十年と信じてきた「アラブ産油国が一致団結して、自らの利益を減らすような減産などするはずがない。目先の自国利益を増やすために増産を続ける」というアラブ産油国に対する因果マップ（世界観）の危うさに、気づいていたのです。そうした「未来の組織記憶」をもっていたことで、シェルは競合他社より早く生産キャパシティの縮小に取り掛かることができ、ダメージを最小化できました。また、石油危機後の投資にいち早く着手でき、シェアを大きく伸ばしたのです。

このように、ロジックで追い込むことで、組織が暗黙の前提としていたことが何の根拠もないこと、あるいは無謀な前提だったことに気づくことができます。そして、新しい因果マップの形成に向けて、組織内での対話を進めることができるでしょう。

第9章 戦略的意図

日本企業には戦略がない？

ハーバード・ビジネススクールのマイケル・ポーター教授は、１９９６年の論文で「ほとんどの日本企業には戦略がない」と指摘しました。

……共倒れを招きかねない戦いから逃れようというのであれば、日本企業は戦略を学ばなければならない。そのためには、打破しがたい文化的障壁を乗り越える必要がある。……かたや、戦略には厳しい選択が求められる。日本人には、顧客から出されたニーズすべてに応えるために全力を尽くすという、サービスの伝統が深く染みついている。このようなやり方で競争している企業は、そのポジションがあいまいになり、あらゆる顧客にあらゆるものを提供するはめになる。

（出所：マイケル・E・ポーター「【新訳】戦略の本質」『DIAMONDOハーバード・ビジネス・レビュー』2011年6月号、65ページ）

ポーターのイメージするトップダウンの戦略をもつ企業は、たしかにあまりないかもしれません。経営陣が、戦うべきフィールドとポジショニングという設計図を作成した上で、経営資源を配分し、経営計画に基づき管理することを戦略と呼ぶのだとすれば。ポーターが揶揄するように、現在の優良企業がかつて業績のよくない時期に、多角化と称してうなぎの養殖に取り組んだ事例を知っています。

社員の生活を守るためには、そういう無茶をするのが戦略のない日本企業でした（責任者としてうなぎ養殖に取り組んだ若手社員は、後にその本体企業の社長になりました）。

企業が生き残るための設計図が戦略ならば、それは本社の会議室で出来上がるものではなく、現場が試行錯誤を繰り返す中で考え抜いてつくり上げるものです。

ホンダもトヨタも、そしてバルミューダもそうでしたが、体験を経て回顧的に出来上がった勝ちパターンとしてのストーリーを経営陣が戦略と位置づけ、それを組織に浸透させるのが、日本企業の成功パターンです。そして、最も重要なのはどれだけ組織に、そして一人ひとりの社員に浸透できるかです。

第2章で見たように、日本の組織は小集団の集合体です。トップが指令を出せば末端まで浸透し、即実行というわけにはいきません。個の納得と共感がなければ実行できません。面従腹背など、珍しくもありません。つまり、多くの日本企業は戦略の巧みさで勝つパターンよりも、組織能力を動員する力や結集する力で勝つパターンのほうが得意なのです。

このように、企業が環境変化に適合し生き残るためには、経営戦略と組織の間の対話が不可欠です。どんなに素晴らしい戦略を描いても、組織がそれを実行できなければ絵に描いた餅です。筆者はかつて戦略コンサルタントとして、戦略を描き提言することを担ってきました。しかし、なかなか描いたようには実行できませんでした。そこで戦略を組織に直接落とし込むことができるのではと思い、研修という形態をとるようになりました。ただ、戦略と実行支援としての研修の間には、まだまだ距離がありました。やがて、その乖離を埋めるもののひとつが、ゲイリー・ハメルとC・K・プラハラードが提唱した「戦略的意図」だと気づきました。それは、経営者が戦略をもとに、組織に指し示すスローガンのようなものです（図表9―1）。

図表9-1　戦略を組織に落とし込む

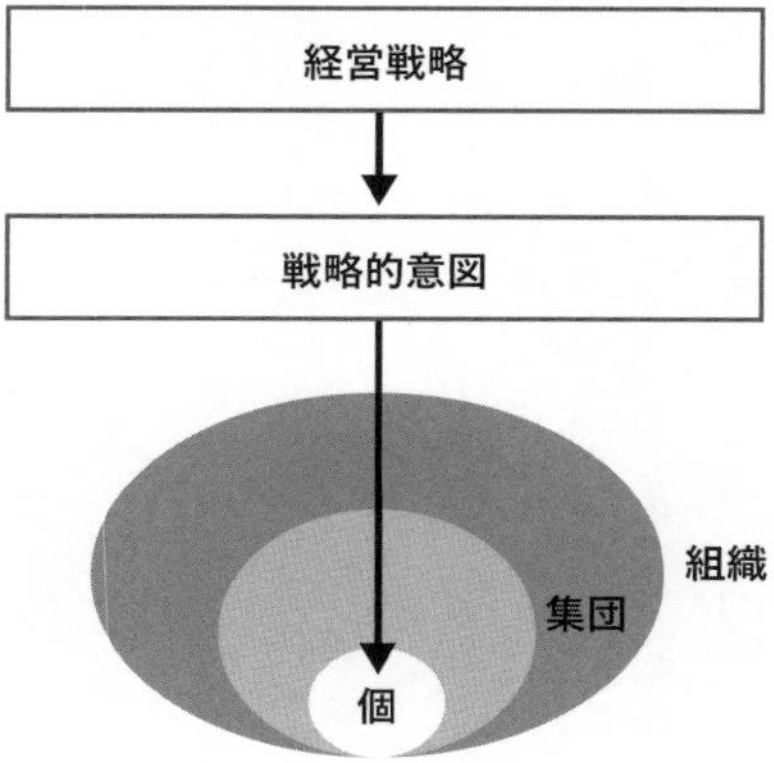

「毎日が、あたらしい。ファッションの伊勢丹」

経営者は社員一人ひとりに、戦略を理解してそれに沿った行動をとってもらいたいと望みます。そのために社内説明会を開いたり、管理職を通じて理解させようと試みます。しかし、それで成功することはまれです。頭で理解するのと実際に行動するのは、まったく別のことです。ヒトは見たいものしか見えません。知覚は、受容した情報と記憶からの想起が融合してはじめて成立します。

そして、想起としては、過去の体験に基づいたものか感情的に受け入れやすいものが立ち現れます。どれだけ論理的に戦略を語っても、自分の過去の経験にもつながらず、感情にも訴えないものは受け入れようがないのです。そこで、戦略を噛み砕き、感情や直観に訴えるスローガンやキャッチフレーズが必要になります。それを戦略的意図と呼びます。事例で説明します。

90年代半ば、百貨店業界は小売王者の座を、ダイエーを筆頭とする量販店業界に奪われて久しく、勢いを失っていました。そんな中、創業一族以外からはじめて生え抜き社長となった伊勢丹の小柴和正社長（当時）の「新しい近代的な伊勢丹をつくりたい。そのためにまず経営理念を見直したい」との意向でプロジェクトが始まりました。一度社外に向かってしっかりしたアイデンティティを打ち出し、社員に対しても旗頭となる方向性を示したいと考えたのです。いろいろな議論の末、最高齢だった当時の会長がぽつんとつぶやいた「やはり、百貨店はファッションだな」、この一言がメンバーに響きました。かつての百貨店はファッションそのものを売っていましたが、これからは「ファッションで売る」と定義しようという意味でした。

「ファッションで売る」とは、洋服や家具に限らず、食品も文房具もいかなるコモディティ商品であっても、商品以外の付加価値をつけて売ることを意味します。その付加価値とは、百貨店で買うことの心地よさやゆとり、体験や感覚といったものを指します。同じ商品であっても、量販店で買うのとは違う価値を付加する。その違いこそがファッションです。

お客には、「伊勢丹はファッション（ブランド）に強い」と解釈されるかもしれないが、構わない。社員が正しく理解し、「ファッションで売る」にはどうすればいいかを、職場で自問自答することが重要だと考えたのです。こうして、伊勢丹の企業スローガン、「毎日が、あたらしい。ファッションの伊勢丹」が完成しました。補足説明とし、以下も付記されました。

「伊勢丹が言うファッションとは、衣食住のすべてを包みこむフレッシュな感性のことである。それを、伊勢丹のすみずみまで満たしたい。ファッションは、毎日毎日をあたらしくしていく空気である」

（出所：日本経済団体連合会「わが社の企業行動指針㊸」『月刊経団連』２０００年10月号 https://www.keidanren.or.jp/japanese/policy/rinri/jirei/43.pdf）

経営者側は、事業を再定義し、それをお客や社員に理解してもらいたいとの想いです。一方の社員の側の想いを想像してみましょう。

日々、プライドをもって仕事をしているものの、近頃伊勢丹と他の百貨店の違いが曖昧になってきており、お客さんにも当店で買ってもらうことを、心の底からお勧めすることができなくなっている。同じ商品が量販店でもっと安く売られていることもあるし。しかし、そもそも伊勢丹に入社したときには、伊勢丹でなければならない理由があったはずだ。販売目標に四苦八苦するうちに、その気持ちが徐々に薄れつつあるように感じる。そんな悶々としているとき、トップから「毎日が、あたらしい。ファッションの伊勢丹」という企業スローガンが発表された。そうか、「ファッションで売る」のが伊勢丹なんだ。入社当時の気持ちが蘇ってきた。あらゆる商品をセンスよく、ファッショナブルに販売することが、当社のユニークさだった。それが好きで入社したのだ。明日から、どうすれば「ファッションで売る」ことができるかを考えてみよう。

伊勢丹の場合は、直観的に理解できるスローガンを使って原点回帰することで、社員一人ひとりの記憶に訴えかけて、腑に落とすことができたようです。存在意義を思い出しただけでなく、さらに感性を磨くことの重要性も再認識されたことでしょう。その結果、日々の振る舞いも変わり、またやる気も高まったと考えられます。

ヤマト運輸「セールスドライバーは寿司屋の職人」

戦略的意図には、2つの役割があります。

ひとつめは、個々の行動に方向性と大まかな枠をもたらすこと（ガイド）。そして、個人がその範囲の中で考える余地があり、自由な発想を促します。手取り足取り、指示したりはしま

図表9−2　戦略的意図の２つの役割

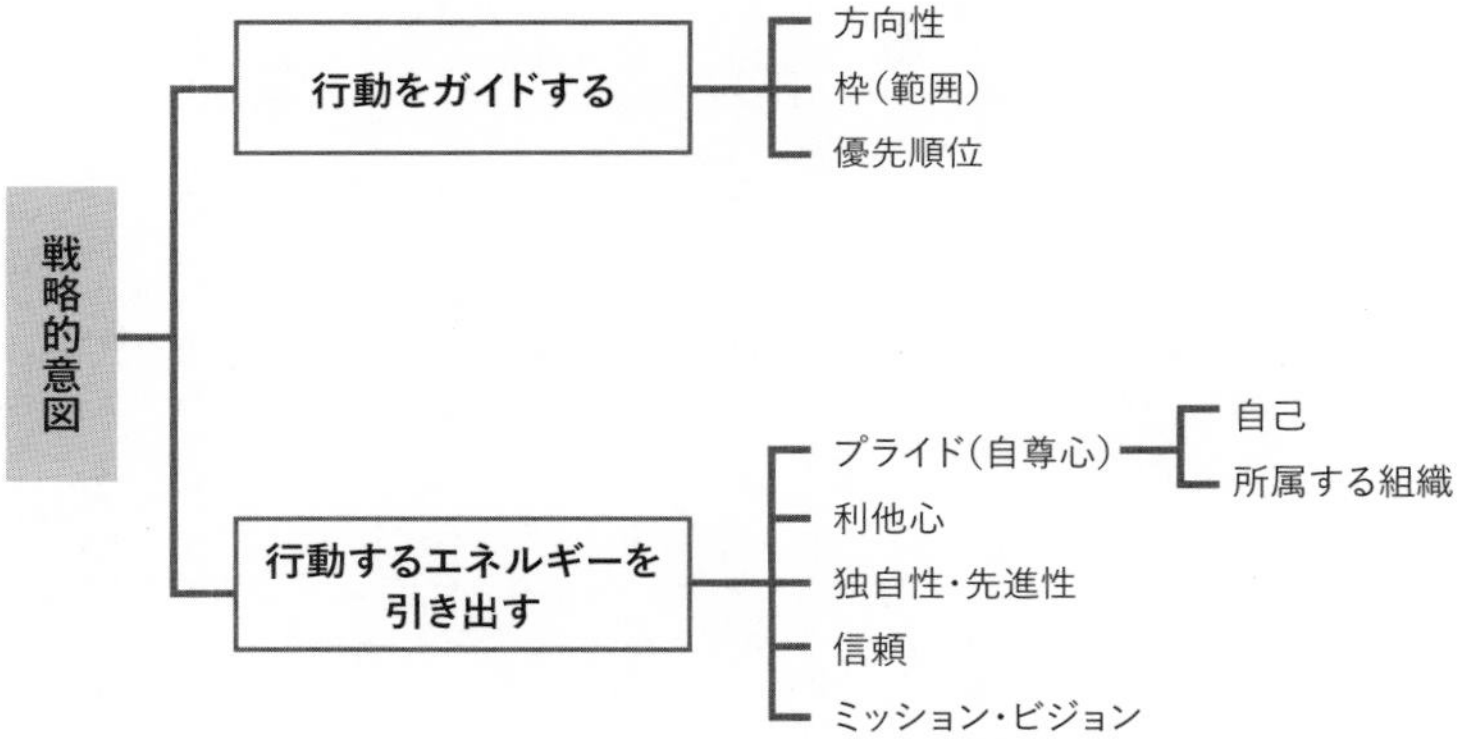

せん。

２つめは、行動するエネルギーを引き出すことです（エネルギー）（図表9−2）。

まず、「ガイド」を考えてみましょう。最前線の社員が自律的に行動するためには、方向性を知る必要があります。ありたい現在や将来の絵姿がイメージできれば、目標やそこに至るまでの漠然とした筋道も想像できるでしょう。そのために、今、どのような行動を自分がとればいいかもおよそ推測できます。伊勢丹が再定義した「ファッション」の意味は、非常に感覚的ですが、だから社員にも響いたのでしょう。響けば想像が膨らみ、行動の幅も広がります。しかし、個々の社員がどう行動したらいいのかを、端的な言葉で示すのは容易ではありません。伊勢丹の場合、社員は過去の経験に基づき感覚的に理解できたでしょうが、経験がない人にはどう行動をイメージさせたらいいでしょう。

第４章でも触れたヤマト運輸は、まったく新しい宅急便事業を始めるに当たって、運転手の行動を変えなければなりませんでした。そこで秀逸な戦略的意図を伝えるメッセージをつくり出しました。

「セールスドライバー（ＳＤ）は寿司屋の職人」、です。それまでの運転手は運転するだけの専門職でしたが、宅急便のセールスドライバーは寿司屋の職人のようになんでもやらなければなりません。荷物を探し、伝票を書き、荷物を運び、コンピュータに入力し、集金し、問合せ対応もする。寿司屋ではオーナーや女将さんは脇役で、職人がスターです。宅急便も所長やグループ長は脇役でＳＤがスターにならなければならないという、わかりやすいメッセージです。

寿司屋の職人にたとえることで、理屈ではなく感情で理解できるのです。この言葉で、ＳＤと管理職双方の行動に方向性をもたらすとともに、ＳＤに誇りをもたせてエネルギーを引き出すことに成功しました。古くからの運転手は、個人宅を訪問するのに当初抵抗がありましたが、お客さんに感謝の「ありがとう」をいわれることで、徐々に態度が変わっていったそうです。かつてはどんなに頑張っても、お客さんから「ありがとう」などといってもらったことがなかったので、いわれて感激したそうです。仕事の喜びを直接感じられて、エネルギーの創出にもつながったことでしょう。

もうひとつ戦略的意図のガイド面で重要なのは、行動の優先順位をつけやすくすることです。

迷う必要がなければ、その分認知エネルギーが節約でき、より創造的活動にそれを使うことができます。その代表例も、ヤマト運輸の「サービスが先、利益は後」です（小倉社長は言葉選びの天才だと思います）。運送業から宅配業へと、大胆な戦略転換をはかる際に、運転手に期待される行動も大きく変わります。その際の問題のひとつが、サービスと利益のトレードオフでした。一度に両方を得ることはできません。

しかし、小倉社長の戦略は明快でした。

宅急便事業を始めた以上、荷物の密度がある線以上になれば黒字になり、ある線以下ならば赤字になる。したがって荷物の密度をできるだけ早く〝濃く〟するのは至上命令である。そのためには、サービスを向上して差別化をはからなければならない。コストが上がるから止める、というのはこの場合、考え方としておかしい。

（出所：小倉昌男『小倉昌男　経営学』日経ＢＰ、１３３ページ）

この合理的な戦略を、「サービスが先、利益は後」というシンプルな言葉で表現したのは秀逸です。しかも実際に、サービス向上になるのなら出費は惜しみませんでした。

エネルギーを創り出すスローガン

次に、戦略的意図が組織にエネルギーを与えることを見ていきましょう。ヒトはどういうときにエネルギーを生み出し、活力をもって取り組むようになるのか、から考えてみます。ひとつは、自尊心（プライド）を高められたときです。それも、自分自身に対するプライドと所属する集団・組織に対するプライドがあります。自分自身に対するプライドがエネルギーを創出するのはわかりやすいでしょう。ヤマト運輸のトラック運転手に、セールスドライバーとして働くことへのエネルギーをもたらしたものは、寿司職人にたとえられ、組織図でも最上位に記載されるというような組織からのリスペクトだと思います。

一方の、組織に対するプライドはどうでしょう。

ヒトは似た価値観や同じような属性をもった人とつながりやすい傾向があります（ホモフィリー）。一方、損得でつながるのがヘテロフィリーです。日本企業は共同体（コミュニティ）の性質ももちますので、ホモフィリーを基本としています。それは、個が組織と同一化しやすいことを意味します。それで、組織に対するプライドも比較的強くなります。そして、それがさらに強くなるのは、**組織の比較対象つまり競合が現れた**ときです。

ヒトは他者と比較されることで自己同一性を得ます。集団間の差異が意識されることにより、集団内の均一化の錯覚が生まれ結束力が強まります。オリンピックになると、なぜか急に国民意識が高まり不満が抑え込まれ、結束が強まることがそれを証明しています（だから政府はオリンピックを利用したがります）。このように敵対する企業を強調することで、自己が同一視する組織に対するプライドが高まり、エネルギーが湧いてきます。

コマツによる「キャタピラー包囲網」

戦略的意図の概念を提示したプラハラードとハメルは、その代表例としてコマツの「キャタピラー包囲網」をあげました。１９６０年代、コマツは世界ナンバーワンのキャタピラーの脅威に打ち勝つため、キャタピラーの地盤が弱い市場や製品群で戦いながら、徐々に包囲して最終的には世界の土木機械市場で、キャタピラーの最大のライバルになることを目指していました。

コマツの社内では©《マルC》は、キャタピラー包囲網を表します。社内では©がスローガンになり、ライバル心が掻き立てられエネルギー源になっていました。高度成長期はコマツに限らず、強大なリーダー企業に追いつくという戦略的意図が、社員を燃え上がらせて力を結集させることができたのだと思います。ただし、企業のコミュニティ傾向が低下する現在では、「競合に勝つ」というスローガンで社員の心に火を点けるのは難しいように思えます。

エネルギー創出の要因の２つめは、利他心です。ヒトは本質的には利他心をもっています。電車の中で身体の不自由な方やお年寄りに席を譲るとなんとなくいい気分になるのは、普段なかなか発揮することができない利他心を発揮できるからではないでしょうか。それに加え感謝されたりすれば、さらに嬉しくなります。ヤマトのＳＤがお礼をいわれて感激したのと同じです。ビジネスですので、単純に利他心を発揮するのは簡単ではありませんが、ヤマトの「サービスが先、利益が後」も、サービスを優先することは利他心にかなう行為ですから、それを実行することでエネルギーが湧いてくるのだと思います。

ユニ・チャーム語録

ユニ・チャームには、「ユニ・チャーム語録」という会社のバイブルがあります。よくある、創業者の言葉を整理したものとはまったく違います。社員同士の会話の中でしばしば語録の中の言葉が引用され、言葉に魂が吹き込まれているかのようです。バイブルというよりも、共通言語といったほうが近いかもしれません。その語録の中のひとつに、「尽くし続けてこそナンバーワン」があります。その説明には次のように記載されています。

常に最高の満足をお届けできるように尽くし続けてこそ、ナンバーワンになれる。また、ナンバーワンの責務として前人未到の満足を創造し続ける必要がある。その為には、全社員の英知と行動力を結集してベストを尽くし続ける必要がある。

（出所：高原豪久『ユニ・チャーム　共振の経営』日本経済新聞出版社、214ページ）

よくある「お客さま第一主義」的な表現ではなく、「尽くし続ける」という言葉に、利他性を感じます。尽くし続ければナンバーワンになれ、その結果利益も後からついてくるという信念を感じます。こうした経営側の信念が利他心を呼び起こし、社員のエネルギーを引き出しているのです。

エネルギー創出の要因の3つめは、独自性・先進性です。ヒトは世の中にないことを、最初に実現することに大いなる喜びを感じます。かつてケネディ米大統領が提示した「1960年代のうちに、月に人類を到達させる」との目標は、科学者だけでなく国民全体を奮い立たせました。ヒトはパイオニアを追い求める生き物なのでしょう。祖先がアフリカから世界中に旅したほどですから。そのDNAは失われていません。だから、二番煎じは蔑称なのです。

TOTOの独自性・先進性

こうした姿勢は企業にも見られます。温水洗浄便座を世界ではじめて開発し、今や世界中に広めつつあるTOTOは、技術開発において、「TOTOしかできないこと」、「TOTOだからできること」にこだわっています。公式な行動憲章などには明記されていませんが、技術者に内面化されているように感じます。

　ＴＯＴＯだからつくれる独自の商品を次々に生み出して、他社より何年か先を走ればいいのです。中には追いつかれるものもあるかもしれませんが、真似できないものもあるはずです。

（出所：木瀬照雄『市場を創る逆算思考』東洋経済新報社、１０９ページ）

と、木瀬照雄元社長は語っています。

　技術開発者は、市場に迎合したり他社の後追いなどをせず、「ＴＯＴＯしかできないこと」、「ＴＯＴＯだからできること」にこだわり、徹底的にエッジの立ったオリジナルな開発に集中できるので、迷いがありません。エネルギーを創出するのと同時に、行動の優先順位も定めています。やらないことが、明確に戦略的意図として示されているわけです。

　反面、顧客志向がやや弱くなってしまうかもしれませんが、そのトレードオフについても、優先順位を明確にしています。**経営戦略の要諦は優先順位づけ**なので、戦略を組織に落とし込んでいるともいえます。

他社よりも常に一歩も二歩も先を走り続けることは、トヨタの因果マップにも組み込まれています。戦前、トヨタ自動織機時代の豊田喜一郎は、自動織機の図面を盗まれたとき、こう語ったそうです。

たしかに泥棒は、この設計図に従って織機をつくれるだろう。でも、わが社は織機を毎日改良している。泥棒たちが設計図から織機をつくった頃には、わが社はそれよりもずっと先を行っているだろう。やつらは最初の織機をつくった際の失敗から得られた知見がないから、設計を改良するにはずっと余計な時間がかかるだろう。図面が盗まれたことを心配する必要はない。いままで通りに改良をしつづければよいのだ。

（出所：マイク・ローザー『トヨタのカタ』日経BP、76ページ）

トヨタのカイゼン活動は型であると同時に、戦略的意図でもあります。あれほどカイゼンへ執念をもつのは、それをすることで昨日の自分とは違う自分になれること、そして自分が扱うその分野では常に最先端にいられること、この2つの喜びが源になってエネルギーが引き出されているからだと感じます。

エネルギー創出の要因の4つめは、信頼です。第2章で見たように、ヒトは信頼には信頼で返す生き物です。経営側が社員一人ひとりを信頼すれば、エネルギーを高めて信頼を返すことでしょう。ユニ・チャームは今でこそ優良企業として知られていますが、現在の高原豪久社長が就任する少し前くらいまでは、大きくなり始めたベンチャー企業と世間では見られていたと思います。

筆者は当時、仕事で関わらせていただいていましたが、入社してくる社員も、必ずしもいわゆる有名大学卒ばかりではありませんでした。しかし、社員一人ひとりは素直で前向きで、成長意欲の高い方ばかりでした。それゆえ、社員の成長スピードが他社に比べ著しく速いと感じました。その理由のひとつは、経営陣の社員に対する信頼にあったのではないかと思います。高原社長はこう書いています。


「人間の能力に差はなく、誰もが光輝く可能性を秘めている」

「本来、職業人たるものは、なんとかして『自らの手で世の中に新しい価値を生み出したい』と渇望しているはずです。幸運なことに、我々ユニ・チャームグループにはそういった人材が大勢います」

「そこで働く人たちの能力について、云々しません。『その個人の能力を引き出せなかった経営側に責任がある』という考えを持っています」

「人は育てられない、勝手に育つもの」

「できることといえば、『成長を促す良い習慣を会社全体の仕組みにすること』くらい」

（出所：高原豪久『ユニ・チャーム　共振の経営』日本経済新聞出版社、137ページ）

これらの言葉から窺い知ることができるのは、社員の潜在能力への絶対的な信頼です。そして、経営の責任は、社員が本来もっている能力の発現を促す仕組みをつくり実行することだと認識していることです。その仕組み自体は非常に厳しいものではありますが、社長以下経営陣が率先して実行しています。こうした経営陣からの信頼に、社員が応えることで一人ひとりが急速に成長していくのです。ユニ・チャームは、戦略的意図をスローガンとして語っているわけではありませんが、ユニ・チャーム・ウェイや語録などのテキストだけでなく、経営陣の日々の発言や行動に戦略的意図が織り込まれています。だからこそ組織の力を結集して、世界市場で拡大を続けられているのでしょう。

経営側が社員を信頼すれば、統制をする必要はあまりありません。したがって、社員は自分の判断に基づき自律的に行動できます。失敗もあるでしょう。そのときは、信頼しているがゆえに会社もサポートします。こうして試行錯誤を繰り返すことで、人は成長します。だから、ますます社員への信頼は厚くなります。こうしたサイクルをもつ企業が強いのです（図表9−3）。

このサイクルは、ピグマリオン効果（予言の自己実現）ともいえます。こんな実験があります。

図表9–3　信頼のサイクル

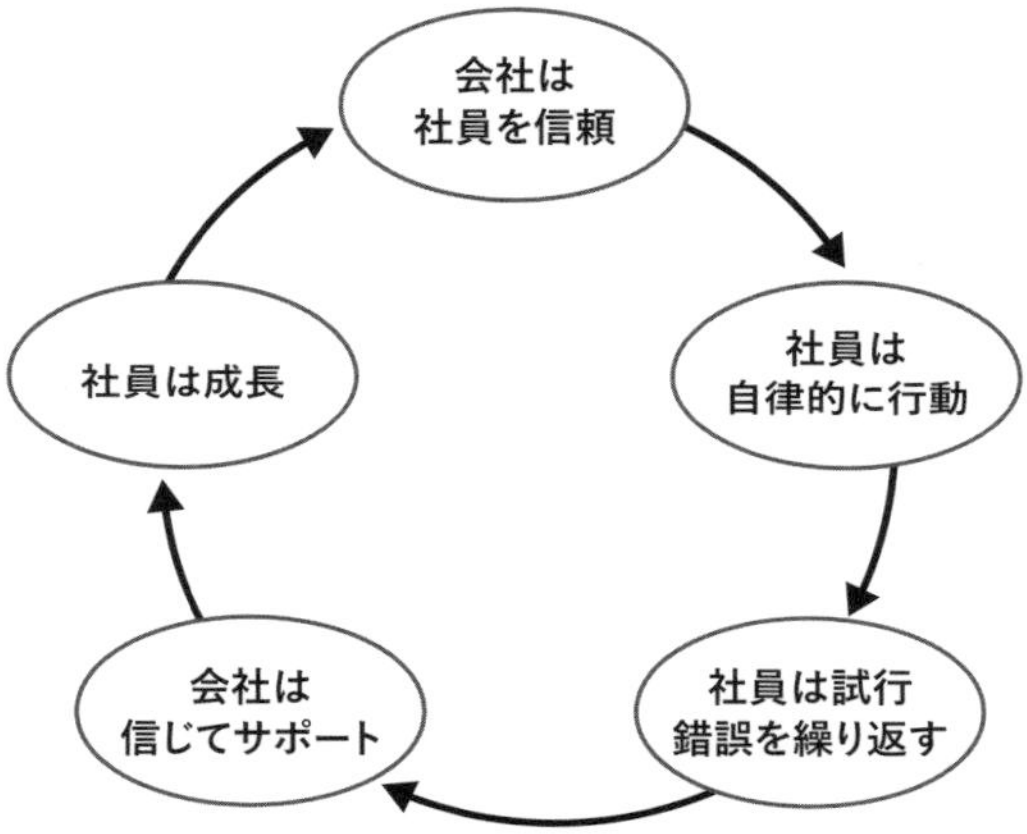

小学校で学習能力予測テストと称して知能テストを実施した後、担任教師にクラスの何人かの生徒について、「近い将来急速に学習能力が伸びる」と告げます。実はこの生徒はランダムに選ばれたもので、知能テストの結果とは関係ありません。半年後に再度知能試験を実施すると、その生徒たちの成績は実際に伸びていました。これは、教師がそれらの生徒の潜在能力に対する期待をもつことで、無意識にその生徒たちへの対応が変化し、そうした期待に対して生徒たちも発奮し努力したからだと考えられます。企業組織も同じです。信頼には信頼で応えるのです。ただし、不信には不信で応えます。

概念よりも関係性

プラハラードとハメルは戦略的意図の要素として、目的意識とパイオニア精神と天命の３点をあげています。これまで説明してきたことと大きくズレているわけではありませんが、それはより概念的な要素が強いように思われます。石工が、「聖堂」というビジョンを思い描いて懸命に働くように。それは、キリスト教のもとでは、神という概念と独立した個として向き合うことに慣れているからなのかもしれません。

それに対して、日本では、ビジョンやミッションに共鳴してエネルギーが湧き上がってくるということは、実はそれほど多くはない気がします。もちろん、毎朝経営理念を唱和して徹底している会社は数多くあります。ただ、研修冒頭に経営理念やビジョンをお聞きした際、執行役員クラスでも慌てて手帳を取り出したり、掲示を探したりすることは珍しくありません。

やはり日本では、抽象概念よりも具体的な行動指針のようなものや、他者との関係性に関わる要素にまで噛み砕いたほうが有効に思われます。第２章で説明したように潜在意識の中で仕事は仏教修行であり、修行の成果を認めてくれるのは身近な集団や世間だからなのかもしれません。結果よりもプロセスや姿勢を重視する傾向があることも、同じ理由と思われます。そのことの是非を問うても仕方ありません。我々日本人は、そういう傾向があることを素直に認めて、それを所与として戦略を組織に落とし込む方策を考える必要があります。

組織能力開発サイクルは、個の力を結集して組織能力を継続的に開発するプロセスです。それには、個や集団に的確に戦略的意図を伝え、能力を発揮するための方向性を示し、それに沿った行動をガイドする必要があります。

さらには、感情にも訴えサイクルを回し続けるエネルギーを創出するための要因を提供する必要もあります。それを実現するには、ヒトの本性や日本人の特性の理解が不可欠です。そうした人間的要素を十分には考慮せず、グローバルスタンダードや欧米先進企業との違いなどに振り回され、30年近くが経とうとしています。かつては、戦略よりも個の力の結集で世界を席巻してきた日本企業も、一部を除いて見る影もありません。他者を理解し、また理解してもらうことは重要ですが、もっと重要なのは自分自身を理解することです。自分のことを、最も理解していないのは自分なのですから。

現在、世界中の企業はこれまでの株主資本主義の限界に直面し、新しいモデルを探し求めています。同時に、機械的組織から有機的組織への脱却もはかろうとしています。

グーグルやアップルなどの先進企業は、かつての日本的経営から学んでいます。有機的組織との親和性が高いのは日本であり、それは長い歴史と社会構造や精神構造によって培われたものであり、簡単に真似できるものではありません。このアドバンテージをどれだけ活かすのか、それは組織能力をどう開発できるかにかかっています。

第10章 日本企業の本性

「ヒトの本性は利他性」を前提にすべき

あなたは、通勤電車の中でやっと席が空き座ることができました。次の駅で、ハンディのある人が乗ってきて、あなたの前に立ちました。席を譲ろうと思ったのですが、いろいろ考えてしまい結局席を譲りませんでした。その日はずっと、なんとなく気分が優れませんでした。

こんなことはないでしょうか。それは、あなたが利己的だからでしょうか。もしそうなら、なぜ1日気分が優れないというデメリットを享受しなければならないのでしょうか。これまで何度も述べてきたように、ヒトの本性は利他性にあります。だから人類は生き延びてこられた。

席を譲らなかったのは、自分は疲れているから……、隣の人のほうが若いのに……、といった正当化もあるかもしれませんが、一番の理由は他人の目が気になったからではないでしょうか。偽善者、カッコつけている、席を譲らない他の人への当てつけ……、などと見られてしまうのではという恐れ。「ヒトは利己的なのだから、席を譲るのは何か意図があるに違いない……」、と他人は思うという思い込み。誰もそんなことは思っていないのに。多元的無知かもしれません。もし、池の周りを散歩中、池に落ちて溺れそうな子供を見つけたら、何も考えずに飛び込んで助けようとするでしょう。それがヒトの本性です。しかし、それを自分自身で認められない。

ヒトは利己的で自分勝手、放っておいたら怠惰で何もしない。一般的な組織は、極論すればこうした前提で組み立てられています。だから規則やその番人が必要になります。行き過ぎた統制は、その統制の前提となる人間像を自らつくり出す傾向があります。ピグマリオン効果です。

たとえば、営業担当は必ず毎日夕方までに帰社することをルールにしていた会社が、直行直帰を認めた途端に全体の営業成績が高まったという話は珍しくありません。人の本性は怠惰だから、直行直帰にしたらサボって働かなくなるという思い込みに縛られていると、社員は規則通り毎日帰社しても、（期待に沿うよう）サボる方法を見つけ出すもの。管理は次なる管理を生み出します。一方、もし直行直帰が認められれば、業務時間を無視しても働くようになるものです。

こうした、バイアスのかかった前提で組み立てられた組織から、ヒトの本性にかなった組織になるべきだというのが本書で伝えたかったことです。

そもそもヒトは集団でなければ生き残ることができないため、他者とつながることを本能的に望んでいます。そのために、他者の心を探り、共感を求めます。それを支えるべく利他性をもち、信頼には信頼で応えるようにプログラムされています。**こうした自然な姿を、覆い隠すものが理性です。**

そもそも理性はホッブズ以来の「人の本性は利己的である」という考え方（キリスト教の原罪論も関係すると思います）を前提とし、それを制御するために理性の重要性が強調されました（西洋の啓蒙主義）。理性はその後の社会の発展に大いに貢献しましたが、共感や利他性の価値を過小評価してしまった弊害はあります。

全員経営に適した日本企業

日本社会は、そうした啓蒙主義と少し距離を置いてきました。組織に関していえば、西洋型の理性に基づく機能的組織一辺倒にならず、共同体的性格を温存してきました。終身雇用や年功序列は、批判されながらも現在も根強く残っています。原罪論に対して、仏教では「山川草木悉皆成仏」、すなわち人間どころか草木や国土まですべては仏性を有する、つまり善なる存在だと考えます。背景となる精神構造がだいぶ異なります。幸か不幸か、長らく西洋から隔絶されてきた日本は、利己性を基盤にした啓蒙主義にあまり染まることなく、ヒトの本性を素直に受け止める風土が残っているように思えます。

第9章で、日本企業の強みは社員全員の力を結集して動くことができることだと述べました。それは、そうした風土が背景にあるからでしょう。(計画的)戦略で勝つのではなく、全員経営（ヤマトの社訓にもありました）で勝つのが得意技。それには、先の背景とともにそれを可能にする理由があります。まず、社会構造です。中根千枝の説にしたがって説明しましょう。

序列偏重で一見非常に弾力性がなく、硬直した組織のようであるが、これは同時に、驚くほど自由な活動の場を個人に与えている組織である。

（出所：中根千枝『タテ社会の人間関係』講談社現代新書、153ページ）

日本社会は、タテ型で連結する強固な構造をもっています（図表10−1）。構造が強固ゆえ、中は大変ルーズにできています。上下関係がひっくりかえることがないので、上は心配なく下に任せることができます。CがA（リーダー）やE（部下）の分野に容易に侵入できてしまいます（これは、欧米企業では禁じられるでしょう）。CはAを立てつつ、BやDおよびその部下までも動員できてしまいます。リーダーAは部下に自由を与え、その能力を最大限に引き出すことができます。それがリーダー最大の役割ともいえます。

かつて「おみこし経営」という言葉がありました。組織のトップを御神輿の上に乗せ、それをミドル層の社員が皆で担いで、わっしょいわっしょいと練り歩くわけです。上の者の頭が切れ過ぎたりする（石田三成のような人物）と、下のものの存在理由がなくなってしまうので、トップには能力よりも皆を引きつける人柄が重要だったりしました。中根千枝は、「保護は依存によって答えられ、温情は忠誠によって答えられる」と書いていますが、トップとミドルの間では感情も絡んだ相互依存関係が成り立っていました。

このように、日本社会のタテ型構造は、構成員全員を動員し能力を引き出すことに適しています。野中郁次郎一橋大学名誉教授は、これを「ミドルアップダウン・マネジメント」と呼び、

図表10-1　タテ方向にルーズ

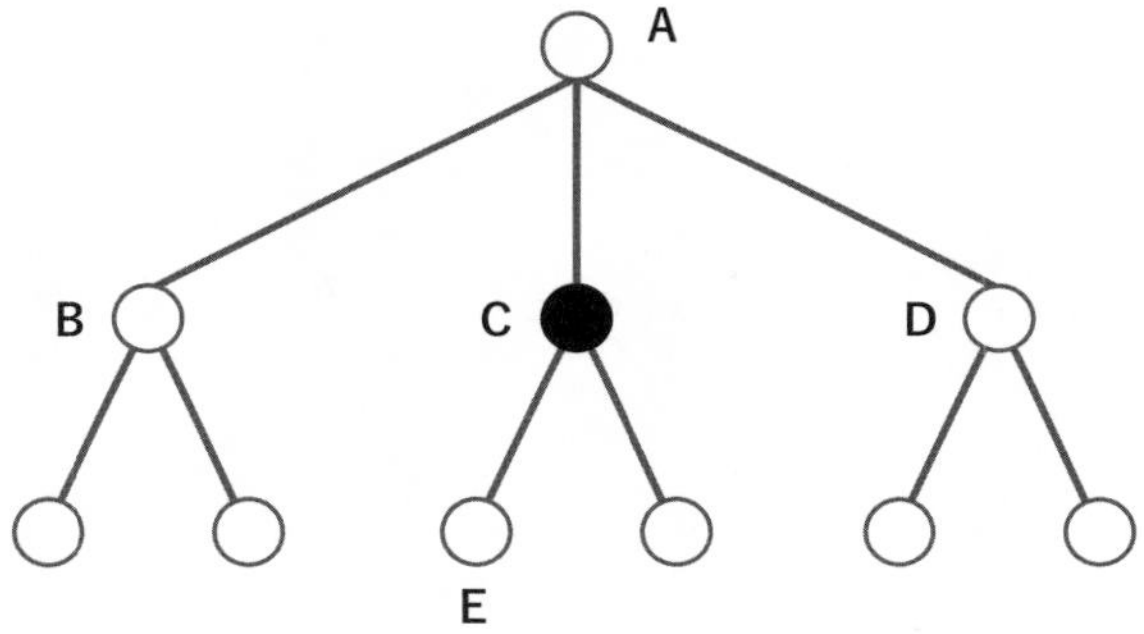

日本企業の得意技としました。

もうひとつ、全員経営を可能にする理由は、社員の平均的な質の高さです。日本社会では、突出した天才は出にくいのはたしかですが、知性の平均レベルは高いといえるでしょう（これは学校教育の成果です）。欧米社会の多くはその逆です。階級社会の残滓《ざんし》がまだあり、一般的な労働者に創造的活動はあまり期待できません。トヨタの工場では、一般の工員が不具合を見つけてラインを止める（アンドン）ことが推奨されているのを知った、アメリカの自動車メーカー幹部は驚嘆したといいます。アメリカの工場ではラインを止めることは悪であり、その権限をもつのは管理職だけだそうです。

また、日本人は第2章で説明したように、仏教の易行化にともない仕事を修行と見なす傾向があります。つまり仕事を、お金を稼ぐ手段であると同時に、人格を高めるための修行だと捉えています。

アメリカ人は早くリタイアし悠々自適の生活を望むの

に対して、日本人は生涯働き続けることを望む人が多いといわれます。生活費の問題もあるかもしれませんが、それ以上に私たちは働くことに金銭以外の価値も置いているのです。それゆえ、ほとんどの労働者はベストを尽くして働きます。個人の利益追求のために不正に手を染めたりしません。総じてモラールが高いのです。ただ、日本を代表する企業で品質検査などをめぐる不正は後を絶ちませんが、個人の利益追求よりも集団を守るためと考えられます。それは別の意味で大きな問題です。

筆者も中小企業の支援をしたことがありますが、学歴に関係なく仕事への姿勢も能力も高く、驚いた記憶があります。

このような質の高い労働者が修行者の如く働くのですから、組織全体の潜在能力は高くなっています。それゆえ、その潜在能力を発揮させるような全員経営スタイルが理にかなっているのです。

「角を矯めて牛を殺す」なかれ

しかし、残念ながら、こうした日本企業の組織の強みを打ち消す方向に、時代は向いていています。その最も大きな理由は、バブル崩壊後の「グローバルスタンダード」の浸透でしょう。たしかにバブル崩壊後、多くの大企業が苦境に陥りました。第二の敗戦といわれたほどです。そこで経営者も学者も官僚も処方箋を探しました。そして、第一の敗戦のときと同じように、「アメリカ」にそれを見つけたのです。経営のグローバルスタンダードなどありません。そこにあったのは「アメリカ型経営」です。それを「グローバルスタンダード」と読みかえて、処方箋に見立てたのです。反対に、「日本的経営」は「親の敵《かたき》」となりました。トヨタの奥田碩社長（当時）の「終身雇用悪説」への反論を第8章で紹介しましたが、社会全体がそういう雰囲気でした。当時、筆者はアメリカ発の経営学や思考法の重要性を日本企業に広める活動をしていたので、それを求める企業の方々の心理をよく理解できます。

しかし、社会構造も精神構造も歴史も異なるアメリカ型経営を、そのまま移植してうまくいくはずがありません。前提が異なるのですから。どちらかといえば、ホモ・エコノミクスにフィットした経営のやり方に移行していきました。インセンティブを重視したり、組織をフラットにして小集団を壊したり、短期的に利益を生まない「総務のおじさん」を排除したり。ひところは、成果主義をとらない企業は時代遅れと見なされました。関係性よりも合理性を、組織の基本原理にしようとしているように見えました。利己性と合理性の呪縛にかかったかのように。

ヒトは打算を前提に対応されれば打算で応え、贈り物を贈られれば贈り物を返す生き物です。

財布がたくさんのポイントカードで膨れあがっている方はいませんか。ポイントカードは、供給者が顧客を囲い込むためのツールです。消費者は、少しでも「お得」になるように行動することを期待されます。ホモ・エコノミクスの感覚を刺激され、コスパに敏感になります。利己性を刺激されるといってもいいでしょう。しかし、ヒトは別の側面ももっています。いつも親切に相談に乗ってくれる店員のいる店から、多少高くても買いたいと思うこともあるはずです。関係性の価値ともいえます。合理性と関係性のバランスをとるべきです。

現在の社会は、アメリカ型（というより利益を最大化することを目指す、いわゆるフリードマン型か）の合理性に偏り過ぎではないでしょうか。「角を矯めて牛を殺す」という言葉があります。そうなってはいないでしょうか。

日本企業が第二の敗戦から抜け出すには、本来の強みを活かすべきです。そして、それで足りない部分は、必要に応じて他の経営スタイルから取り入れればいいのです。その際には、そのまま取り入れるのではなく、取捨選択した上で、なおかつ日本化する必要があります。先人はそれも得意技でした。たとえば、唐から政治制度を輸入しましたが、科挙制は取り入れませんでした。

日本企業は、ポーターのいう**戦略ではなく、組織能力で戦うべき**というのが、筆者の結論です。しかし、かつての日本企業のように閉鎖的な組織では環境変化に対応できません。環境変化対応プラス組織能力で勝つために、**外にも中にも開けた組織能力開発サイクルが不可欠**なのです。最前線の個が、集団や組織と同一化することができるのは、経営者からの信頼があればこそ、です。それをスタートポイントにすえるべきです。ヤマト運輸の小倉元社長やユニ・チャームの高原社長のように。

そして、個の感知能力が敏感になり、しかも集団での対話が促され意味づけできるような仕掛けを提供すべきです。ホンダの組織文化やセブン－イレブンの仮説検証サイクル、良品計画のMUJIグラム、そしてトヨタの型のように。このように、強い日本企業は、個の力を引き出すのに長けています。そして組織の中を、まるで水のように獲得された知識が流れていきます。知識だけでなく、感情やエネルギーも。そうした水路を整備し、ごみが詰まれば掃除し、水の流れを導くのが経営層の役割です。

水路さえ整っていれば、あとは水を信頼し任せればいいのです。水は上から下に流れます。個が上で組織は下です。CEOなどの呼称に惑わされ、トップダウンの経営に拘泥すれば、組織能力を最大限に発揮することは困難でしょう。

第3章で説明した人本主義では、シェアリングの概念が特徴でした。特定の個に情報、付加価値、意思決定権限が集中し過ぎないようにしていたのです。幕府と朝廷が長らく併存していたように、権力や権威の集中は日本には馴染みません。権力を独占すると、人は変わってしまうということをよく耳にしますが、それはどうやら本当のことのようです。

権力は麻酔のような働きをして、人を他者に対して鈍感にするらしい。２０１４年の研究では、３人のアメリカの神経科学者が「頭蓋刺激装置（ＴＭＳ）」を使って、権力を持つ人と持たない人の認知機能を調べた。その結果、権力の感覚が共感において重要な役割を果たす精神プロセス「ミラーリング」を混乱させることがわかった。（中略）もし、権力者が、他者とのつながりを普通の人より感じにくいのであれば、彼らがより「冷笑的」なのは不思議なことではない。

（出所：ルトガー・ブレグマン『Humankind　希望の歴史　下』文藝春秋、44ページ）

日本社会は、こうした権力集中による弊害を理解し、あえてその分散をはかってきたのかもしれません。社長任期制もその知恵のひとつです。しかし、バブル崩壊後、あらゆる組織で権力の集中に向けて「改革」がなされてきました。取締役を社外中心にする取締役会改革も、結果的にＣＥＯの権力を強化することになってしまったのかもしれません。社外取締役は戦略には介入できても、組織に関しては介入することは難しいでしょう。

あらためて、組織能力を重視すべき時期に来ていると思います。下流で、流れてきた水に適切に対応することも経営層の役割です。必要に応じて、回顧的に意味づけし、組織記憶にとどめるにふさわしい物語を紡ぐ。不確実性が所与の環境だからこそ、その取捨選択の巧拙が大きな差を生みます。

そのために、人の感情や感性に対するセンシティビティが求められます。人の本性をどれだけ深く理解し、それに沿った言動をとることができるか。生命のように相互依存関係と絶え間ない流れを維持できる有機的組織こそが、進化メカニズムを発揮して長く生き残ることができます。理性に縛られがちな欧米企業も、その方向を目指しているように見えます。機械やＡＩではなく、人の顔をした組織が今、求められています。それには、総じて日本企業のほうが優位なポジションにいると思います。その優位性を活かすべきだというのが、本書のメインメッセージです。

おわりに

最後まで読んでいただき、ありがとうございました。

これまで、人材や組織の開発に30年近く携わってきました。本書でもいくつか実例をあげましたが、手法としては研修を使うことがほとんどなので、仕事の内容を聞かれれば、「研修」あるいは「人材開発」と説明してきました。しかし、自分の中ではどこかしっくりきませんでした。研修はインプットのイメージが強かったですし、あくまで手段です。また、人材というよりも組織を強くすることが目的です。組織を開発する「組織開発」という言葉もありましたが、それはまださほど一般的ではありませんでしたし、実際にやっていることの一部にしか過ぎないと解釈していました。

自分の仕事をどうすれば、ひと言で表現できるだろうか……ともやもやとしたものを感じながら、クライアントの組織を強くするためのお手伝いを続けてきました。定式があるわけではないので、そのつど、クライアントや講師と相談し、試行錯誤を重ねながらつくり上げてきたというのが本当のところです。

また、自分なりにあらゆる分野の本などを渉猟し、参考にしてきました。そうした過程で、たくさんのことを学ばせていただきました。

そして、やっとここ数年になって、これまでやってきたことを表す言葉が浮かんできました。「組織能力開発」です。個を起点に、集団、組織とレイヤーを重ねながら、企業組織全体が持続的に成長できる能力を開発することの一端を担っているのだと気づいたのです。そして、これまでの経験と学びをまとめ上げたいと漠然と考えていました。

昨年12月に妻を病で亡くし、私は途方に暮れていました。そんなとき、東洋経済新報社の黒坂浩一さんとの会話の中で、たまたま考えていた本書の構想を話すと、出版の実現に奔走してくれました。

執筆しながら、しみじみ感じたことがあります。人は一人では生きられない。多くの人々とのつながりが、そして支え合いがあってはじめてヒトは人間として生きられる。そして、そうした人々や育ってきた環境や受容してきた文化・芸術などの、あらゆる関係性によって織られた布のように私という存在ができあがっている。

本書にも書いた、弱いホモ・サピエンスが他者とつながり、助け合うことで生き延びてきた人類の歴史と、傷心の私に声をかけ支えてくださった多くの方々の姿が期せずして重なってきました。本当にありがとうございます。

一周忌までに出版したいという私の無茶な希望を、編集者としての的確なアドバイスで実現させてくださった黒坂さん、そしてあらゆる関係者の皆さんに感謝いたします。最後に、愛猫るうにも。

2021年の晩秋に

福澤　英弘

参考文献

●書籍

安宅和人『シン・ニホン』NewsPicksパブリッシング、2020年
アレックス・ペントランド『正直シグナル』柴田裕之訳、安西祐一郎監訳、みすず書房、2013年
伊丹敬之『人本主義企業』ちくま学芸文庫、1993年
伊丹敬之『場の論理とマネジメント』東洋経済新報社、2005年
伊藤亜紗編、中島岳志、若松英輔、國分功一郎、磯﨑憲一郎『「利他」とは何か』集英社新書、2021年
猪子寿之、宇野常寛『人類を前に進めたい チームラボと境界のない世界』PLANETS/第二次惑星開発委員会、2019年
エイミー・E・ハーマン『観察力を磨く 名画読解』岡本由香子訳、早川書房、2016年
OJTソリューションズ『トヨタの現場力』KADOKAWA、2017年
大下英治『百円の男 ダイソー矢野博丈』さくら舎、2017年
大野耐一『トヨタ生産方式』ダイヤモンド社、1978年
小倉昌男『小倉昌男 経営学』日経BP社、1999年
小田亮、熊田陽子、阿部朋恒、(株)スマイルズ協力『スマイルズという会社を人類学する』弘文堂、

2020年
金井壽宏『経営組織』日経文庫、1999年
川島蓉子、糸井重里『すいません、ほぼ日の経営。』日経BP社、2018年
カール・E・ワイク『センスメーキング　イン　オーガニゼーションズ』遠田雄志、西本直人訳、文眞堂、2001年
カール・E・ワイク『組織化の社会心理学』遠田雄志訳、文眞堂、1997年
キース・ヴァン・デル・ハイデン『シナリオ・プランニング』グロービス監訳、西村行功訳、ダイヤモンド社、1998年
木瀬照雄『市場を創る逆算思考』東洋経済新報社、2014年
クリスチャン・マスビアウ『センスメイキング』斎藤栄一郎訳、プレジデント社、2018年
ゲイリー・ハメル、C・K・プラハラード『コア・コンピタンス経営』一條和生訳、日本経済新聞社、1995年
小坂井敏晶『社会心理学講義』筑摩選書、2013年
柴田昌治、金田秀治『トヨタ式最強の経営』日経ビジネス人文庫、2006年
嶋口充輝『ビューティフル・カンパニー』ソフトバンククリエイティブ、2008年
清水博『〈いのち〉の自己組織』東京大学出版会、2016年
清水博『生命知としての場の論理』中公新書、1996年
ジャルヴァース・R・ブッシュ、ロバート・J・マーシャク『対話型組織開発』中村和彦訳、英治出版、2018年

スティーブン・スローマン、フィリップ・ファーンバック編著『知ってるつもり　無知の科学』土方奈美訳、早川書房、２０１８年
高原豪久『ユニ・チャーム　共振の経営』日本経済新聞出版社、２０１４年
立花隆『サピエンスの未来』講談社現代新書、２０２１年
土屋元彦『現場主義を貫いた富士ゼロックスの〝経営革新〟』日刊工業新聞社、２０１８年
デイヴィッド・スローン・ウィルソン『社会はどう進化するのか』高橋洋訳、亜紀書房、２０２０年
デヴィッド・ボーム『ダイアローグ』金井真弓訳、英治出版、２００７年
寺西重郎『経済行動と宗教』勁草書房、２０１４年
東畑開人『居るのはつらいよ』医学書院、２０１９年
中根千枝『タテ社会の人間関係』講談社現代新書、１９６７年
中根千枝『タテ社会の力学』講談社学術文庫、２００９年
中島義道『〈対話〉のない社会』ＰＨＰ新書、１９９７年
ニコラス・Ａ・クリスタキス、ジェイムズ・Ｈ・ファウラー『つながり』講談社、２０１０年
西研『哲学は対話する』筑摩選書、２０１９年
野地秩嘉『トヨタ物語』日経ＢＰ社、２０１８年
野中郁次郎、山口一郎『直観の経営』ＫＡＤＯＫＡＷＡ、２０１９年
野中郁次郎、勝見明『全員経営』日本経済新聞出版社、２０１５年
野中郁次郎、遠山亮子責任編集『ＭＯＴ知識創造経営とイノベーション』丸善、２００６年
ピーター・Ｍ・センゲ『学習する組織』枝廣淳子、小田理一郎、中小路佳代子訳、英治出版、２０１１年

平田オリザ『対話のレッスン』講談社学術文庫、2015年
藤井直敬『ソーシャルブレインズ入門』講談社現代新書、2010年
藤本隆宏『能力構築競争』中公新書、2003年
プラトン『ゴルギアス』加来彰俊訳、岩波文庫、1967年
ベン・ウェイバー『職場の人間科学』千葉敏生訳、早川書房、2014年
ヘンリー・ミンツバーグ、ブルース・アルストランド、ジョセフ・ランペル『戦略サファリ』齋藤嘉則監訳、木村充、奥澤明美、山口あけも訳、（第1版）東洋経済新報社、1999年
ポール・ナース『WHAT IS LIFE？ 生命とは何か』竹内薫訳、ダイヤモンド社、2021年
ポール・J・ザック『経済は「競争」では繁栄しない』柴田裕之訳、ダイヤモンド社、2013年
マイク・ローザー『トヨタのカタ』稲垣公夫訳、日経BP社、2016年
前野隆司『脳はなぜ「心」を作ったのか』ちくま文庫、2010年
増田直紀『私たちはどうつながっているのか』中公新書、2007年
松井忠三『無印良品は、仕組みが9割』角川書店、2013年
山岸俊男『日本の「安心」はなぜ、消えたのか』集英社インターナショナル、2008年
山岸俊男編『社会心理学キーワード』有斐閣双書、2001年
養老孟司、甲野善紀『古武術の発見』光文社知恵の森文庫、2003年
ヨハイ・ベンクラー『協力がつくる社会』山形浩生訳、NTT出版、2013年
ライアン・エイヴェント『デジタルエコノミーはいかにして道を誤るか』月谷真紀訳、東洋経済新報社、2017年

リサ・フェルドマン・バレット『バレット博士の脳科学教室　7½章』高橋洋訳、紀伊國屋書店、2021年
リサ・フェルドマン・バレット『情動はこうしてつくられる』高橋洋訳、紀伊國屋書店、2019年
ルトガー・ブレグマン『Humankind　希望の歴史　下』野中香方子訳、文藝春秋、2021年
渡部直樹編著、デビッド・J・ティース他著『ケイパビリティの組織論・戦略論』中央経済社、2010年

●新聞・雑誌
岩井克人「経済教室　時代の節目に考える①　日本の資本主義再興の時」『日本経済新聞』朝刊、2018年1月4日
「ニュースぷらす　私のリーダー論　富国生命保険米山好映社長（下）」『日本経済新聞』夕刊、2021年7月1日
「特集　ダイソンが見たEV大競争」『日経ビジネス』2018年1月15日号
「編集長インタビュー」『日経ビジネス』2021年7月5日号
「不屈の路程　SERIES18／№2　川田達男」『日経ビジネス』2021年8月9日号
マイケル・E・ポーター「【新訳】戦略の本質」『DIAMONDハーバード・ビジネス・レビュー』2011年6月号
「私の履歴書」『日本経済新聞』朝刊、2018年2月14日、2018年2月19日、2018年2月23日、2021年3月25日、2021年3月26日、2021年4月16日、2021年8月18日

●Ｗｅｂ
酒田市立資料館 第216回企画展「かっこいい酒田の女たち」http://www.city.sakata.lg.jp/bunka/bunkazai/bunkazaishisetsu/siryoukan/kikakuten201-.files/0216.pdf
ほぼ日刊イトイ新聞「Unusual ②船のかたち。内臓のかたち。」https://www.1101.com/hubspot/2011-07-20.html
トヨタ自動車公式企業サイト「トヨタ生産方式」https://global.toyota/jp/company/vision-and-philosophy/production-system/
ほぼ日刊イトイ新聞「クロネコヤマトのＤＮＡ 第2回 ヤマトは我なり。」https://www.1101.com/yamato/2011-08-18.html
ヤマトホールディングス公式企業サイト「グループ企業理念」https://www.yamato-hd.co.jp/company/philosophy.html
ＧＡＺＯＯ「〈自動車人物伝〉大野耐一…〝トヨタ生産方式〟を確立した男」https://gazoo.com/feature/gazoo-museum/car-history/14/03/19/
ITmedia エグゼクティブ「「どうせ社長には伝わらないよ」をなくすサトーの〝社内版Ｔｗｉｔｔｅｒ〟」、https://mag.executive.itmedia.co.jp/executive/articles/1007/23/news015.html
トヨタイムズ「「本気ですか?」仕入先の一言に応えた〝本気のＴＰＳ〟」https://toyotatimes.jp/feature/032.html
アドバタイムズ「杉山恒太郎さんに聞いてみた「日本のデジタル広告黎明期って、どんな様子だったんで

すか?」」https://www.advertimes.com/20151119/article209313/
DIAMONDハーバード・ビジネス・レビュー「「ほぼ日」におけるセンス・メーキングと時間感覚」https://www.dhbr.net/articles/-/4899
バルミューダ公式企業サイト「バルミューダの歴史5　物より体験「Hello Kitchen!」」https://www.balmuda.com/jp/about/story/006
日本経済団体連合会「わが社の企業行動指針㊸」『月刊経団連』2000年10月号 https://www.keidanren.or.jp/japanese/policy/rinri/jirei/43.pdf

【著者紹介】
福澤英弘（ふくざわ　ひでひろ）
上智大学経済学部卒業。慶應義塾大学大学院経営管理研究科修了。富士銀行、コーポレイト ディレクションを経て、グロービスの設立に参加。創業時より企業向け人材・組織開発部門の責任者を務めた後、2007年に株式会社アダットを設立。主に大手企業に対して、戦略意図に沿った組織能力を開発することを支援。主な著書に『人材開発マネジメントブック』（日本経済新聞出版社）、『図解で学ぶビジネス理論 戦略編』（日本能率協会マネジメントセンター）、『定量分析実践講座』（ファーストプレス）などがある。

人の顔した組織
あなたの会社は、賢い人を集めた愚かな組織？　凡人ばかりでも優れた組織？
2021年12月30日発行

著　者——福澤英弘
発行者——駒橋憲一
発行所——東洋経済新報社
〒103-8345　東京都中央区日本橋本石町 1-2-1
電話＝東洋経済コールセンター　03(6386)1040
https://toyokeizai.net/

カバーデザイン……竹内雄二
D T P…………アイランドコレクション
印　刷…………ベクトル印刷
製　本…………ナショナル製本
編集担当………黒坂浩一
　ISBN 978-4-492-53447-2